高等学校计算机专业"十三五"规划教材

U0743541

# 计算机网络技术导论

## （第二版）

马素刚　赵婧如　陈彦萍　编著

王宣政　主审

西安电子科技大学出版社

# 内容简介

本书是学习计算机网络原理和掌握网络应用技术的入门级教材。本书仍然沿用第一版"半理论、半实践"的编写方式，在介绍计算机网络基础知识的同时，引入相关的应用或操作实例，以网络应用为导向，注重理论与实践的紧密结合，实践内容实用性强，对学习者解决身边的实际问题具有指导意义。

全书共分为7章，首先介绍了计算机网络的发展与基本概念、网络传输介质及其连接、网络设备及其使用、TCP/IP协议基础知识等，其次通过实例说明了如何组建简单局域网以及共享Internet接入，最后介绍了Internet提供的常见服务与目前比较流行的因特网新技术。各章均附有习题。

本书可作为本科网络工程等计算机类专业"计算机网络导论"课程的教材，亦可作为非计算机专业(如经管类)"网络技术及应用"、"计算机网络技术基础"等课程的教材。本书对网络工程技术人员也有一定的参考价值。

## 图书在版编目(CIP)数据

计算机网络技术导论/马素刚，赵婧如，陈彦萍编著.2版 — 西安：
西安电子科技大学出版社，2016.1 (2018.10重印)
高等学校计算机专业"十三五"规划教材
ISBN 978-7-5606-3927-7

Ⅰ.①计… Ⅱ.①马… ②赵… ③陈… Ⅲ.①计算机网络—高等学校— 教材 Ⅳ.① TP393

中国版本图书馆CIP数据核字(2016)第006491号

策划编辑　云主实
责任编辑　阎　彬　刘莉莉
出版发行　西安电子科技大学出版社(西安市太白南路2号)
电　　话　(029) 88242885 88201467　　　邮　　编　710071
网　　址　www.xduph.com　　　　　　　电子邮箱　xdupfxb001@163.com
经　　销　新华书店
印刷单位　陕西天意印务有限责任公司
版　　次　2016年1月第2版　　2018年10月第5次印刷
开　　本　787毫米×1092毫米　1/16　印　张　14.5
字　　数　339千字
印　　数　13 001～15 000 册
定　　价　32.00元
ISBN 978-7-5606-3927-7/TP

XDUP 4219002-5
*****如有印装问题可调换*****
本社图书封面为激光防伪覆膜，谨防盗版

# 前　言

在计算机网络技术飞速发展的今天，掌握常用的网络应用技术已经成为人们迫切需要的基本技能。当然，并不是所有学习网络知识的人都打算成为网络方面的专家，更多的人只是希望掌握一定的网络操作技能，能够解决生活和工作中遇到的网络问题。本书主要面向网络技术初学者。与"计算机网络"教材不同的是，本书以简明的理论指导实践，以丰富的实践支撑理论，引导学习者在"学"中"用"，在"用"中"学"，使其具备良好的网络应用与操作能力，并为进一步学习各类网络技术课程奠定基础。

计算机网络技术发展日新月异，本书第一版的许多内容已显陈旧，已不能适应当前的教学要求。为了紧随网络技术发展的步伐，更好地满足现阶段和今后一定时期内的教学要求，同时结合广大读者反馈的意见和建议，我们对第一版内容作了较大幅度的修改。第一，调整了全书整体结构，如删除了本书第一版集线器的部分内容，增加了光纤接入设备、无线设备及防火墙的介绍；删除了本书第一版"第5章 网络检测与维护"和"第6章 Internet接入"的内容，增加了"第5章 简单局域网组建与共享接入"和"第7章 因特网新技术"；删除了本书第一版"4.1 NetBEUI与IPX/SPX简介"的内容，丰富了TCP/IP协议基础知识等。第二，对第一版教材中涉及的网络软硬件环境进行了升级，所有操作步骤均在目前主流的软硬件环境中验证通过。第三，增加了因特网新技术，使读者及时了解目前不断涌现的网络新技术。修订改版后，全书共分为七章。

第1章介绍了计算机网络的产生与发展、定义与组成、体系结构、分类等基础知识，同时介绍了ITU、ISO/IEC、IEEE等Internet相关权威组织。

第2章首先介绍了三种传输介质的结构、分类及使用，包括双绞线、同轴电缆和光纤，然后介绍了无线传输方式。实例部分阐述了双绞线的制作与测试以及信息模块的端接等操作方法。

第3章详细介绍了常见网络设备及其使用方法，包括网络适配器、调制解调器、光纤接入设备、中继器与集线器、交换机、路由器、无线设备、防火墙等。实例部分说明了网卡的安装、调制解调器的连接、FTTH光纤接入终端与连接、实验室局域网的组建、使用路由器实现网络互连等操作方法。

第4章介绍了TCP/IP协议的基础知识，主要包括IP、ICMP、ARP、TCP、UDP、DHCP等六种协议。实例部分说明了ping、tracert、arp、ipconfig等基本网络测试命令的使用方法，并阐述了如何用Wireshark软件对协议进行分析。

第5章主要介绍了如何组建简单局域网以及共享Internet接入，阐述了NAT、代理服务器等基本概念。实例部分详细说明了通过双绞线或无线网卡实现双机直连、Windows Server 2008中NAT配置、利用代理服务器(CCProxy)共享Internet接入等操作方法。

第6章介绍了WWW、E-mail、FTP和DNS等四种常见的Internet服务，实例部分说明了FTP命令的使用方法。

第7章介绍了目前比较流行的因特网新技术，包括搜索引擎、P2P技术、社交网络、移动互联网、物联网、云计算、大数据分析技术等内容。

选用本书作为教材的课程一般在较低年级开设，参考学时数为48学时。

本书由王宣政担任主审，马素刚、赵婧如、陈彦萍编著。其中，马素刚编写了第4、5章，并对全书进行了定稿与初审；赵婧如编写了第1、2、3章；陈彦萍编写了第6、7章。

由于时间仓促，加之编者水平有限，书中难免有不妥之处，敬请广大读者批评指正。

编　者
2015年9月

# 目　　录

# 第1章　计算机网络概述

随着网络技术的飞速更新以及互联网行业的全面发展，基于计算机网络的应用已渗透到人们生活的方方面面。本章首先介绍计算机网络的产生与发展，然后阐述计算机网络的定义，并简要地介绍计算机网络的体系结构以及计算机网络的典型分类，最后介绍若干因特网相关的权威组织。通过本章的学习，读者应该对网络的发展、体系及分类有初步的认识。

## 1.1　计算机网络的产生与发展

计算机网络是计算机技术和通信技术紧密结合的产物。计算机网络的发展大致可以划分为面向终端的计算机联机系统、以分组交换网为中心的计算机网络、体系结构标准化的计算机网络和因特网时代四个阶段。

### 1.1.1　计算机网络的诞生

1946年世界上第一台电子数字计算机ENIAC在美国诞生，当时的计算机技术与通信技术没有直接的联系，是独立发展的两个领域。20世纪50年代初，由于美国军方的需要，美国半自动地面防空系统（SAGE）进行了计算机技术和通信技术相结合的尝试。在SAGE系统中，远程雷达与其他测量设施测到的信息通过总长度达$2.41×10^6$km的通信线路与一台IBM计算机连接，进行集中的防空信息处理与控制。

通过计算机技术与通信技术的结合，可以将地理位置分散的多个终端通过通信线路连接到中心计算机。但是早期计算机是为成批处理数据而设计的，并没有考虑通信功能，如何将计算机与通信线路连接起来呢？

这个问题可以通过增加一个接口元件——线路控制器来解决。线路控制器主要功能是将计算机中数据的并行传输方式转换为通信线路上的串行传输方式，但是线路控制器并不承担所有通信任务，在发送和接收数据时，通信事务的处理由计算机来完成，这就给计算机带来了额外的负担，影响了计算机的数据处理能力。为了减轻计算机的负担，节省开销，人们又设计了前端处理机（Front-End Processor，FEP）来代替线路控制器。FEP类似现在的网卡，它不仅提供了通信接口，而且几乎包揽了所有的通信任务，让计算机可以专门进行数据处理，从而显著提高了计算机数据处理的效率。

由于当时公用电话网已发展成熟而且是当时主要的通信资源，因而人们首先想到利用它来实现计算机之间的数据通信。但是公用电话网是模拟传输系统，而计算机产生的是数字信号，因此还需要完成数字信号与模拟信号之间的相互转换，这一功能由调制解调器来实现。

计算机与通信线路连接的完成，实现了计算机与远程终端的通信。可以用图1.1来表示这一阶段的网络模型。图中的主机（host）表示能够与其他设备进行通信的计算机。集中器（Concentrator）用来将多条低速线路上的通信量汇集到一条高速线路中，一般在终端密集的地方使用，各低速终端通过调制解调器及高速线路与远程中心计算机的前端处理机相连。使用集中器的连接方式节约了线路的投资，提高了线路的利用率，而且省去了给每个终端安装调制解调器的开销。但是这并不是真正意义上的计算机网络，而是一个面向终端的计算机联机系统。

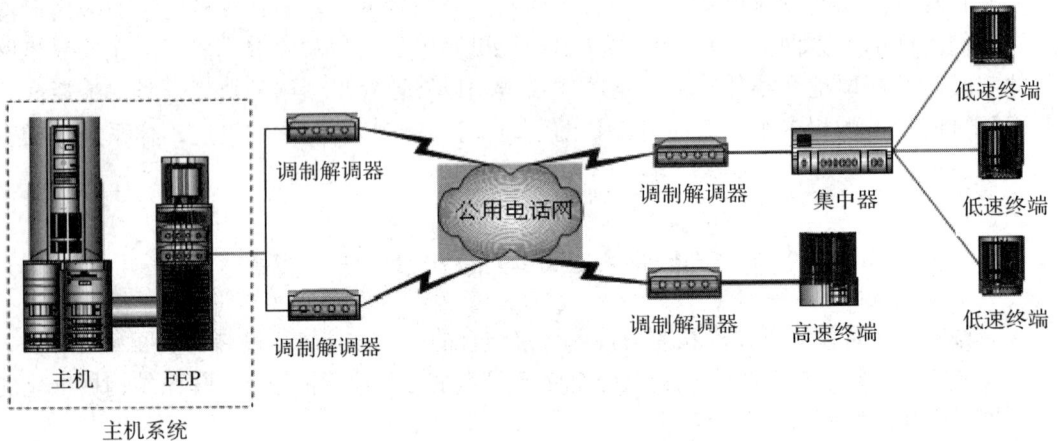

图1.1　面向终端的计算机联机系统

## 1.1.2　ARPANet和分组交换

面向终端的以单个计算机为中心的远程联机系统实现了计算机与大量地理位置分散或集中的终端之间的连接。随着计算机应用的发展，出现了计算机与计算机之间连接的需求，这种需求意在使用户不仅可以使用本地计算机的软硬件与数据资源，而且也可以使用其他计算机上的资源，即达到计算机资源共享的目的。

要实现计算机与计算机的互连，需要解决的一个问题是采用怎样的数据交换方式。这里所说的交换是指按照某种方式动态地分配传输线路的资源。

与联机系统一样，可以考虑直接将公用电话系统中的电路交换方式应用于计算机之间的数据交换，电路交换的特点是用户拨号呼叫对方，呼叫成功就意味着双方之间建立了一条连接，通话过程中双方始终占有这条连接，通话结束即语音数据传输完毕后，用户挂机便释放了先前建立的连接。而计算机之间的通信过程与此不同，计算机用户并不确定何时要发送数据到另一台计算机，而且数据的多少也是不确定的。所以计算机的数据往往是间歇性、突发性地出现在通信线路上。而且计算机绝大部分的时间是在进行数据处理，通信事务的处理所占时间比例甚微，比如用户在本地编辑处理一个文件用了20分钟，而发送文件可能只需一两秒钟。如果使用电路交换来传送计算机数据，连接建立后，由于链路的利用率较低，反而白白浪费了所占用的带宽。如果改为只在每次发起通信前建立连接，也会因频繁地建立和断开连接而引入大量的时延开销。另外，电路交换无法适应不同类型计算机系统之间的差异。所以电路交换并不适合直接用于计算机之间的数据交换，必须寻找新的适合于计算机通信的数据交换技术。

20世纪60年代初，美国国防部高级研究计划局（Advanced Research Project Agency，ARPA）提出了将多个大学、研究机构中的多台计算机互连的课题，他们希望在战争中，当网络中的部分通信结点或通信线路遭到攻击被损坏时，网络依然可以正常工作，并希望网络能够满足实时数据传输的各种应用需求。1969年底，实验性的ARPANet开通，当时ARPANet选择了洛杉矶的加利福尼亚州大学洛杉矶分校、加州大学圣巴巴拉分校、斯坦福大学、犹他州大学四所大学的四台不同型号、不同操作系统和不同数据格式的大型计算机，采用新的数据交换技术——分组交换，通过专门的接口报文处理机（Interface Message Processor，IMP）和专门的通信线路实现了这四台计算机的互连。

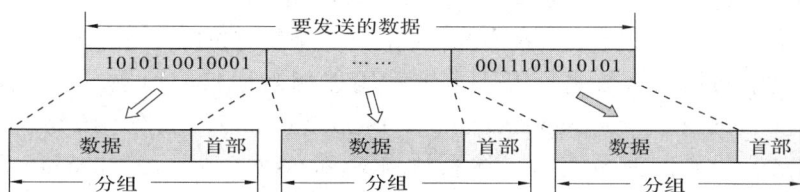

图1.2　分组的概念

采用分组交换，在发送前计算机将某种应用产生的数据（比如一封邮件、一张图片等）划分成更小的数据单元，并附加包含通信控制信息的首部，构成"分组"，如图1.2所示。计算机将这些分组直接发送到网络中，无需事先建立连接，当分组到达接收端后，接收端会将分组首部去掉，抽出数据部分，还原为原始数据。

分组交换采用存储转发策略，即网络中的转发结点收到分组后会将分组存储下来，对分组进行分析处理以后再转发出去。每个分组是一个独立的数据单元，中转结点为每个到达的分组独立地选择路由，即同一个计算机发出的不同分组在网络中所经历的路径可能不同。这一特点使分组交换能很好地适用于恶劣的战地环境。与分组交换相比，电路交换需要事先建立连接，一旦连接中的某个结点遭到破坏，整个连接就不能再使用了，只能重新建立新的连接。而分组交换的路径选择是动态的，具有很大的灵活性。

以分组交换网为中心的计算机网络实现了计算机与计算机的连接，如图1.3所示，分组交换网的通信处理机也称为通信结点或交换结点。

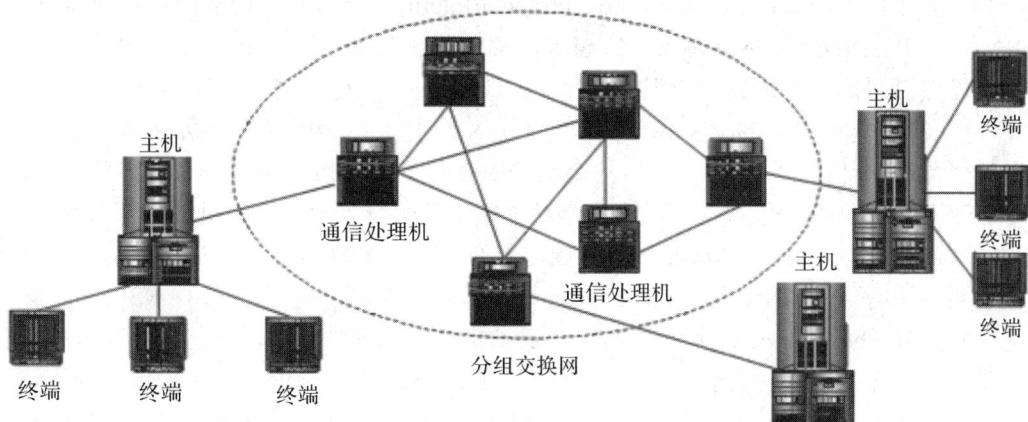

图1.3　以分组交换网为中心的计算机网络

### 1.1.3 网络体系结构的标准化

20世纪80年代早期，网络的大小和数量开始迅速增长。各大公司都逐渐认识到借助网络技术可以节省资金和提高生产效率，新网络的增加和网络规模的扩展几乎和新的网络技术、产品出现的速度同样快。社会的发展迫使符合不同规范的计算机网络通过互连来满足不同网络的用户相互交换信息的需求。然而各大公司同时也感受到扩展网络所带来的困难，因为两个具有不同的体系结构、使用不同的设备规范的网络，兼容性和互操作性较差，这使得两个网络间的互连很难实现。于是，人们意识到必须摒弃先前的专用网络系统。因为"专用"意味着一个公司或者一些公司组成的团体控制着对技术的使用和改进。专用网络系统由个别公司自己研发、拥有和控制，并不被所有供应商所支持。

为了解决不同网络系统之间互不兼容和不能相互通信的问题，国际标准化组织（International Organization for Standardization，ISO）成立了专门机构，研究了不同的网络方案，如IBM公司研制的系统网络体系结构（Systems Network Architecture，SNA），数字设备公司（Digital Equipment Corporation，DEC）推出的基于数字网络体系结构（Digital Network Architecture，DNA）的分层网络体系结构DECNet等。基于这些研究，ISO于1984年提出了著名的开放系统互连基本参考模型OSI/RM（Open System Interconnection Reference Model），简称为OSI。只要遵循OSI标准，任何系统都可以实现互连，进行通信。

### 1.1.4 Internet时代

Internet的起源可以追溯到ARPANet时期。ARPANet最初开发的网络控制协议（Network Control Protocol，NCP），是一个控制主机间通信的网络协议，只适用单个网络，而无法解决网络互连问题，而且该协议没有真正的差错控制机制，这在当时质量较差的通信环境中引发了不少问题。因此，人们迫切需要有一套可以解决这些问题的新的网络协议。1975年ARPANet发展到几十个结点，并移交美国国防部的国防通信局试运行。其间，在总结前一阶段实验经验的基础上，开始了第二代网络协议的设计工作。1982年，第一次提出了关于互连网络的定义，将"internet"定义为互连网，意为网络的网络。而首字母大写的"Internet"则特指基于TCP/IP协议连接而成的"internet"。1983年1月1日起，第二代网络协议——TCP/IP协议（Transmission Control Protocol/Internet Protocol，传输控制协议/网际协议）成为了ARPANet上的标准协议。1984年，ARPANet分解成了两个网络，一个是民用科研网，仍然沿用ARPANet这个名称，用于进一步的研究工作。另一个是著名的美国军用计算机网络MILNet（Military Network），并入1982年建立的美国国防数据网。

20世纪70年代，美国国家科学基金会（National Science Foundation，NSF）认识到了ARPANet对科学研究工作的重大影响，但当时并不是所有大学和科研机构都有入网机会，一般要求连入ARPANet的机构要与美国国防部有合作研究项目。为了让更多的大学和科研机构可以共享ARPANet的资源，1986年，NSF建立了国家科学基金网NSFNet，其主干网速率为56 kb/s。NSFNet采用与ARPANet基本相同的硬件技术，并从一开始就使用了TCP/IP协议。自此，一些大学和科研机构连入到NSFNet中，NSFNet主干网通过高速链路与ARPANet连接。随着网络规模的扩大，NSFNet主干网逐渐成为了Internet的主要部分。NSF认识到Internet要继续扩大其范围，而且不能仅限于大学和科研机构。1987年，NSF

将NSFNet主干网的管理权移交给Merit网络公司，后来Merit公司与IBM公司和MCI公司联合成立了美国高级网络与服务公司ANS，所有接入Internet的单位开始向网络服务公司交纳费用。1988年NSFNet主干网速率升级到T1（1.544 Mb/s）。自NSFNet建成以后，其他国家和地区陆续与NSFNet主干网建立连接，我国于1994年通过与NSFNet主干网的连接正式连入Internet。1995年，NSFNet恢复成为学术网络，美国大部分的主干网业务由互联的网络服务提供商办理。任何个人和单位用户只要向Internet服务提供商（Internet Service Provider，ISP）交纳费用便可以通过该ISP接入Internet。

随着商业网络和大量商业公司进入Internet，网上商业应用取得了高速的发展，同时也使Internet能为用户提供更多的服务，Internet迅速普及和发展起来。现在Internet已经向多元化发展，不仅仅为科研服务，也已经渗透到日常生活的各个领域，使Internet在规模和结构上都已经发展成为一个名副其实的"全球互联网"。

## 1.1.5 下一代互联网发展

美国是第一代互联网全球化进程的推动者和受益者，而且在下一代互联网的发展中也扮演着领跑角色。1996年，美国政府发布了一项称为NGI（Next-Generation Internet）的下一代Internet战略计划，NGI的实质是通过一些革命性的技术发展，解决目前互联网在管理、安全、服务质量以及规模和性能可扩展性方面存在的问题。

1998年，美国从事下一代互联网研究的大学联盟UCAID（University Corporation for Advanced Internet Development）成立，启动了Internet2计划。而继NGI计划结束之后，美国政府立即启动了旨在推动下一代互联网产业化进程的LSN计划。2001年，欧盟正式启动下一代互联网研究计划，建立了横跨三十多个国家的学术主干网GéANT，并以此为基础全面进行下一代互联网各项核心技术的研究和开发。2003年10月，美国军方正式公布了IPv6计划，目前很多国外电信运营商已经建立IPv6网络，并开始提供接入服务。我国也在2003年启动了中国的下一代互联网（China Next-Generation Internet，CNGI）工程，以促进NGI在中国的普及与发展。2004年1月，在布鲁塞尔欧盟总部，包括CERNet在内的全球八大下一代互联网学术组织共同宣布，正式向社会各界提供IPv6服务。2004年12月25日，CNGI核心网CERNet2正式开通，这是世界上规模最大的纯IPv6互联网，引起了世界各国的高度关注。2014年，为推动IPv6的发展，我国工信部联合产业相关部门持续推进网络与网站的改造进程，推动下一代互联网示范城市的建设工作，加快互联网IPv6商用化进程。自此，中国下一代互联网建设进入快车道。

# 1.2 计算机网络的定义与组成

## 1. 计算机网络的定义

关于计算机网络的定义，最简单的描述是互相连接在一起的、有自治能力的多个计算机系统的集合。计算机网络的基本特征主要表现在：

（1）计算机网络是一个互连的计算机系统的群体。这些计算机在地理上是分散的，可能在一个房间内，在一个公司的楼群里，在一个或几个城市里，甚至跨越国界。

（2）这些计算机是自治的，即连入网络的计算机可以在网络协议的控制下协同工作，但其自身可以不依赖于网络中其他计算机而独立工作。

（3）计算机系统的互连通过通信介质和通信设备来实现。

（4）系统通过通信设施进行信息交换，实现资源共享、互操作和协作处理，以满足各种应用要求。这需要一种机制来支持网络中异构计算机系统之间的通信。

因此，计算机网络可以定义为：把分布在不同地理位置的计算机系统，通过通信系统连接起来，在协议的控制下，实现资源共享和相互通信。

**2. 计算机网络的组成**

一个计算机网络通常包含以下几个基本组成部分：端系统、通信结点与链路、网络协议。

1）端系统

个人计算机(PC)、便携式计算机、工作站、专业服务器、中大型计算机等都是传统意义上的计算机，而 PDA（Personal Digital Assistant，个人数字助理）、智能手机、平板电脑(Tablet PC)、智能家居设备、电视机顶盒等智能终端可视为非传统计算机。我们通常将连入网络的传统或非传统计算机统称为端系统(end system)。众多网络功能与网络服务是由端系统上运行的软件来实现的。用户直接使用端系统进行通信、资源共享和服务交互。

2）通信结点与链路

为了区别于端系统，通常将负责转发网络分组的交换机、路由器等设备称为通信结点或交换结点。将连接各种网络设备的物理媒体称为链路。通信结点与链路作为通信基础设施，为端系统之间的通信提供连通性和数据交换服务。

3）网络协议

网络协议是指通信双方通过网络进行通信和数据交换时必须遵循的规则、标准或约定。网络协议用于控制端系统之间、端系统与通信结点之间以及通信结点之间的通信。

# 1.3　计算机网络的体系结构

计算机网络通信的全过程是一个十分复杂的过程，涉及到太多的技术问题。如果把计算机网络看作一个整体来研究，那么分析它的工作过程将会是一件非常困难的事。为了将一个庞大而复杂的系统问题转化为多个易于研究和处理的局部问题，计算机网络研究中采用了分层的体系结构，即把整个网络系统划分为一系列的层，每一层负责网络通信的一个特定部分，完成相对独立的功能，每个分层只与它的上、下层进行交互，若改变某个层次的实现方法并不会影响到其他层次。计算机网络的各层及其协议规范的集合就构成了网络体系结构。

| 7 | 应用层 |
|---|---|
| 6 | 表示层 |
| 5 | 会话层 |
| 4 | 传输层 |
| 3 | 网络层 |
| 2 | 数据链路层 |
| 1 | 物理层 |

## 1.3.1　OSI参考模型

在计算机网络体系结构的国际标准化阶段，ISO 推出的 OSI 参考模型采用了七层结构，如图1.4所示。OSI 参考模型对每一层规定了功能、要求、技术特性等，但没有规定具体的实现方法。网络开发者可以依据 OSI 标准开发网络系统，制定网络协议；网络用户可以借助 OSI 标准来考察网络系统，分析网络协议。事实上，没有哪个产品完全遵照 OSI 参考模型去实现，但是该模型是目前帮助人们

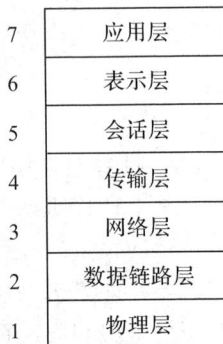

图1.4　OSI参考模型

认识和理解关于计算机网络通信过程的最好工具。

1）物理层(Physical Layer)

物理层是整个OSI参考模型的最低层，它为激活、维持和释放系统间的物理连接定义了物理接口的机械、电气、规程和功能特性，其作用是使原始的数据比特流能在物理媒体上传输。物理层具体涉及接插件的规格，"0"、"1"信号的电平表示，收发双方的协调等内容。

2）数据链路层(Data Link Layer)

数据链路层负责在两个相邻结点之间(主机和路由器或两个路由器之间)以"帧"的形式传输数据。帧是数据链路层的协议数据单元，帧中包含地址、长度、数据及校验码等信息。数据链路层可通过差错检测机制将不可靠的物理链路转变为对网络层来说无比特差错的数据链路。

3）网络层(Network Layer)

网络层属于OSI中的较复杂的层次，负责将数据包从发送方经网络传输到接收方，其主要功能是路径选择，即选择到达目标主机的最佳路径，并沿该路径传送数据包。

4）传输层(Transport Layer)

传输层向高层屏蔽了底层传输细节，利用差错控制和流量控制来提供可靠的端到端的数据传输。

5）会话层(Session Layer)

会话层用来建立、管理和终止两个通信主机之间的会话。会话可能是一个用户通过网络登录到一个主机或一个正在建立的用于传输文件的会话。会话层的功能主要有：会话连接到传输连接的映射、数据传送、会话连接的恢复和释放以及会话管理等。

6）表示层(Presentation Layer)

表示层提供格式化的表示和转换数据服务。表示层确保一个系统的应用层发送的信息能够被另一个系统的应用层正确读取。如果通信双方用不同的数据表示方法，则不能互相理解，而表示层可以屏蔽这些差异。表示层的功能主要有：数据语法转换、语法表示、表示连接管理、数据加密和数据压缩等。

7）应用层(Application Layer)

应用层是OSI参考模型的最靠近用户的层次，提供网络与用户应用软件之间的接口服务。应用层包含用户应用程序执行通信任务所需要的协议和功能。

## 1.3.2 TCP/IP参考模型

1983年，ARPANet的实验人员规定连入ARPANet的计算机都必须采用TCP/IP协议。随着ARPANet逐渐发展成为Internet，TCP/IP系列协议成为了建立Internet架构的技术基础。TCP/IP虽不是法律上的国际标准，但它是为全世界广大厂商和用户所接受的事实上的国际标准。

TCP/IP是一组通信协议的代名词，是由一系列协议组成的协议簇。TCP/IP参考模型是一个为TCP/IP协议栈量身制作的抽象的分层模型。这个模型中，所有的TCP/IP系列网络协议都被归类到四个层次中，分别是：应用层(Application Layer)、传输层(Transport Layer)、网际层(Internet Layer)和网络接口层(Network Interface Layer)。

如图1.5所示是TCP/IP参考模型与OSI参考模型的比较。其中TCP/IP参考模型中的网络接口层虽然与OSI参考模型的物理层和数据链路层对应，但TCP/IP并没有定义任何物理层和数据链路层协议，它允许底层使用任何的标准协议或专用协议，只要这些协议支持TCP/IP即可，这使得TCP/IP几乎能适应所有软硬件平台。一个支持TCP/IP的网络可以是局域网、城域网或者广域网，例如：Ethernet（以太网），X.25，FR(帧中继)，ATM，SONET，SDH等。

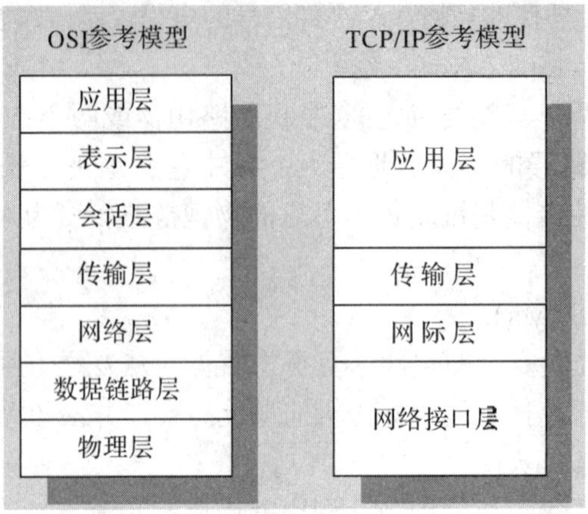

图1.5 TCP/IP参考模型与OSI参考模型的比较

如图1.6所示，在网际层，TCP/IP参考模型规定了网际协议IP（Internet Protocol）；在传输层，TCP/IP参考模型主要定义了两大协议：传输控制协议TCP（Transmission Control Protocol）和用户数据报协议UDP（User Datagram Protocol）；在应用层，TCP/IP参考模型定义的协议更是异常丰富，各种各样的网络应用都有相应的网络协议支持，如Web应用使用的HTTP协议，电子邮件应用使用的SMTP协议等。

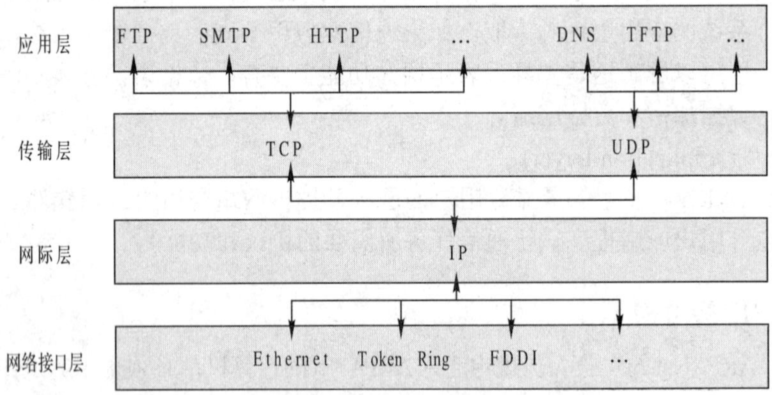

图1.6 TCP/IP协议栈

# 1.4 计算机网络分类

## 1.4.1 按网络拓扑结构分类

拓扑学是几何学的一个分支，由图论演变而来。拓扑学把研究对象抽象成与其大小、形状无关的点，将研究对象之间的连接抽象成线，进而研究各点之间的关系。

计算机网络拓扑通过网络中结点与通信线路之间的几何关系表示网络结构，它反映出网络中各实体间的结构关系。换句话说，网络拓扑描述了通信线路和网络设备的布局及数据传输时可以通过的路径。拓扑设计是建设计算机网络的第一步，它对网络性能、系统的可靠性与通信费用都有重大影响。

各种网络设备需要以一定的结构方式进行连接，这种连接方式就叫做"网络拓扑结构"。网络拓扑结构通常包括总线型、星型、环型和网状等结构形式。以下在讨论拓扑结构时，将网络中的设备称为结点，结点间的通信线路称为链路。

**1. 总线型**

总线型网络是将所有结点通过专门的连接器连到一根电缆上，即所有结点共享一个公共传输通道(也称为公共总线)。在总线型网络中，任何设备可以随机地发送数据，但某一时刻只允许一个设备发送数据，否则同时发出的数据会在传输通道上发生碰撞从而导致发送失败。总线型网络采用广播通信方式，即一个结点发送的信号会被总线上所有的结点检测到。每个结点会检查线路上数据的目的地址与自己的地址是否相同，如果相同，结点会接收数据，如果不相同，结点不会对到来的数据做接收处理，这就好像一个人拿到某快递包裹，若其上的收件人不是自己，便不会拆包查看。局域网技术中多使用同轴电缆作为公共总线，其结构如图1.7所示。

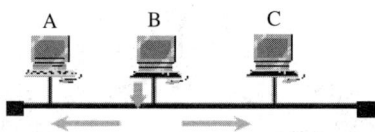

图1.7 总线型网络

总线型网络具有以下几个特点：

（1）结构简单，但是安装操作复杂，网络扩展不够灵活。

（2）连接结点的数目有限，并且因为所有结点是共享总线带宽的，所以数据传输速度会随着接入网络的用户数量的增多而下降。

（3）故障诊断困难，故障点的检测和维修可能会影响网络中的其他正常结点，一旦发生总线故障则会殃及全网。

（4）由于只有一个公共传输通道，同一时刻仅能允许一个结点发送数据，其他结点必须等待。

**2. 星型**

星型拓扑是现在局域网中最常使用的拓扑结构。星型网络由中心结点和通过点到点链路接到中心结点的各分结点组成，分结点间的通信必须通过中心结点进行。星型网络的结构如图1.8所示。

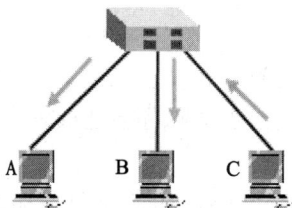

图1.8 星型网络

星型网络的基本特点如下：

（1）每个分结点通过独立的线缆与中心结点连接，易于诊断故障和隔离故障，单个分结点或线缆故障不会影响网络中其他结点的正常工作。

（2）网络性能依赖于中心结点，一旦中心结点出现故障便会危及全网。

（3）安装操作简单，结点移动方便，网络扩展性好。

### 3. 环型

环型网络与总线型网络一样的是所有结点连接在一根电缆上，但是电缆没有始端和末端，而是由连接结点的点到点链路组成一个闭合环，连接在环上的每个结点从一边的链路上接收数据，然后将数据以同样的速率从另一边的链路上发送出去。数据在链路上的传输方向通常是单向的，即数据在环上只沿一个方向传输，每个结点必须等待，直到轮到它发送数据的时候，才能发送。环上的每个结点都会收到数据，与总线型网络相似，结点通过检查数据包里的地址来判断是否应该接收数据，如果地址不匹配，结点只会将数据从一边的链路转发到另一边的链路上。局域网技术中的令牌环网是环型网的一个实例。环型网络可采用同轴电缆或者光纤作为传输介质。环型网络的结构如图1.9所示。

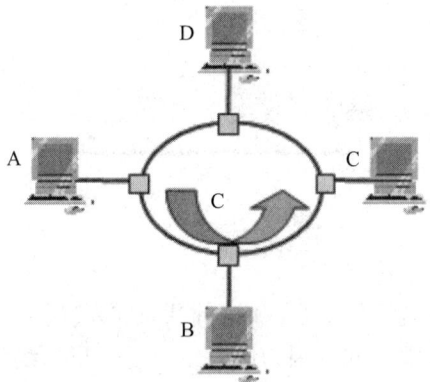

图1.9　环型网络

一种典型的环型局域网采用令牌控制机制，想发送数据的设备必须先截获在环形介质上传输的令牌，才能开始发送，而要截获令牌，需要等待令牌到达自己的站点，否则只能等待。若令牌到达自己的站点，并截获了令牌，就意味着该设备获得了发送机会，接下来发送数据。数据发送完后，要马上释放令牌，以便其他有数据要发送的设备可以截获令牌获得发送机会。当一个设备正在发送数据时，其他想发送数据的设备必须等待。在环型局域网中不会出现总线型网络中一个站点设备因为仲裁机制的随机性选择而总是无法获得发送权的情况。

环型网络主要有如下几个特点：

（1）与总线型网络类似，结构简单。

（2）任何一个结点或一段链路出了故障都会造成整个网络的中断，并且故障点的查找非常困难，因而造成维护上的不便。

（3）扩展性能远不如星型结构网络，如果要新添加或移动结点，就必须中断整个网络，在环的两端作好连接器才能连接。

**4. 网状**

网状拓扑结构广泛应用于广域网中，分为全互连网状拓扑和部分互连网状拓扑。

全互连网状拓扑结构中，所有结点都两两相连以提供冗余性和可靠性，如图1.10所示。全互连网状拓扑结构中，从一个结点出发到达另一个结点，有多条路径可达，当某一条线路出现故障时，数据仍然可以通过其他的链路到达目的地。这种结构的缺点是当网络结点增多时，链路的数量大幅度增加。因此，全网状拓扑结构的网络构建成本是非常高的，但是这种结构可以保证数据传输的高可靠性。

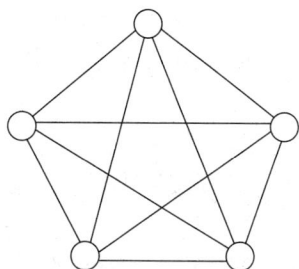

图 1.10　全互连网状拓扑

部分互连网状拓扑结构中，一个结点至少与一个其他结点相连，但是不一定与所有其他结点相连，即不是所有结点都两两相连，如图1.11所示。部分互连网状拓扑结构可以提供一定程度的冗余性和可靠性，某一条线路出现故障时，数据仍然可以采用其他路径传输。当网络结点数量增多时，链路的数量会根据需求适当增加。

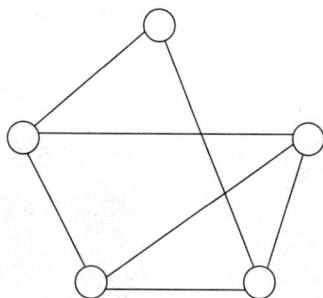

图 1.11　部分互连网状拓扑

## 1.4.2　按网络的作用范围分类

网络按其作用范围进行分类，可以分为局域网（Local Area Network，LAN）、广域网（Wide Area Network，WAN）和城域网（Metropolitan Area Network，MAN）。

**1. 局域网**

局域网是处于同一房间、同一建筑、同一校园或同一公司等地理范围内的专有网络，它的覆盖范围可以只有几米，也可以远至几千米。局域网通常具有高带宽、低时延、低差错率的特点。公司、企业、校园等单位组织通过构建自己的局域网，使得园区范围内的计算机之间可以方便、快捷地共享资源和交换信息。

1）局域网的特点

（1）传输速率高：依据使用的传输介质和网络设备的不同，局域网提供的数据传输速率也不同，一般为10Mbps～10Gbps。

（2）传输距离有限：依据使用的传输介质的不同，局域网所支持的网络范围也不同。目前局域网多采用双绞线和光纤作为传输介质，双绞线的最大传输距离为100 m，光纤分为多模和单模两种，支持的距离范围通常为几百米至几百千米不等。

（3）误码率（Symbol Error Rate，SER）低：传输线路由于受到噪音、交流电、闪电脉冲或传输设备故障等因素的干扰，致使所传送的数据中一个或多个比特被破坏，从而造成误码。误码率（或称误比特率）是一定时间内传输中的误码量（或差错比特数）与所传输的总码数（或总比特数）之比。由于局域网的传输距离比城域网和广域网都短，设备数量有限且维护率高，传输环境受外界干扰较小，数据在传输过程中的误码率也相对较低。

2）局域网的工作模式

局域网能够为用户提供各种服务。局域网中提供的服务有两种不同的模式，即客户端/服务器模式和对等模式。

（1）客户端/服务器模式如图1.12所示。网络服务位于专用的被称为服务器（Server）的计算机上，通常该计算机只充当服务器，不用于个人工作环境。客户端（Client）通常是用户个人使用的计算机。服务器能够响应客户端关于文件、打印、应用程序和其他服务（如Web、E-mail、FTP、DHCP、DNS等）的请求，并能够同时响应多个客户端的请求。

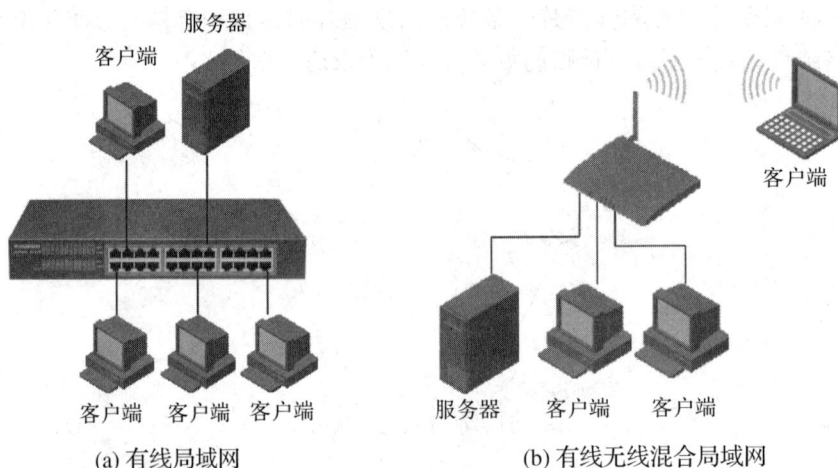

(a) 有线局域网　　　　　　　　　　(b) 有线无线混合局域网

图1.12　客户端/服务器模式

在客户端/服务器模式中，网络资源集中在服务器上，而不是分散在单个的计算机上，这使得访问更容易，也使得资源的管理更容易。在客户端访问服务器资源时，有时需要进行身份验证，服务器可以对用户账号、安全性和访问控制进行集中管理，这使得对网络资源的管理更加有效。

服务器根据网络功能的不同有不同的任务，可以分为：文件服务器、打印服务器、通信服务器和应用程序服务器等。

（2）对等模式如图1.13所示。在对等模式中，联网的计算机像平等的伙伴。资源分布在网络中的各个计算机上，没有特定的服务器。用户控制自己的资源，不存在专门的控制或管理中心，因此资源的安全性难以保证。

客户端　客户端

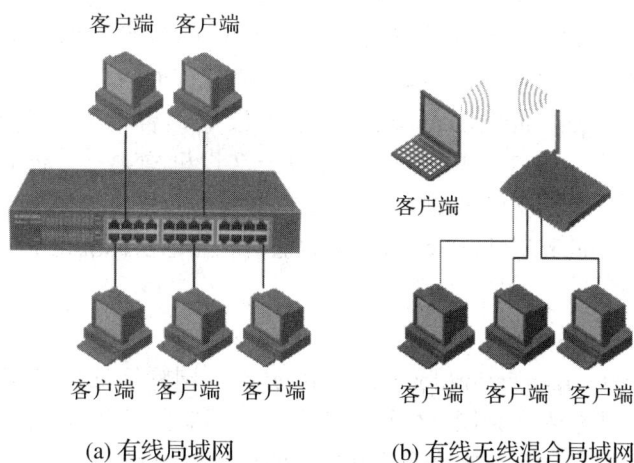

客户端

客户端　客户端　客户端

客户端　客户端　客户端

(a) 有线局域网　　　　　(b) 有线无线混合局域网

图1.13　对等模式

**2. 广域网**

广域网的作用范围通常为几十至几千千米，可以连接若干个城市、地区，甚至可以跨越国家，遍及全球。广域网主要作用是长距离传输主机发送的数据。基于X.25协议的公用分组交换网是早期最流行的广域网，它提供中低速率数据通信业务。随着光纤技术在广域网中的普遍使用以及高速交换设备的发展，现在的广域网具有更高的数据传输速率和更低的误码率。

**3. 城域网**

城域网是在一个城市范围内建立起来的计算机网络，城域网所连接的用户跨越的地理范围介于局域网和广域网之间，传输媒体以光纤为主，数据传输速率一般在100Mb/s以上。

一个城域网可作为一个骨干网，将位于同一个城市不同地点的主机、数据库及多个局域网互连起来，提供到广域网的有效连接，为用户提供语音、数据、图像、多媒体、IP接入等业务和各种增值业务。其主要应用是：局域网的互连，专用小交换机（PBX）的互连，主机与主机的互连，视频图像传输以及广域网互连等。由于城域网要连接各种局域网，因而就需要适应业务、网络协议和数据传输速率等方面的差异，为此城域网必须提供多样、灵活的连接技术。

# 1.5　Internet 相关的权威组织

**1. ITU**

国际电信联盟（International Telecommunication Union，ITU）是联合国负责国际电信事务的专门机构（ITU是联合国的专门机构之一，但在法律上不是联合国附属机构，它的决议和活动不需联合国批准），是电信界最权威的标准制订机构，其前身为根据1865年签订的《国际电报公约》而成立的国际电报联盟。1932年，70多个国家的代表在西班牙马德里召开会议，将《国际电报公约》和《国际无线电公约》合并为《国际电信公约》。1934年1月1日，国际电报联盟正式更名为国际电信联盟。国际电信联盟（ITU）是世界各国政府的电信主管部门之间协调电信事务方面的一个国际组织。

20世纪70年代早期，一些国家确定了电信的国际标准，但当时该标准在国际范围内的兼容性还较差。于是联合国在ITU下面成立了CCITT（Consultative Committee for International Telegraphy and Telephone，国际电报电话咨询委员会），致力于研究和建立电信的通用标准。CCITT是ITU原有的四个常设机构之一，但是后来由于技术发展的需要，ITU对原有常设机构进行了改组，1993年3月，CCITT转变为ITU-T（ITU Telecommunication Standardization Sector，国际电信联盟电信标准化部），负责电信设备及系统的国际标准制定。

**2. ISO/IEC**

ISO（International Organization for Standardization，国际标准化组织）是1947年创建的一个多国团体，有着"技术联合国"之称。其成员主要来自于世界上许多政府的标准创建委员会。ISO的目标是使国际范围内商品和服务的交换更加容易。

ISO制定的标准只是推荐给世界各国采用，而非强制性标准，但是由于ISO颁布的标准在世界上具有很强的权威性、指导性和通用性，对世界标准化进程起着十分重要的作用，所以各国都非常重视ISO标准。

ISO之前的常任理事国有美国、德国、英国、法国和日本。2008年10月16日，中国正式成为了ISO的常任理事国，这是我国自1978年加入ISO三十年来首次进入国际标准化组织高层的常任席位，它标志着我国标准化工作取得了历史性的重大突破。

IEC（International Electrotechnical Commission，国际电工委员会）成立于1906年，是世界上成立最早的非政府性国际电工标准化机构。1947年ISO成立后，IEC曾作为电工部门并入ISO，但在技术上、财务上仍保持其独立性。根据1976年ISO与IEC的新协议，两组织都是法律上独立的组织，IEC负责有关电工、电子领域的国际标准化工作，其他领域则由ISO负责。

**3. IEEE**

IEEE（Institute of Electrical and Electronics Engineers，电气电子工程师学会）成立于1963年，是全球最大的专业技术组织。IEEE扮演着多个科学期刊和会议组织者的角色，在电气及电子工程、计算机科学、通信等领域中，IEEE出版的技术文献约占全球同类文献的30%，而且其文献的引用率在电子、通信等领域名列前茅。每年IEEE在全球主办或协办900多个技术会议，出版的技术期刊和会议纪要等达到140多种。IEEE是世界权威的标准制定机构，目前已经为通信、信息技术、发电产品等行业制定了许多现行产业标准。其中包括著名的IEEE 802系列标准（有线与无线的网络通信标准）。

IEEE的会员绝大部分是电气、计算机科学、工程学和其他相关学科的工程师、科学家和专业技术人员。IEEE在全球160多个国家拥有40多万名会员。会员分为：学生会员（Student Member）、准会员（Associate Member）、会员（Member）、高级会员（Senior Member）、会士（Fellow）、终身会员（Life Member）等。其中，学生会员主要面向专业为IEEE所涉及学术领域的广大本科生和研究生，学生会员毕业后，其学生会员资格随之终止，并根据实际情况升级至相应会员等级。

IEEE把世界分为10个地理大区（Region）：美国本土6个，加拿大1个，拉丁美洲1个，欧洲、中东和非洲为1个，亚洲和大洋洲为1个。中国属于第10区。

#### 4. ISOC/IAB/IETF

ISOC（Internet Society，因特网协会）于1992年成立，是一个非政府、非盈利的专业会员制国际组织，为保证Internet的开放发展及标准化提供支持。如图1.14所示，ISOC下设的Internet 基础架构委员会（Internet Architecture Board，IAB）负责 Internet 标准的全面管理和持续发展。IAB 成员由 ISOC 进行任命，IAB 成员都是作为独立的个人为该组织服务的，不代表任何公司、机构或组织。如图1.14所示，IAB 下设两个任务组，分别是 IETF（Internet Engineering Task Force，因特网工程任务组）和 IRTF（Internet Research Task Force，因特网研究任务组）。

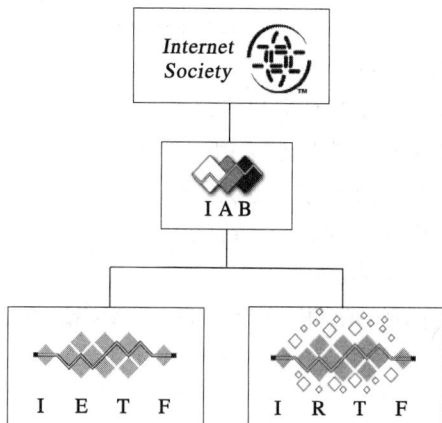

图 1.14 因特网管理机构

IETF 主要负责开发、更新、维护 Internet 和 TCP/IP 技术。IETF 由工作组（Working Group）组成，工作组划分为若干个领域，每个领域集中研究某一特定的短期和中期的工程问题。工作组是短期存在的，该组的目标达到之后，工作组就会终止。

IRTF 是一个由 IAB 授权，对一些长期的互联网问题进行理论研究的组织。与 IETF 类似，IRTF 有很多研究小组（Research Group），分别针对不同的研究题目进行讨论和研究。

#### 5. EIA/TIA

EIA (Electronic Industries Association，电子工业协会) 成立于1924年，是美国一个非盈利性的组织。EIA 是美国电子行业标准制定者之一，在信息技术领域定义物理连接的接口和数据通信的电子信令的规约方面有显著贡献。EIA 会员包括广泛的厂家，从半导体、元器件到家用电器。1988年经 EIA 同意，为电信和信息产业方面的制造和发展商另外成立 TIA（Telecommunications Industries Association，电信工业协会），从 EIA 中独立出来，并与 EIA 成为伙伴（而非父子）关系。现在，TIA 是由各类规模的公司所组成的一个全业务国家贸易组织，这些公司在世界各地提供通信和信息技术产品、材料、系统、分销服务和专业服务。虽然 TIA 是 ANSI（American National Standards Institute，美国国家标准学会）认可的制定标准的组织，但其属于行业协会性质，除了标准工作外，其职责还包括为保护和促进会员厂家利益而影响政策、促进市场和组织交流。

#### 6. ICANN

ICANN（Internet Corporation for Assigned Names and Numbers，因特网名字与号码指派公司）是一个非盈利性的国际组织，负责IP地址的分配、协议标识符的指派、通用顶级域名（generic Top-Level Domain，gTLD）以及国家和地区顶级域名（country code Top-Level Domain，ccTLD）系统的管理以及根服务器系统的管理。这些服务最初是由IANA（Internet Assigned Number Authority，因特网赋号管理局）以及其他一些组织提供的，现在由ICANN行使IANA的职能。

## 习题

1. 简述计算机网络的发展过程及各个发展阶段的特点。
2. 试比较电路交换和分组交换的优缺点。
3. 什么是计算机网络？其基本特征主要表现在哪些方面？
4. 计算机网络由哪几部分组成？
5. 为什么要采用层次结构来研究计算机网络？
6. 试比较OSI和TCP/IP两种网络体系结构的异同。
7. 计算机网络可以从哪几个方面进行分类？
8. 局域网有哪两种工作模式？各有什么特点？
9. 写出以下组织的中英文全称。

   ISO、IEEE、ISOC、IAB、IETF、EIA、TIA、ANSI、ICANN、IANA。

# 第2章　网络传输介质

网络传输介质是组成网络的基本构件之一，本章首先介绍各种导向传输介质的结构、分类及使用，然后介绍各种无线传输方式。通过本章的学习，读者应对双绞线、同轴电缆、光纤的分类以及基本连接方法有清晰的认识，并对无线传输技术基本原理有初步的了解。

## 2.1　概　　述

传输介质也称为传输媒体或传输媒介，它是数据传输系统中发送器和接收器之间的物理介质，是传播信号的媒体。传输介质应保证信号在其中传输的可靠性。传输介质可分为导向(guided)和非导向两大类。

**1. 导向传输介质**

电磁波在介质内部被导向沿着固体媒体传播。例如，电信号在铜导体内传播或光信号在玻璃导体中传播。如图2.1所示，导向传输介质主要包括同轴电缆、双绞线和光纤。其中，同轴电缆和双绞线都属于铜介质。二者相比，同轴电缆的频带更宽，传输距离更长，抗干扰能力更强，但价格较贵，安装灵活性差。光纤属于玻璃(或塑料)介质，传输速率高，通信容量大，传输距离长，传输损耗小，抗干扰性能极好，保密性好，是目前导向传输介质中性能最好的传输介质，广泛应用于现代有线通信领域。

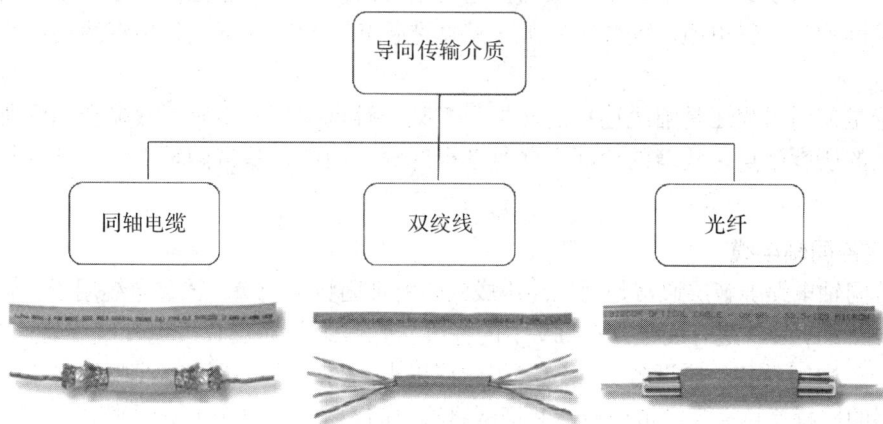

图2.1　导向传输介质

**2. 非导向传输介质**

在某些通信应用中，没有提供基于导向传输介质的有线网络，而是通过无线传输技术构建无线网络。无线传输过程中，无线信号发射器发送信号，发出的信号(电磁波)无需借助导向传输介质来传播，而是在自由空间中传播。因此，自由空间就是非导向传输介质。

## 2.2  同 轴 电 缆

### 2.2.1  同轴电缆的结构

同轴电缆（coaxial cable）由内导体、绝缘层、外导体屏蔽层和外层绝缘护套组成，如图2.2所示。内导体可以是单股铜芯或者多股绞合铜芯，电信号在其上传播。绝缘层用来隔绝内导体和外导体屏蔽层。外导体屏蔽层是一层金属网，可以有效防止电磁干扰。外层绝缘护套用于保护线缆在外界环境中不被损坏。

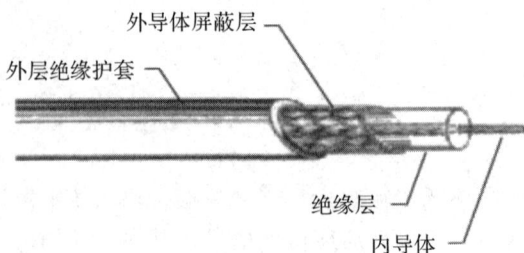

图2.2  同轴电缆的结构

### 2.2.2  同轴电缆的分类

同轴电缆可分为两种基本类型，基带同轴电缆和宽带同轴电缆。

**1. 基带同轴电缆**

基带同轴电缆的屏蔽层通常是用铜做成网状的，特征阻抗为50Ω。该类电缆用于传输数字信号，型号一般有：RG-8（粗缆）和RG-58（细缆）。粗缆与细缆最直观的区别在于电缆直径不同。粗缆适用于中大型局域网，它的标准距离长、可靠性高，但是粗缆网络必须安装收发器和收发器电缆，安装难度大，总体造价高。相比之下，使用细缆连网简单、造价低。

无论是使用粗缆还是细缆连接的网络，当某一触点发生故障时，故障会串联影响到整根线缆上的所有站点，故障的诊断和修复都很麻烦。因此，基带同轴电缆已被双绞线或光纤取代。

**2. 宽带同轴电缆**

宽带同轴电缆屏蔽层通常是用铝冲压成的，特征阻抗为75Ω。该类电缆用于传输模拟信号，型号有RG-59，是有线电视CATV中的标准传输线缆。通过有线电视线缆访问Internet，这需要一个中间设备，该设备一端连接在计算机上，另一端连接到有线电视网络，负责把进入网络的比特流转换为模拟信号，并把网络输出的模拟信号再转换成比特流。

### 2.2.3  以太网与基带同轴电缆

**1. 以太网简介**

1975年，美国Xerox PARC（Xerox Palo Alto Research Center，施乐帕克研究中心）

以曾经在历史上表示传播电磁波的以太来命名基带总线局域网，称为以太网（Ethernet）。PARC最初设计了数据率为2.94Mb/s的以太网。以太网采用CSMA/CD（Carrier Sense Multiple Access with Collision Detection，带冲突检测的载波监听多路访问）协议，在该协议提供的控制机制下，可以尽可能地避免因站点随机发送数据而引发的数据包冲突事件，并能对已发生的冲突进行检测和处理。CSMA/CD使得多个站点能够以一种简单、灵活且有效的方式使用公共传输通道。1980年至1982年，DEC公司、Intel公司和Xerox公司联合制定了数据速率为10Mb/s的以太网标准DIX Ethernet，先后共有两个版本DIX Ethernet V1和DIX Ethernet V2。

在DIX开展以太网标准化工作的同时，IEEE于1980年2月，成立了专门制定局域网和城域网标准的机构，称为IEEE 802委员会。DIX虽已推出以太网规范，但还不是国际公认的标准，所以IEEE 802委员会决定成立802.3分委员会，以制订基于DIX工作成果的国际标准。802.3分委员会在DIX Ethernet的基础上于1983年制定了IEEE的以太网标准，即802.3局域网。802.3局域网与DIX Ethernet V2在技术上差别甚微，人们习惯上将802.3局域网称为以太网。

IEEE 802委员会迫于商业上的激烈竞争，并没有统一局域网标准，而是为不同的局域网分别制定了一套标准。当时可以与IEEE 802.3局域网（以太网）标准相提并论的还有IEEE 802.5令牌环型局域网标准，但是由于以太网技术的持续改进满足了用户不断增长的需求，这使得以太网技术脱颖而出，最终成为局域网的主流技术。

**2. 使用基带同轴电缆构建传统以太网**

在局域网发展的初期，人们曾广泛使用粗缆或细缆构建总线型局域网，即以太网，传输速率为10Mb/s。由于当时的以太网与今天的以太网在传输速率、传输媒体特性上存在差异，因此，人们通常将早年10Mb/s的以太网称为"传统以太网"。

IEEE 802.3委员会最早推出的以太网标准是10BASE-5，使用粗缆作为网络传输介质，"10"代表数据速率为10Mb/s，"BASE"代表传输介质上的信号是基带信号（即数字信号直接用两种不同的电压来表示），"5"代表一个粗缆干线段的最大距离是500米。后来由于细缆具有价格较低，布网较为灵巧等特点而被更多地用于以太网的构建，于是IEEE 802.3推出了10BASE-2标准，2表示一个细缆干线段的最大距离是近200米（实为185米）。

下面分别简单介绍使用粗缆和细缆构建以太网的过程，以帮助读者了解早期总线型网络的结构及安装连接的复杂性。

1）使用粗缆构建以太网

使用粗缆构建以太网，需要以下组件：

（1）网络适配器：网络中每个结点需要一块提供AUI接口的以太网卡。

（2）收发器（Transceiver）：粗缆以太网上的每个结点通过安装在干线电缆上的外部收发器与网络进行连接。在连接粗缆以太网时，用户可以选择任何一种标准的以太网(IEEE 802.3)类型的外部收发器。收发器由两部分组成：含有电子元器件的媒体连接单元MAU（Medium Attachment Unit）和没有电子元器件的插入式分接头，后者也被称为媒体相关接口MDI(Medium Dependent Interface)。

（3）收发器电缆：用于连接结点和外部收发器，通常称为AUI电缆。

（4）电缆系统：包括粗同轴电缆，电缆连接器和50Ω的终端匹配器。终端匹配器安装在干线电缆段的两端，用于防止电子信号的反射，干线段电缆两端的终端匹配器必须有一个接地。

（5）粗缆中继器：对于使用粗缆的以太网，每个干线段的长度不超过500米，可以用中继器连接两个干线段，以扩充主干电缆的长度。每个以太网中最多可以使用四个中继器，连接五段电缆。

如图2.3所示，计算机上必须安装提供AUI接口的网卡，网卡与收发器通过收发器电缆连接起来，收发器电缆的长度不能超过50米，相邻收发器之间最小距离为2.5米。粗缆干线段两端分别安装有终端匹配器，且一端需接地。粗缆干线段最大长度为500米，每条干线段可以接入的结点数目最多为100个。

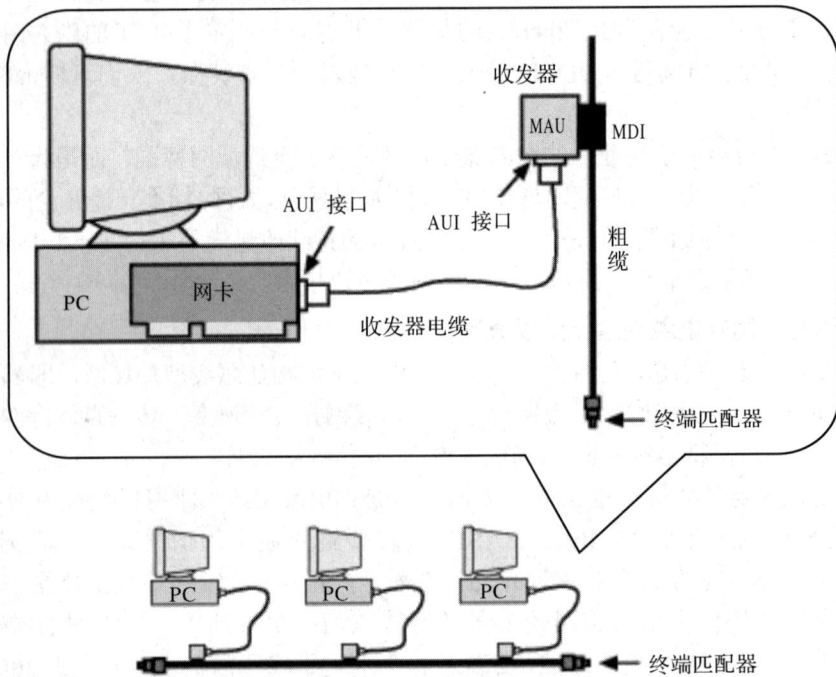

图2.3　粗缆与站点的连接

粗缆连接的网络抗干扰能力强，具有较大的地理覆盖范围（网络跨距可达2500米）。但是粗缆外形笨重，造价高，网络安装、维护和扩展也较为困难。

2）使用细缆构建以太网

早年使用细缆组建局域网，主要是从节约设备元件、线缆成本的角度考虑。细缆有时也用于集线器之间无法用双绞线连接的情况。

使用细缆构建以太网，需要以下组件：

（1）网络适配器：网络中每个结点需要一块提供BNC接口的以太网卡，如图2.4所示。

（2）BNC（Bayonet Nut Connector，刺刀螺母连接器）连接器：BNC连接器安装在每个细缆段的两端。BNC电缆连接器如图2.5所示，它包括BNC连接器外套、尾管和触针三部分。

图2.4　提供BNC接口的以太网卡

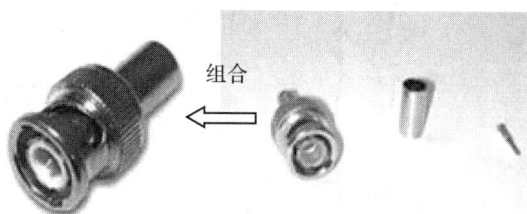

组合

图2.5　BNC 电缆连接器

（3）BNC T型连接器：细缆以太网上的每个结点通过BNC T型连接器与网络进行连接，它水平方向的两个插头用于连接两段细缆，外观如图2.6 所示，与之垂直的插口与网络接口适配器上的BNC接口相连。

（4）BNC终端匹配器：外观如图2.7所示，BNC 50Ω 的终端匹配器安装在干线段的两端，用于防止电子信号的反射。干线段电缆两端的终端匹配器必须有一个且仅有一个接地。

图2.6　BNC T型连接器

图2.7　BNC终端匹配器

（5）细缆中继器：要求每个细缆干线段的长度不超过185米，可以用带有BNC接口的中继器（如图2.8所示）连接两个干线段，以扩充主干电缆的长度。

如图2.9所示，在加入站点的位置将细缆切断，并在每段细缆的两端安装BNC连接器，然后用BNC T型连接器的水平接头连接切断的细缆，垂直接头连接计算机网卡的BNC接口。干线边沿的连接稍有区别，BNC T型连接器的水平接头一端连接切断的细缆，另

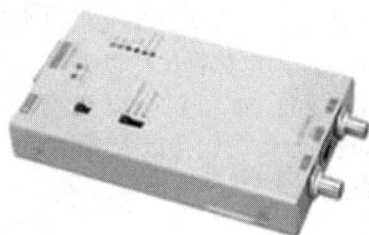

图2.8　细缆中继器

一端连接终端匹配器，垂直接头依然连接计算机网卡的BNC接口。两个相邻的BNC T型连接器之间的最小间隔距离为0.5米。

每个细缆干线段支持的最大结点数为30。需使用中继器延长电缆范围时，最多可使用4个中继器连接5个干线段。

与粗缆相比，细缆的安装较简单，也具有更好的抗干扰能力，而且造价较低，但是细缆安装过程要切断电缆，总线上存在大量机械接头，容易产生断点，导致的故障可能会串联影响到总线上的所有站点。

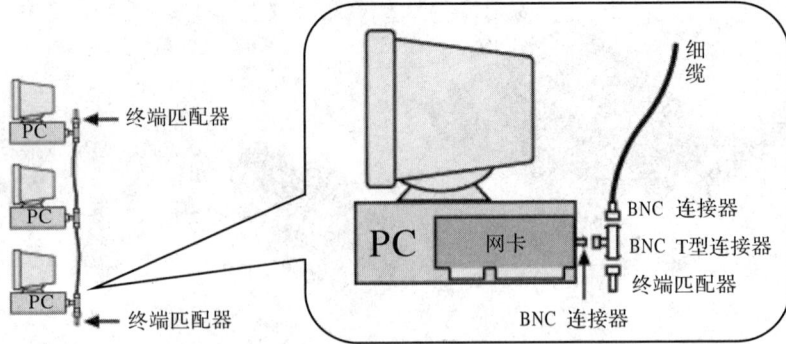

图2.9 细缆与站点的连接

### 3. 以太网的发展

使用粗缆或细缆构建的总线型网络是传统以太网早期的连网形式，其存在的主要问题是：安装操作复杂，网络扩展不够灵活，故障诊断困难，故障点的检测和维修可能会影响网络中的其他正常站点，如果发生总线故障则会殃及全网。

随着大规模集成电路技术的发展，一种可靠性非常高的网络连接设备——集线器出现了，集线器常被人们称为"盒中总线"，这是因为使用集线器连接网络，物理上呈现的是星型拓扑结构，但是逻辑上依然遵循总线型网络的工作原理。因此，可以说星型拓扑结构是总线型拓扑结构的一种演进。星型以太网的连接不再使用粗缆和细缆，而是使用价格更低廉、使用更方便、灵活的双绞线。

1987年IEEE 802.3委员会开始组织讨论在双绞线上实现10Mb/s以太网的最好方法，在分析研究了许多有竞争力的提案后，最后同意以SynOptics通信公司的 LATTIS NET技术为基础进行标准化，并于1990年推出了802.3i/10BASE-T标准，这是一个运行在双绞线上的10Mb/s以太网标准，T就代表双绞线。1995年，IEEE推出了803.2u/100BASE-T，这是一个支持100Mb/s数据速率的以太网标准。1996年3月，IEEE组建了新的802.3z委员会，负责研究千兆位以太网，制订相应的标准，并于1998年正式通过了千兆以太网标准，也称吉比特以太网标准，该标准使用双绞线或光纤作为传输介质。1999年底，IEEE802.3ae委员会成立，负责万兆以太网技术的研究，并于2002年6月正式发布了802.3ae/10吉比特以太网（10GE）标准，由于数据速率很高，该标准只支持光纤作为传输介质。

## 2.3　双　绞　线

### 2.3.1　双绞线的结构与分类

#### 1. 双绞线的结构

普通照明用的导线是平行结构，即两根导线并排放在一起。而目前综合布线工程中最常用的双绞线是双绞（Twisted Pair，TP）结构，如图2.10所示，即将两根绝缘的铜导线用规则的方法按一定密度绞合在一起，在信号传播过程中每一根导线辐射的电磁波会与另一根导线上辐射的电磁波抵消，从而降低信号干扰的程度，这正是双绞结构的优点。如图2.11所示，双绞线的一个双绞循环称作绞距，绞距越小，双绞线抗干扰能力越强。

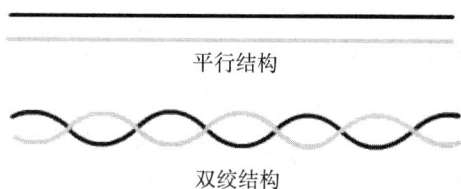

平行结构

双绞结构

图2.10  平行结构和双绞结构

绞距较大

绞距较小

图2.11  双绞结构的绞距差异对比

如图2.12所示，用于网络连接的双绞线内部有八根铜线，每根铜线都由绝缘层包裹，绝缘层使用不同的颜色来区分每一根导线。撕剥线是一根强度很高的细线，在制作线缆时可借助撕剥线划开封套。双绞线内部的八根导线是两两互绞的，如图2.13所示分别是橙色线与橙白线互绞，蓝色线与蓝白线互绞，绿色线与绿白线互绞，棕色线和棕白线互绞。

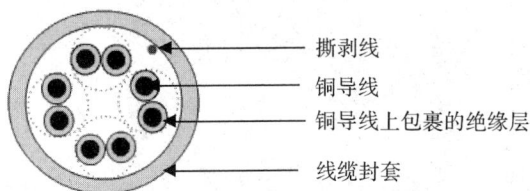

撕剥线
铜导线
铜导线上包裹的绝缘层
线缆封套

图2.12  双绞线的剖面图

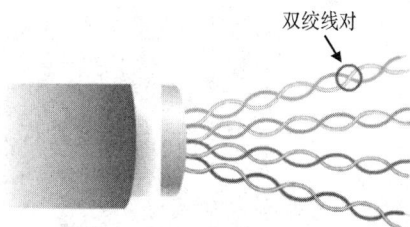

双绞线对

图2.13  双绞线内部结构

**2. 双绞线的分类**

双绞线分为屏蔽双绞线(Shielded Twisted Pair，STP)和非屏蔽双绞线(Unshielded Twisted Pair，UTP)。

典型的屏蔽双绞线如图2.14所示，在导线与封套之间有一个金属的网状屏蔽层，可以防止外部的电磁干扰，同时避免双绞线内部的电磁辐射传到外部，从而防止通信线路上的窃听，保证了一定的安全性。图2.15为每对屏蔽双绞线，这使得本要向外辐射的电磁波从屏蔽层反射回来，从而产生内部干扰。屏蔽双绞线价格相对较高，安装时必须配有支持屏蔽功能的特殊连结器和相应的安装技术，并且屏蔽层必须严格接地，才能真正起到抗干扰作用，否则有可能使屏蔽层自身成为一个很大的干扰源。全屏蔽解决方案主要应用于严重电磁干扰环境，如广播站、电台等。另外，全屏蔽解决方案还可应用于那些出于安全目的，要求电磁辐射极低的环境。如果没有特殊要求，在施工布线中非屏蔽双绞线更为常用。

典型的非屏蔽双绞线如图2.16所示，导线与封套之间没有金属屏蔽层，直径小、重量轻、易弯曲、易安装，具有良好的传导率，适用于结构化综合布线。它既可传输模拟信号，也可传输数字信号；既可用于基带传输，也可用于宽带传输；既可用于广播信道，也

图2.14　整体屏蔽双绞线　　　　图2.15　每对屏蔽双绞线

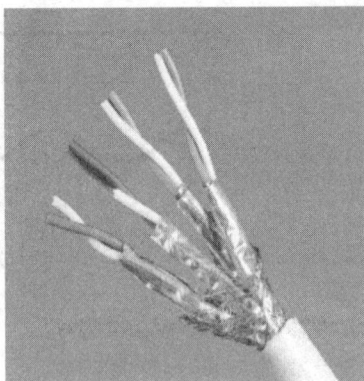

可用于点 - 点信道。尤其是采用特殊技术生产的非屏蔽双绞线，具有防电磁波及克服电容干扰的能力，它的传输速度可达100Mb/s以上。非屏蔽双绞线在价格上和安装上，均比使用屏蔽双绞线、同轴电缆或光纤优越，是一种经济、实惠、方便的传输媒体，且非屏蔽双绞线技术成熟，系列产品及配套联接部件齐全，从而使得非屏蔽双绞线的应用非常广泛。图2.17为阻水型非屏蔽双绞线，具有双封套，阻水性能好，主要适用于室外布线。

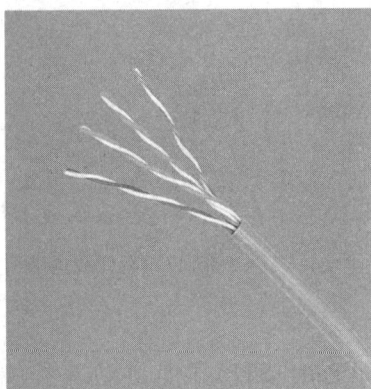

图2.16　典型的非屏蔽双绞线　　　　图2.17　阻水型非屏蔽双绞线

## 2.3.2　双绞线的规格型号与识别

### 1. 规格型号

1991年7月，美国电子工业协会EIA和美国电信工业协会TIA联合美国国家标准学会ANSI推出了第一部综合布线系统标准——ANSI/TIA/EIA568《商业建筑通信布线标准》。1995年，ANSI/TIA/EIA568标准正式更新为ANSI/TIA/EIA568A，"A"代表第一个修订版。同年，国际标准化组织ISO和国际电工委员会IEC发布了ISO/IEC 11801《信息技术——用户通用布线系统》标准。ANSI/TIA/EIA568A和ISO/IEC 11801成为全球两大综合布线标准，前者流行于北美各国，后者流行于欧洲各国，许多国家的综合布线标准基本上都是参考这两大标准制定的。ISO/IEC 11801标准适用于屏蔽系统和非屏蔽系统，也适用于光纤布线系统，而ANSI/TIA/EIA568A只适用于非屏蔽系统和光纤布线系统。2001年3月，美国电信工业协会TIA正式发布了新一代结构化布线标准ANSI/TIA/EIA568B。2002年6月，6类线缆标准颁布，并作为ANSI/TIA/EIA568B的附录以TIA/EIA568B.2-1正式出版。2002年8月，ISO/IEC11801-2002版本也正式出台，与ANSI/TIA/EIA568B基本保持一致。

双绞线电缆的规格类型有：1类、2类、3类、4类、5类、超5类、6类、超6类、7类。类型数字越大，版本越新，技术越先进，带宽越宽，价格越贵。其中，计算机网络综合布线使用第3、4、5类及5类以上电缆。对于不同标准类型的双绞线，按"CatN"方式标注，如5类线标注为"Cat5"。

1类(Category 1，Cat1)：是ANSI/TIA/EIA568标准中最原始的双绞线电缆，只用于传输语音，1类标准主要用于八十年代初之前的电话线缆，不用于计算机网络数据传输。

2类(Category 2，Cat2)：是ANSI/TIA/EIA568标准中第一个可用于计算机网络数据传输的双绞线电缆，传输频率为1 MHz，用于语音传输和最高传输速率为4Mb/s的数据传输。

3类(Category 3，Cat3)：是ANSI/TIA/EIA568标准中专用于10BASE-T以太网的双绞线电缆，传输频率为16 MHz，传输速率可达l0Mb/s，用于语音传输及最高传输速率为10Mbps的数据传输。

4类(Category 4，Cat4)：是ANSI/TIA/EIA568A标准中专用于令牌环网络的双绞线电缆，传输频率为20 MHz，传输速率达16Mb/s，但未被广泛使用。

5类(Category 5，Cat5)：是ANSI/TIA/EIA568A标准中用于CDDI（即基于铜介质的FDDI网络）和快速以太网（即百兆速率的以太网）的双绞线电缆。该类电缆增加了扭绞密度，外套是一种高质量的绝缘材料，最高传输频率为100 MHz，用于语音传输和最高传输速率为100Mb/s的数据传输，主要用于10BASE-T和100BASE-T网络。

超5类(Category 5 enhanced，Cat5e)：是ANSI/TIA/EIA568A标准中用于运行百兆乃至千兆以太网的双绞线电缆，传输频率提升至125 MHz，甚至200 MHz，支持传输速率为1000 Mb/s的网络应用。超5类与5类双绞线相比绞距更小，且部分性能得到升级，如衰减更小、串扰更少、信噪比更高、时误差更小等。

6类(Category 6，Cat6)：是ANSI/TIA/EIA568B标准中规定的一种双绞线电缆，与5类或超5类相比，各项性能参数都有较大提高，6类系统传输频率扩展至250 MHz甚至更高，主要应用于千兆网络，如1000BASE-T/1000BASE-TX等。6类电缆比超5类电缆拥有更高的扭绞密度，而且线对间通常采用十字骨架分隔器，将4个线对分隔到各自的信号区内，提高了电缆的近端串扰性能。如图2.18所示，在线缆制作方面6类线较5类更加精确科学，但难度较大。

图2.18 带有十字骨架分隔器的6类双绞线

超6类线(Augmented Category 6，Cat6a)：是6类线的改进版，传输频率可达到500 MHz，主要应用于千兆网络。与6类线相比，在串扰、衰减和信噪比等性能方面有较大提升。

7类(Category 7，Cat7)：能满足传输频率在600 MHz以上，甚至1.2 GHz的传输性能要求，主要为了适应万兆位以太网技术的应用和发展。6类布线既可以使用UTP，也可以使用 STP，而 7 类布线只基于屏蔽电缆。7 类电缆又称为 PIMF（Pair In Metal Foil）电缆，如图 2.19 所示，电缆内部每个绞对有铝箔屏蔽，外加一个整体屏蔽，这使得 7 类电缆有一个较大的线径。从 7 类标准开始，布线历史上出现"RJ 型"和"非 RJ"型接口的划分，如图 2.19 所示。1999 年 7 月，ISO/IEC 接受了西蒙公司开发的 7 类非 RJ 型接口标准 TERA。2002 年 7 月，TERA 被正式确定为 7 类非 RJ 型接口的标准模式。7 类线缆主要用于传输速率达 10Gbps 以上的网络应用。

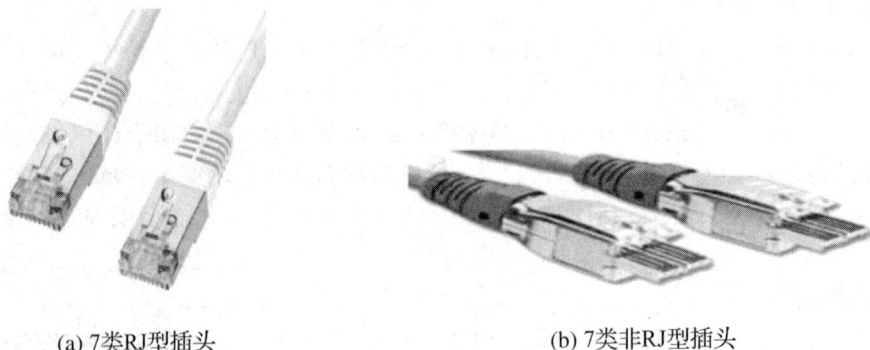

(a) 7类RJ型插头　　　　　　　　　　(b) 7类非RJ型插头

图2.19　7类电缆接口外观

**2. 双绞线的识别**

目前，3 类线和 4 类线在市场上基本不存在了，5 类、超 5 类线和 6 类线在市场上都有销售。据统计，70% 左右的网络故障是由网络布线问题导致的，所以在网络布线时线缆质量是个关键问题。下面主要阐述如何识别正规产品，避免假线。

1）线对数目

10M 以太网 10BASE-T 标准使用 2 对导线传输信号。快速以太网有三个标准 100BASE-TX、100BASE-T2 和 100BASE-T4，其中 100BASE-T4 使用 4 对线，另两种使用 2 对线，有些供应商以此为由提供只有 2 对线的双绞线，这样的线缆价格便宜但不是正规产品。根据美国线缆标准(American Wire Gauge，AWG)规定：3 类、4 类、5 类、超 5 类双绞线中的导线都定义为 4 对。其中 3 类线的实际产品有些是 2 对线，有些是 4 对线。在早期的 10M 以太网中可以找到使用 2 对线的 3 类线，而快速以太网要求的 5 类线要支持三个标准，必须要有 4 对线。在千兆以上的以太网中要使用 4 对线通信。所以，应选择有标准线对数目的线缆。

2）扭绞要求

双绞线中有多个线对，不同的线对具有不同的绞距，但一些非正规厂商生产的双绞线多有以下问题：① 所有线对的扭绞密度相同；② 线对的扭绞密度不符合技术要求；③ 线对的扭绞方向不符合要求。这些问题会引起双绞线的近端串扰，从而使传输距离达不到要求。不同规格型号的双绞线的总体扭绞密度不同，如：超 5 类比 5 类密，6 类比超 5 类密。

3）线缆产品标示

由于双绞线线缆外皮上印制的标志信息没有统一标准，不同生产商的产品标志信息可能不同，但一般应包括以下一些信息：双绞线的生产商和产品号码、NEC/UL 防火测试和等级、CSA 防火测试、双绞线类型、长度标志以及生产日期等。

下面以 AVAYA 产品为例说明其标志信息的含义：

AVAYA-C SYSTIMAX 1061C+ 4/24AWG CM VERIFIED <UL> CAT5E 31086FEET
09745.0 METERS

- AVAYA-C SYSTIMAX：指的是该双绞线的生产商。
- 1061C+：指的是该双绞线的产品号码。
- 4/24AWG：说明这条双绞线是由4对24 AWG线规的线对所构成。铜电缆的直径通常用AWG（American Wire Gauge，美国线缆规格标准）为单位来衡量。AWG数值越小，电线直径越大。通常使用的双绞线均是24AWG。
- CM VERIFIED <UL>：世界权威认证机构美国UL（Underwriters Laboratories，保险商实验室）专门设计了测试方案来检验制造商电缆的防火等级。经过测试并符合具体UL防火等级的电缆在其外皮印有详细的等级信息和UL标识符。CM是指防火等级为商用级。VERIFIED <UL>表明该线缆通过UL认证。
- CAT 5E：指该双绞线通过UL测试，达到超5类标准。
- 31086FEET 09745.0 METERS：表示生产这条双绞线时的长度点。购买双绞线时，如果想知道一箱双绞线的长度，可以将双绞线的头部和尾部的长度标记相减后得出。FEET表示以英尺为单位，METERS表明以米为单位。

### 2.3.3　RJ-45插头与插槽

RJ是Registered Jack的缩写，在美国联邦通信委员会（Federal Communications Commission，FCC）标准中将RJ描述为公用电信网络的接口，常用的有RJ-11和RJ-45。计算机网络的RJ-45是标准8位模块化接口的俗称。以往的4类、5类、超5类和6类布线中，采用的都是RJ型接口。

RJ-45插头是一种透明的塑料接插件，又称"水晶头"。前端有8个凹槽，简称"8P"（Position，位置）。凹槽内的金属触点共有8个，简称"8C"（Contact，触点），因此业界对RJ-45插头有"8P8C"的别称。和RJ-45插头外观相似的有电话线的RJ-11插头，它有4个槽（Position）、2个或4个金属触点，因此在普通电器商店中，常可看到标着"4P4C"或"4P2C"的插头。图2.20所示是RJ-45插头与RJ-11插头的外观比较。

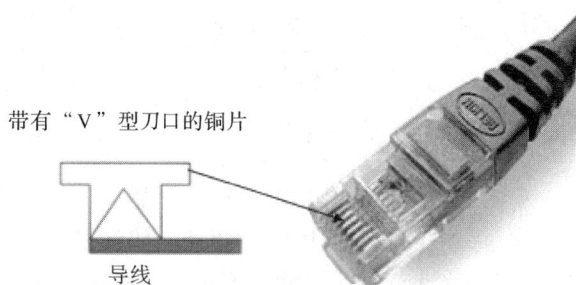

RJ-45插头的前端平行放置着带有"V"型刀口的八个铜片，铜片的前端有一小部分穿出RJ-45塑料壳，形成和RJ-45插槽接触的金属脚。制作线缆时，导线会位于刀口的下方，当用工具压紧RJ-45插头时，刀口将刺破导线的绝缘层，与导线铜芯接触，如图2.21所示。

带有"V"型刀口的铜片

导线

图2.20　RJ-45插头与RJ-11插头的外观比较　　　图2.21　带有"V"型刀口的铜片

RJ-45插头带有铜片一面的相对面附有一个塑料弹片，用于将RJ-45插头固定在RJ-45插槽内。当塑料弹片朝下时，如图2.22所示，前端最右边的铜片就是第"1"引脚，然后往左依次为"2"、"3"……到第"8"引脚。

图2.23为网卡和网络连接设备上的RJ-45插槽，在RJ-45插头插入RJ-45插槽时，若听到"喀嗒"声，则表示插入到位。这时RJ-45插头上的8个铜片与RJ-45插槽中对应的8个铜丝接触连接。

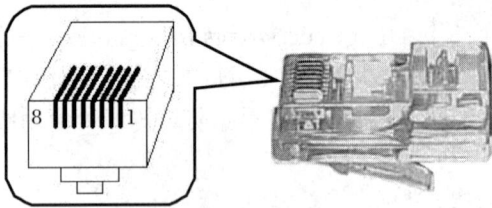

图2.22　RJ-45插头引脚排列　　　　图2.23　RJ-45插槽引脚排列

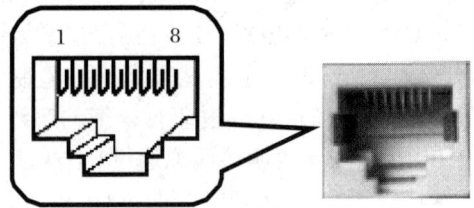

### 2.3.4　实例：双绞线的制作与测试

**1. 线序**

双绞线的线序排列遵循北美的 ANSI/TIA/EIA568A 和 ANSI/TIA/EIA568B 两个标准。在线缆制作过程中，若线对顺序不符合标准会导致数据传输缓慢、不稳定甚至不通。如表2-1所示，线缆内部的8根导线分成四组，每组一正一负两根线（如TX+和TX-）绞合在一起。其中"TX"代表发送（Transmitter），"RX"代表接收（Receiver）。

**表2-1　ANSI/TIA/EIA568线序**

| 插头引脚顺序 | 介质直接连接信号 | ANSI/TIA/EIA568A标准线序 | ANSI/TIA/EIA568B标准线序 |
| --- | --- | --- | --- |
| 1 | TX+(发送) | 白绿 | 白橙 |
| 2 | TX-(发送) | 绿 | 橙 |
| 3 | RX+(接收) | 白橙 | 白绿 |
| 4 | 没有使用 | 蓝 | 蓝 |
| 5 | 没有使用 | 白蓝 | 白蓝 |
| 6 | RX-(接收) | 橙 | 绿 |
| 7 | 没有使用 | 白棕 | 白棕 |
| 8 | 没有使用 | 棕 | 棕 |

双绞线的两种常用的连接方法：直通线和交叉线。直通线也称正线，制作时，线缆两端的水晶头中的线序采用同一标准，如都采用568A标准或者都采用568B标准，如图2.24所示，直通线通常采用568B标准。直通线适用于交换机（或集线器）UPLINK口与交换机（或集线器）普通端口之间，交换机（或集线器）与路由器之间以及交换机（或集线器）与计算机之间。

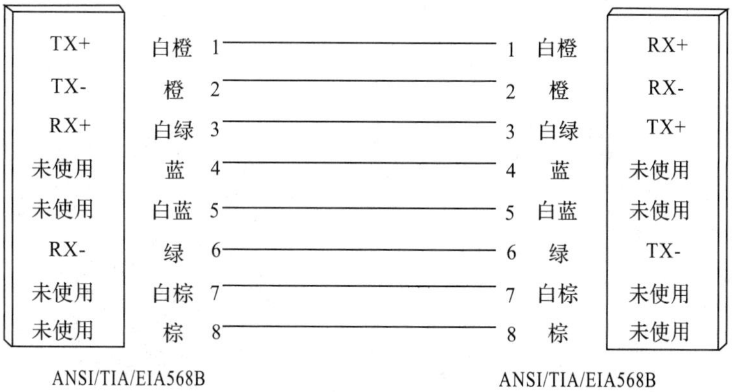

| TX+ | 白橙 1 |————| 1 白橙 | RX+ |
|---|---|---|---|---|
| TX- | 橙 2 |————| 2 橙 | RX- |
| RX+ | 白绿 3 |————| 3 白绿 | TX+ |
| 未使用 | 蓝 4 |————| 4 蓝 | 未使用 |
| 未使用 | 白蓝 5 |————| 5 白蓝 | 未使用 |
| RX- | 绿 6 |————| 6 绿 | TX- |
| 未使用 | 白棕 7 |————| 7 白棕 | 未使用 |
| 未使用 | 棕 8 |————| 8 棕 | 未使用 |

ANSI/TIA/EIA568B　　　　　　　　　　ANSI/TIA/EIA568B

图2.24　直通线

交叉线也称反线，制作时，线缆两端的水晶头中的线序采用不同标准，即一端是568A标准，另一端是568B标准，如图2.25所示。交叉线适用于交换机（或集线器）普通端口与交换机（或集线器）普通端口之间，计算机与计算机之间。另外，路由器与计算机直接连接也需使用交叉线。

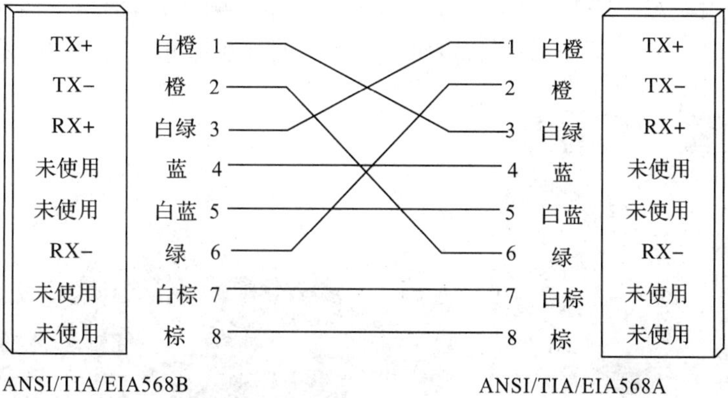

| TX+ | 白橙 1 | | 1 白橙 | TX+ |
|---|---|---|---|---|
| TX- | 橙 2 | | 2 橙 | TX- |
| RX+ | 白绿 3 | | 3 白绿 | RX+ |
| 未使用 | 蓝 4 | | 4 蓝 | 未使用 |
| 未使用 | 白蓝 5 | | 5 白蓝 | 未使用 |
| RX- | 绿 6 | | 6 绿 | RX- |
| 未使用 | 白棕 7 | | 7 白棕 | 未使用 |
| 未使用 | 棕 8 | | 8 棕 | 未使用 |

ANSI/TIA/EIA568B　　　　　　　　　　ANSI/TIA/EIA568A

图2.25　交叉线

### 2. 双绞线的制作过程

下面以常用的ANSI/TIA/EIA568B标准为例介绍双绞线的制作方法。采用专用的RJ-45压线钳，如图2.26所示，该工具有剥线、切线和压线三种功能。

利用压线钳的剥线刀片在距离线缆头端2至3厘米处的封套上划出刀痕（注意不要将线缆内的铜导线绝缘层划破），两手握住刀痕两侧的双绞线，拧动外抽直到封套脱落，露出4对导线。或者使用工具将双绞线剥开一个小头，露出8根导线和撕剥线时，紧握双绞线封套，将撕剥线用力向外拉便可以划开封套，如图2.27所示。露出足够长的导线后，剪去封套和撕剥线。

如图2.28所示，将4对线从左到右按照"橙、绿、蓝、棕"顺序排列，然后依次打开绕对，注意打开每对线时，

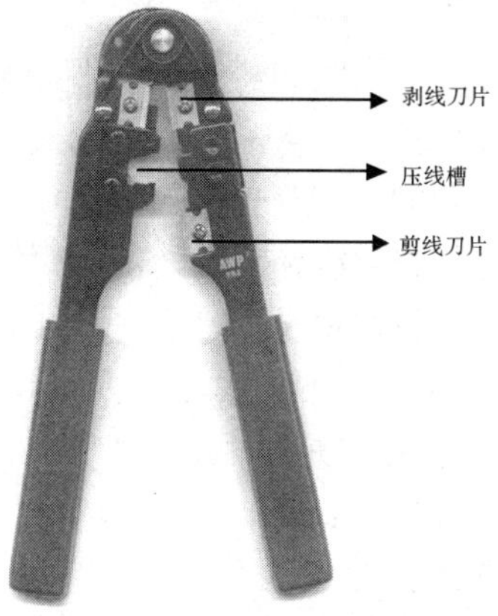

剥线刀片
压线槽
剪线刀片

图2.26　RJ-45压线钳

将花色线排在纯色线的左边，8根线的顺序依次为白橙、橙、白绿、绿、白蓝、蓝、白棕、棕。

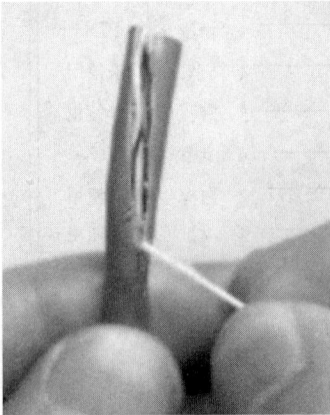

图2.27　撕剥线的使用

图2.28　色线的排列

最后，将蓝色线和绿色线互换位置，如图2.29所示，形成白橙、橙、白绿、蓝、白蓝、绿、白棕、棕（ANSI/TIA/EIA568B）的顺序，保证该顺序，调整8根线使之平整，用压线钳的剪线刀口剪齐导线头，如图2.30所示，预留的导线部分长度不超过2 cm为宜。

图2.29　8根导线的排列

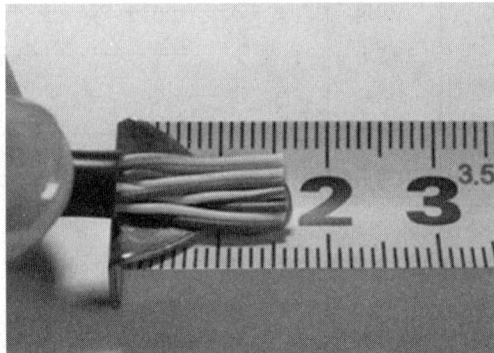

图2.30　导线预留长度

水晶头塑料弹片朝下，确保棕色线在水晶头最右侧，如图2.31所示，将整理好的8根线平行插入水晶头，将每根导线沿着各自的线槽推送至水晶头的最前端。注意，应将线缆封套的一部分也插入水晶头内部，这样可以通过水晶头固定封套和导线位置，并且可以避免部分导线暴露在外，从而保证电气性能的稳定性。

将水晶头放入压线钳的压线槽中，如图2.32所示，压线钳一侧的金属压线齿（共8个）和另一侧的加固头要准确地与水晶头相对应，不能出现错位。然后，握住手柄压紧水晶头，听到轻微的"啪"的一声即完成压线，压线的过程使得水晶头的8个铜片穿过导线的绝缘层，分别和8根铜导线紧密地压接在一起。注意压线的力度要适中，力度过大会导致铜片压入过深，影响导线与插槽的接触可靠性，力度过小会导致铜片与导线接触不良。

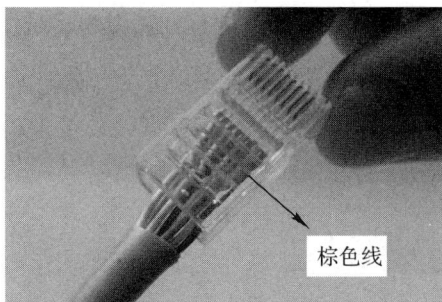

图2.31 将导线推入水晶头

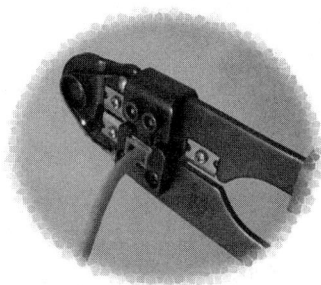

图2.32 将水晶头放入压线钳的压槽

### 3. 千兆双绞线的制作

1）线序排列

1000M线缆使用到线缆的全部四对线，如表2-2所示，增加4、5和7、8两个线对分别用来发送和接收信号，并且工作的频率更高，表中"BI_D"全称为"Bi-directional Data（双向数据）"。为确保更稳定的网络连接，1000M网络应该使用超5类或6类线缆。

**表2-2 千兆网络RJ-45插头引脚定义**

| 引脚顺序 | 介质直接连接信号 |
|---|---|
| 1 | BI_DA+(发送) |
| 2 | BI_DA−(发送) |
| 3 | BI_DB+(接收) |
| 4 | BI_DC+(发送) |
| 5 | BI_DC−(发送) |
| 6 | BI_DB−(接收) |
| 7 | BI_DD+(接收) |
| 8 | BI_DD−(接收) |

1000M直通线与100M的5类线（含超5类）的一样，参见前文相关描述。1000M（含超5类、6类）交叉线与100M以内传统交叉线的做法不同。1000M交叉线结构是一端按ANSI/TIA/EIA568B接线，另一端按照1-3交叉，2-6交叉，4-7交叉，5-8交叉来接线，如图2.33所示，俗称为"全交叉"。

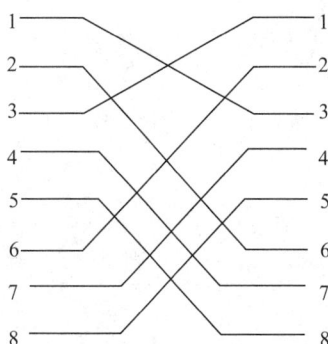

图2.33 1000M交叉线结构

下面依照图2.33来具体说明，当线缆一端依ANSI/TIA/EIA568B线序排列时，线缆两端对应关系如表2-3。

**表2-3 1000M交叉线内部导线连接**

| 引脚顺序 | Pin 1 | Pin 2 | Pin 3 | Pin 4 | Pin 5 | Pin 6 | Pin 7 | Pin 8 |
|---|---|---|---|---|---|---|---|---|
| 线缆一端 | 白橙 | 橙 | 白绿 | 蓝 | 白蓝 | 绿 | 白棕 | 棕 |
| 线缆另一端 | 白绿 | 绿 | 白橙 | 白棕 | 棕 | 橙 | 蓝 | 白蓝 |

由于用于100M网络的交叉线中4、5、7、8四根线未使用（可参见图2.25），因此，如果按照千兆网接法制作交叉线，该交叉线既可以用于百兆网络，也可以用于千兆网络。

2）内部导线颜色

双绞线内部的八根铜导线都被绝缘层包裹，内部导线颜色就是指绝缘层的颜色。制作线缆时正是通过不同的颜色来区分每一根导线。如前文所述，100M线缆四对线的颜色分别是白橙/橙、白绿/绿，白蓝/蓝和白棕/棕。但是实际应用当中，会出现有些线缆的花色线看上去几乎全是白线，难以区分。因此，有些千兆线缆在这方面做了改进，将四对线的颜色改为：白/橙、浅绿/深绿、浅蓝/深蓝和浅棕/深棕。

3）水晶头结构

适用于千兆系统的6类线与超5类、5类线使用的水晶头外观基本相同，总体符合RJ-45标准。6类线的水晶头内部结构有相应改进——最初采用线芯双层排列方式（即水晶头内线槽交错分两层），目的是尽可能减小线对开绞长度，从而降低串扰影响，但是这种结构插接难度很高。后来为提高可操作性，采用分体式插头，即水晶头内多了一个插件（插件的外观形式因生产厂商不同会有所不同），如图2.34所示，插件和水晶头都是采用线芯双层排列方式，制作线缆时用户可将各线对按接线图要求先穿入插件，然后再将插件整体放入RJ-45水晶头外套内，进行压接。这种设计既满足了减小开绞长度的需求，又降低了插接难度。

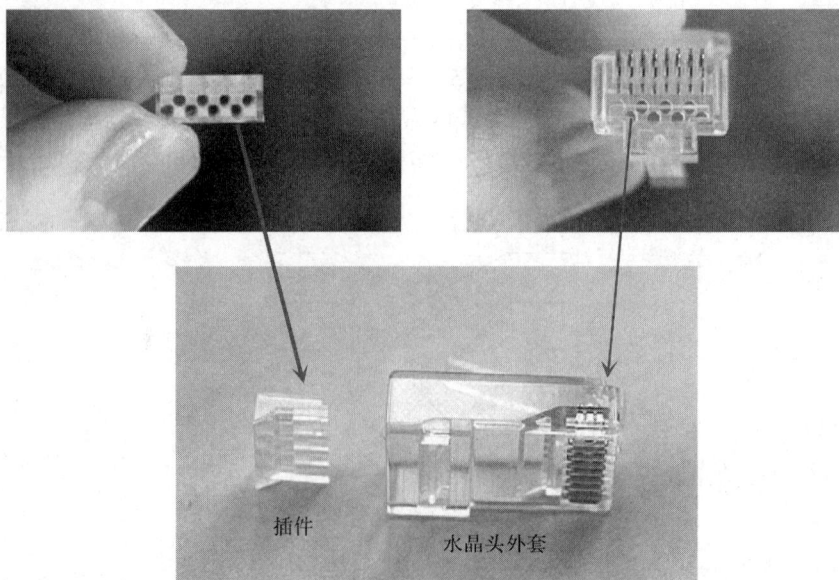

插件　　水晶头外套

图2.34　分体式RJ-45插头

4）6类线制作示例

下面以6类线缆为例，介绍千兆线缆的制作过程。

（1）利用剥线工具将距离线缆头端约3至4厘米处的封套剥除，如图2.35所示，线缆中心是塑料分隔器。分隔器可以保持四对导线的相对位置，改善了电缆的平衡特性和串扰衰减特性。

（2）如图2.36所示，将线缆中心的分隔器剪掉，最好能留下一小段，以方便在制作线缆时，保持导线相对位置。

图2.35　剥除一段封套后的6类线缆　　　　图2.36　剪掉分隔器

（3）依次打开线缆绕对，并将8根线从左到右按照白橙、橙、白绿、蓝、白蓝、绿、白棕、棕的顺序依次排列（这里以 ANSI/TIA/EIA568B 为例），如图2.37所示。由于线缆绕对解组会直接影响到线缆性能，所以打开绕对时，每对导线的解组长度不宜过长。

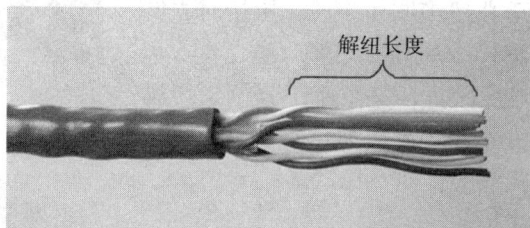

图2.37　打开线缆绕对

（4）将8根导线排成上下两层，色线在上，花线在下，且8根线的相对位置不能改变，然后将8根导线穿入插件的线孔中，如图2.38所示。

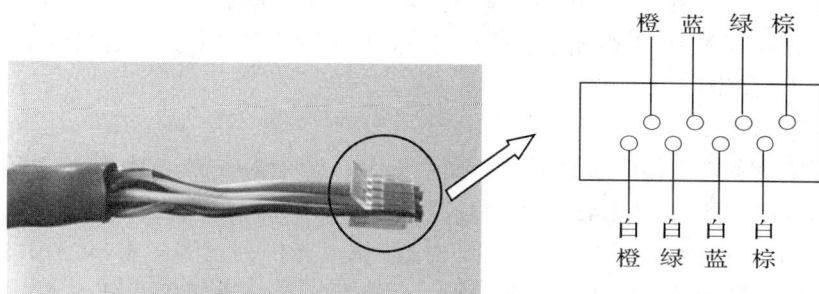

图2.38　8根导线穿入插件

（5）将插件沿导线推至未解纽的部分，如图2.39所示。然后剪去前端多余导线，如图2.40所示。

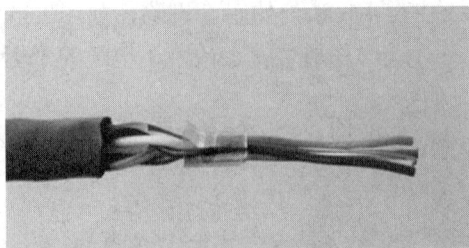

图2.39　插件的推送位置

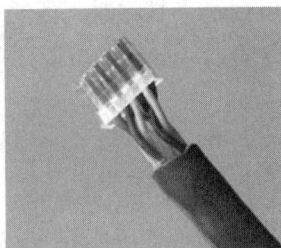

图2.40　剪去前端多余导线

（6）水晶头弹片向下，将穿好线的插件(棕色线在最右侧)整体推入水晶头外套中，如图2.41(a)所示，直至外套最前端，如图2.41(b)所示。

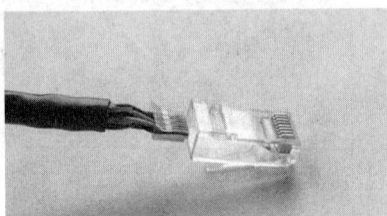

(a) 插件推入方向示意

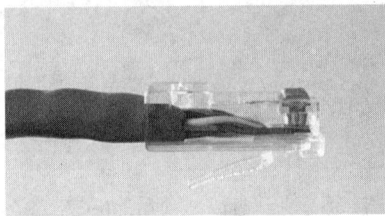

(b) 插件推入的最终位置

图2.41　将插件推入水晶头

（7）将上面做好的水晶头放入压线钳的压槽内进行压接，如图2.42所示，千兆线缆制作完成。压接时力度应适中，避免损坏水晶头。

由于6类线缆制作难度较大，又限于工程施工现场的设备和施工人员的专业水平差异，通常不建议用户自己进行线缆制作，以避免线缆性能不稳定。

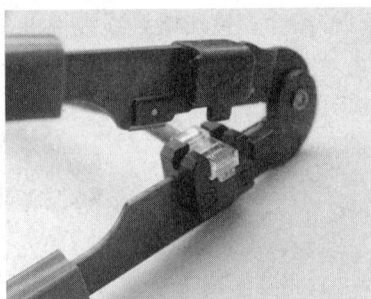

图2.42　压接水晶头

**4. 双绞线的测试**

常用的测试工具有万用表、普通电缆测试仪和多功能电缆测试仪三种。

1）万用表

万用表是测试双绞线是否正常的基本工具。但它只能测试单个导线(一条芯线的两端)是否连通，因此，勉强可以得知这端接头的第几只引脚是对应到另一端的第几只引脚，不能测出信号衰减情况。

2）普通电缆测试仪

如图2.43所示，电缆测试仪通常有两个部分：一个为主测试器(如图2.43左半边)，另一个为远程测试器(如图2.43右半边)，双方各有8个LED灯以及至少一个RJ-45插槽。电缆测试仪可以对双绞线4个线对逐根(对)测试，并可判定哪一根(对)错线，短路和断路。它的部分功能也可以用万用表模拟，但电缆测试仪操作更方便。

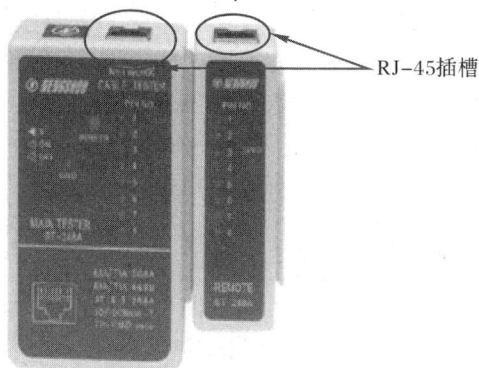

RJ-45插槽

图2.43 普通电缆测试仪

测试方法：打开电源，将网线RJ-45插头分别插入主测试器和远程测试器，如果直通线连接正常，主测试器和远程测试器的指示灯从1至8逐个依次闪亮，如下所示：

| 主测试器 | 1-2-3-4-5-6-7-8 |
|---|---|
| 远程测试器 | 1-2-3-4-5-6-7-8 |

若接线不正常，按下述情况显示：

① 有一根导线断路，如3号线断路，则主测试器和远程测试器3号灯都不亮。

② 有若干导线不通，则对应的灯都不亮，当少于两根导线连通时，所有灯都不亮。

③ 线缆两端乱序，如2，4线乱序，则亮灯顺序如下：

| 主测试器 | 1-2-3-4-5-6-7-8（亮灯顺序不变） |
|---|---|
| 远程测试器 | 1-4-3-2-5-6-7-8（亮灯顺序改变） |

④ 线缆有两根短路时，则主测试器显示灯不亮，而远程测试器显示灯微亮，若有三根或三根以上导线短路，则所有短路的线号的灯都不亮。

3）多功能电缆测试仪

该设备除了可检测导线的连通状况，还可以得知信号衰减率，并直接以图形方式显示双绞线两端引脚对应状况等，但价格较高。

以福禄克（FLUKE）公司的一款多功能电缆测试仪为例，如图2.44所示，将双绞线的两端分别插入电缆测试仪的RJ-45插槽中，按下电源开关，选择"自动测试（Auto Test）"模式。电缆测试仪会自动感应电缆的连接，并显示出电缆长度以及端到端的连接情况。

图2.44 多功能电缆测试仪

## 2.3.5 实例：信息模块的端接

无论是大中型网络的综合布线还是家庭网络的组建，都会涉及到信息插座的端接操作。

如图2.45所示，信息插座一般安装在墙面上，也有安装在桌面上或地面上的。借助信息插座，不仅使布线系统变得更加规范和灵活，而且也使布线更加方便、美观，不会影响房间原有的布局和风格。

如图2.46所示，RJ-45信息模块前面插槽内8个金属触点分别对应着双绞线的8根线；后部两边分列各有四个打线柱，打线柱内嵌有连接各金属触点的金属夹子；模块两侧面上，分两排注有线序色标，A排表示586A线序模式，B排表示586B线序模式。下面以最普通的RJ-45信息模块为例，说明标准的打线端接步骤。

图2.45　信息插座外观

打线端接步骤如下：

（1）将双绞线从布线底盒中抽出，预留适当长度，剪去多余的线。用剥线工具或压线钳的剥线刀片在距离线头约10厘米处将双绞线的线缆封套剥去，如图2.47所示。

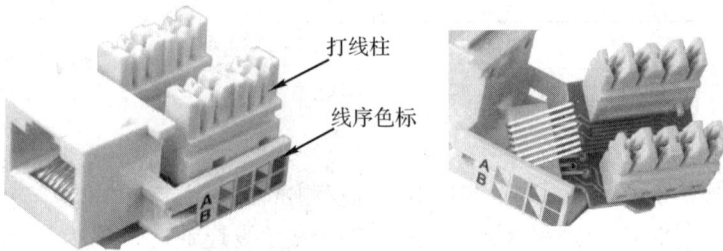

图2.46　RJ-45信息模块

图2.47　布线底盒

（2）将信息模块（如图2.46所示）放于桌面等较硬的平面上。

（3）把双绞线的4对线分开，但先不要拆开各绞对。

（4）通常情况下，模块上同时标记有568A和568B两种线序，按照信息模块上所指示的色标选择一种线序模式。原则上应当根据布线设计时的规定，与其他连接设备采用相同的线序，即在一个布线系统中应统一使用一种线序模式。

（5）对照信息模块上所指示的线序，两手稍旋开绞线对，稍稍用力将导线一一置入相应的线槽内，如图2.48所示。

（6）所有线对都压入各槽位后，就可用打线刀（如图2.49所示）将每根线芯进一步压入线槽中。将打线刀的刀口对准信息模块上的线槽和导线，如图2.50所示，垂直向下用力，听到"喀"的一声即可，剪断模块外多余的线。

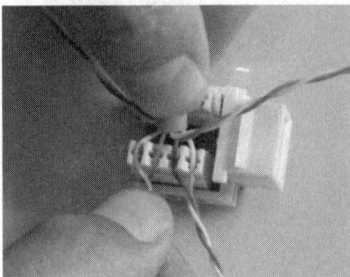

图2.48　压线

图2.49　打线工具

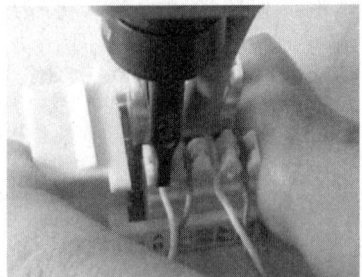

图2.50　打线

（7）将信息模块的塑料防尘帽固定于信息模块上，如图2.51所示。

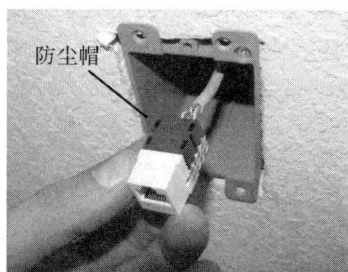

图2.51 固定塑料防尘帽

（8）将端接好的信息模块扣入信息面板中，再用螺丝钉将面板牢牢地固定在信息插座的底盒上，至此，已完成信息模块的端接。

以上是需打线型信息模块端接的一般步骤，为了简化安装过程，后来又出现了免打线型信息模块，无需打线工具就可以准确快速地完成端接，但其结构设计依生产厂商的不同而有所不同。如图2.52所示为一种典型结构的免打线型RJ-45信息模块。

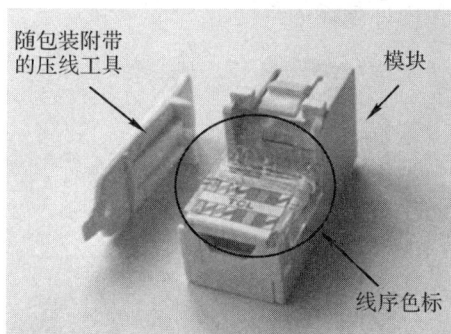

图2.52 免打线型RJ-45信息模块

图2.53 布线底盒

端接步骤如下：

（1）如图2.53所示，从布线底盒中抽出适当长度的双绞线，在距离线缆前端约4.5厘米处用剥线工具或压线钳的剥线刀片剥除线缆封套。

（2）将信息模块放于桌面或其他较硬的平面上。如图2.54所示，用专用的压线工具小端或者使用小螺丝刀撬起防尘盖。去除防尘盖后的模块如图2.55所示，模块里面有8个金属夹子，用于咬合8根导线。

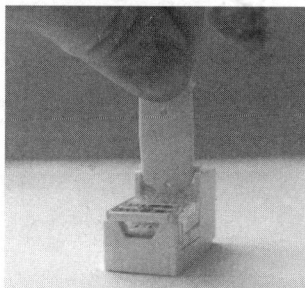

图2.54 撬起防尘盖

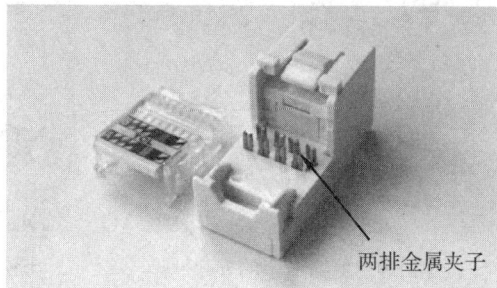

图2.55 去除防尘盖后的模块

（3）防尘盖上同时标记有568A和568B两种线序，原则上应当根据布线设计时的规定，在一个布线系统中应用一种线序模式。以568B为例，首先打开双绞线的4个导线绕对，对照信息模块防尘盖上所指示的"B"线序，将8根导线依次排好顺序，并将导线头端剪成约45度斜角，以便往防尘盖里穿接导线，如图2.56所示。

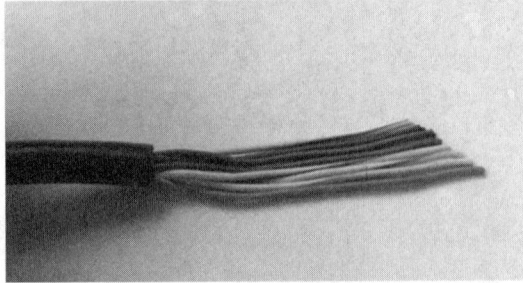

图2.56　导线头端剪成45度斜角

（4）对照防尘盖上所示的"B"线序，将8根导线依次插入防尘盖前端的小孔中。再将防尘盖推至图2.57所示位置。然后将8根导线卡入防尘盖的线槽中，如图2.58所示，注意要保证封套的一部分进入防尘盖内，以避免内部导线的移动。

图2.57　将导线穿入防尘盖

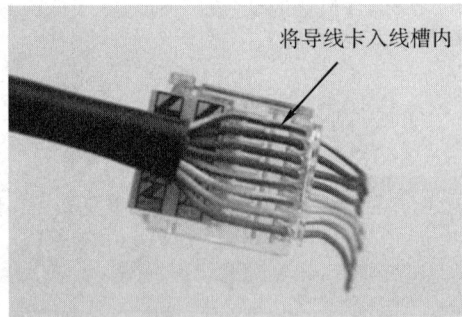

将导线卡入线槽内

图2.58　导线卡入线槽

（5）用剪钳剪除多余的导线头，如图2.59所示。然后借助专用的压线工具将穿接好导线的防尘盖压接到信息模块中，如图2.60所示。

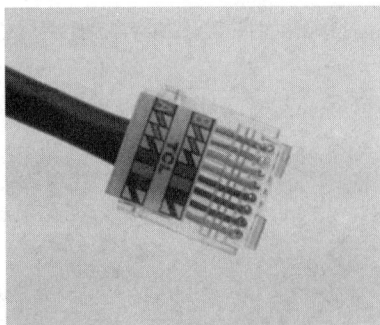

图2.59　剪除多余的导线头

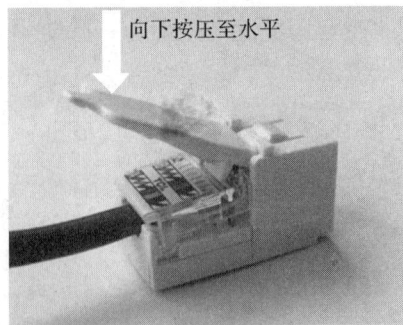

向下按压至水平

图2.60　将防尘盖压接到模块中

压接好的信息模块如图2.61所示，透过透明的防尘盖，可以观察到各条导线与模块内部金属夹子的咬合情况。

将端接好的信息模块扣入信息面板中，如图2.62所示。再用螺丝钉将面板牢牢地固定在信息插座的底盒上，至此，已完成信息模块的端接。

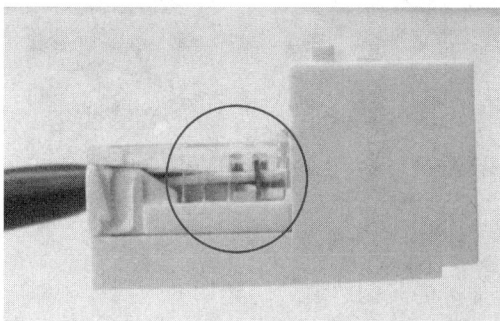

图2.61 压接好的信息模块

图2.62 将信息模块扣入信息面板

如图2.63所示为另一种结构的免打线型RJ-45信息模块，信息模块的端接过程与上文所述略有差异，但是无论哪种结构的信息模块，只要认真参考包装上的说明，即可顺利完成端接。

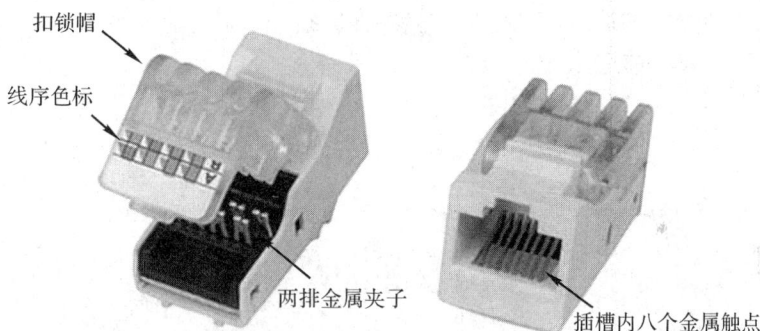

扣锁帽
线序色标
两排金属夹子
插槽内八个金属触点

图2.63 免打线型RJ-45信息模块

## 2.4 光 纤

与铜介质比较，光纤可提供极宽的频带且功率损耗小、传输速率高、传输损耗小、传输距离长，抗腐蚀、抗雷电和抗电磁干扰性能好，保密性好，是构建高速安全网络的理想选择。

### 2.4.1 光纤的结构与工作原理

光纤通信利用光导纤维（简称光纤）传递光脉冲来进行通信。制作光纤的原料可以是石英玻璃或者塑料。光纤的制作过程比较精细，通常是由石英玻璃拉成细丝，制成由纤芯和透明包层组成的同心圆柱，如图2.64所示。纤芯的直径只有 $8 \sim 100$ μm，包层的作用是提供一个圆柱形的界面，以便把光线束缚在纤芯之中，光信号就在纤芯中传播。光纤通信中用到的光缆是由数十到数百根光纤集成的，其中每根光纤都可承载巨大的通信量。

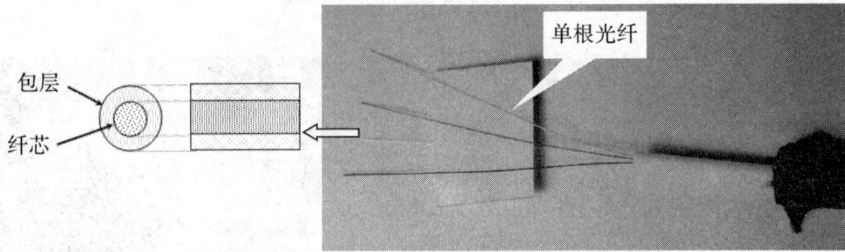

图2.64　光纤结构与外观

纤芯由透明包层包裹。光在纤芯中传播，当光到达这两种透明介质的接触面时，光线被分成两部分，一部分光反射回纤芯，另一部分光折射到包层中。根据光的折射定律，折射量取决于两种介质的折射率，包层的折射率较纤芯的折射率低，光线由折射率高的介质射入折射率低的介质时，折射角大于入射角。如图2.65所示，由于折射角 $R$ 正比于入射角 $I$，随着光线的入射角增大，折射角也会相应增大。当光线的入射角增至某个临界值，折射角正好等于90度时，折射光线会沿着两个介质的接触面传播。当光线的入射角继续增大，即入射角大于临界值时，折射光线会射入折射率高的介质中，即出现全反射，光线不会泄漏。全反射使光线到达纤芯与包层的接触面时折回纤芯并向远端传播，光线在纤芯内沿着一条"之"字型路线前进，如图2.66所示。

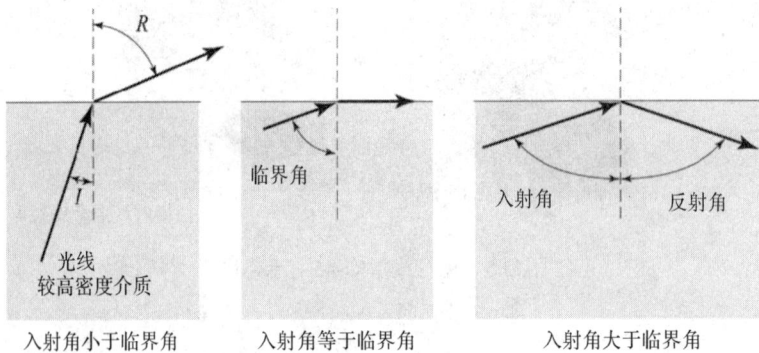

图2.65　光的折射

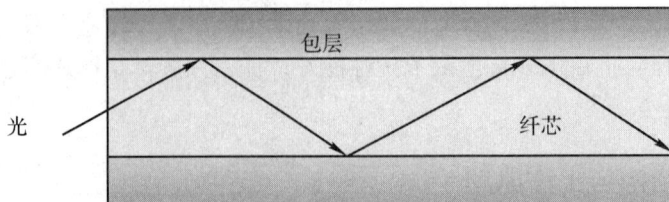

图2.66　光在光纤中的传播路径

## 2.4.2 光纤的分类与特点

光纤的种类很多，可以按不同的方法进行分类，根据传输模式的不同，光纤可以分为多模光纤和单模光纤两类。这里所说的"模式"其实是指光线的入射角。光以某一角度射入光纤，并在纤芯和包层的分界面上产生全反射，形成一条传播光线，这就是光的一个传输模式。

**1. 多模光纤（Multi Mode Fiber，MMF）**

多模光纤的纤芯直径较大，允许多个不同入射角的光线在其中传输，即多模光纤能够传输多个模式。根据入射角度的不同，各种模式的光在光纤中实际经过的距离可能不同，如图2.67（a）所示，它们到达目的地的时间也略有差异，这种现象被称为模式色散。因此多模光纤的纤芯剖面折射率分布为渐变型，由纤芯中心向外折射率逐渐减小，这样使得光通过纤芯中心时速度放慢，向外时速度加快，这就保证了所有模式的光几乎能同时到达终点。这样光接收器就能收到一个强闪的光，而不是一个较弱的闪光。标准的多模光纤一般采用直径为50 μm或者62.5 μm的纤芯（大致与人的头发粗细相当），包层直径为125 μm，这种芯径的光纤可以表示为50/125或者62.5/125。

多模光纤的光源通常是红外发光二极管（LED）。这种光源造价便宜但发射的光在光纤中的传输距离没有激光长。多模光纤可用于中容量、中距离通信系统，是局域网中最常用的光纤。

**2. 单模光纤（Single Mode Fiber，SMF）**

单模光纤的纤芯中只传播一种模式的光，纤芯直径比多模光纤小很多，仅几微米（一般为8μm～10μm），单模光纤的包层直径与多模光纤一样，均为125μm（和多模光纤类似，根据芯径的不同，单模光纤可以表示为8/125、10/125等）。单模光纤不存在模式色散，纤芯的折射率是均匀的。单模光纤的纤芯没有空间供光线来回反射传播，单模光纤采用高度汇聚的红外激光源，产生的光线以90度入射角进入纤芯，沿着纤芯中心轴线向前传播，如图2.67（b）所示。这使得单模光纤与多模光纤相比，传输速率更高，传输距离更远。因此单模光纤适用于大容量（565Mb/s～2.5Gb/s）、长距离（30 km以上）的通信系统。

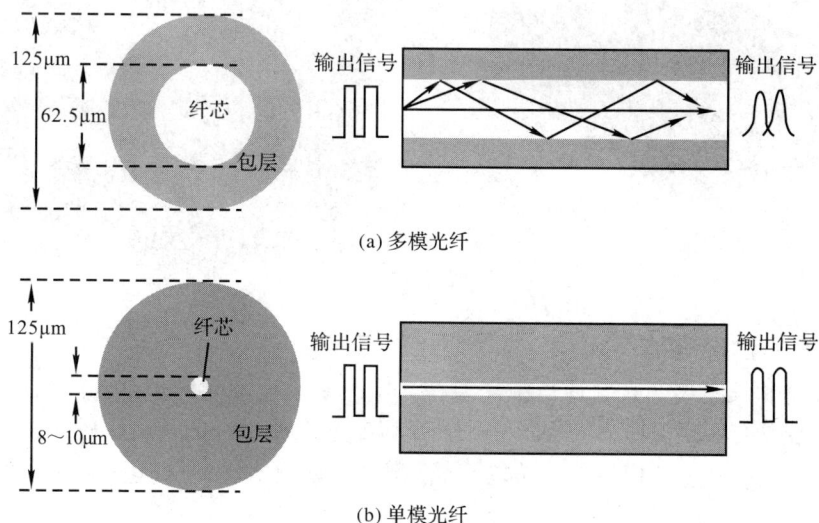

(a) 多模光纤

(b) 单模光纤

图2.67 多模/单模光纤对比

### 2.4.3 光纤网络的组件

#### 1. 光纤通信过程

光纤通信过程主要涉及三个部件：光发送器、光接收器和光纤。发送时，光发送器会将电信号转变成光信号，有光脉冲表示"1"，无光脉冲表示"0"。光信号在光纤中传播，途中光信号会因较长距离传输而衰减，需在适当位置设置中继器来保证远距离通信的质量。当光信号到达接收端后，由光接收器将光信号恢复为原始的电信号，如图2.68所示。

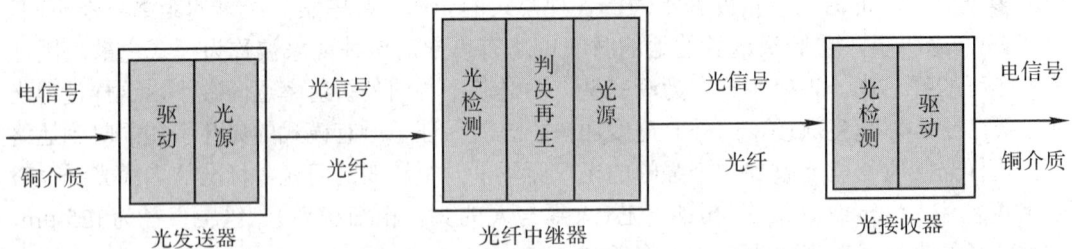

图2.68　光纤通信过程

#### 2. 光纤网络中的主要组件

1）光纤收发器

实际通信中通信双方都需要发送和接收信号，所以将光发送器和光接收器集成为光纤收发器，如图2.69所示。光纤收发器提供两个光纤接口，一个用于光发送，一个用于光接收。RJ-45插槽用于通过双绞线连接以太网交换机或计算机网卡。光纤收发器没有连接线缆的时候，光纤接口要用接口保护套罩起来。

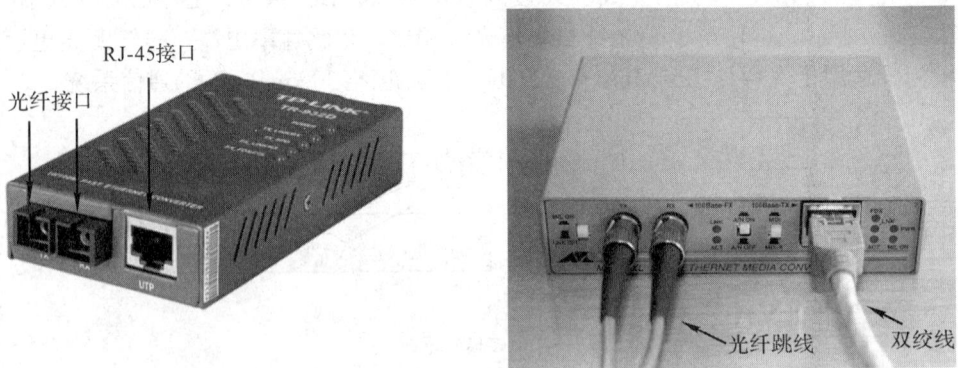

图2.69　光纤收发器

2）光纤中继器

在大容量和长距离的光纤通信中需要在一定距离处设置光纤中继器，如图2.70所示。单模光纤的衰减有效距离比多模光纤要长，所以基于多模光纤的传输一般几百米至几千米需要一个中继器；基于单模光纤的传输一般几千米至几十千米，乃至上百千米才需要一个中继器。

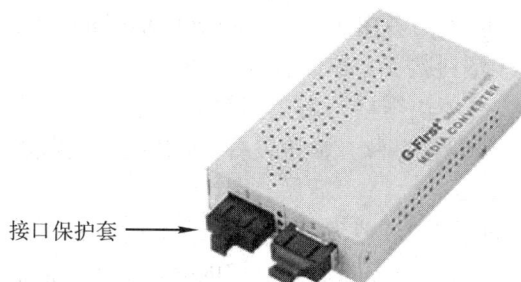

接口保护套 →

图2.70 光纤中继器

**3）光缆**

实际应用中，光纤以光缆的形式使用，一根光缆可以包含多根光纤，如图2.71所示。多芯光缆基本由缆芯、加强构件和外保护层构成，如图2.72所示。光缆可以按照结构、铺设方式、用途等分为多种类别。选用光缆时，应考虑光缆芯数和光缆类别。

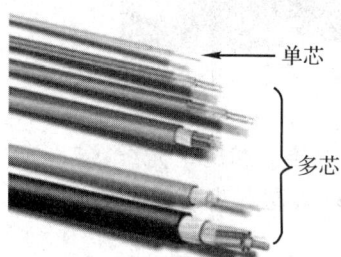

图2.71 光缆外观

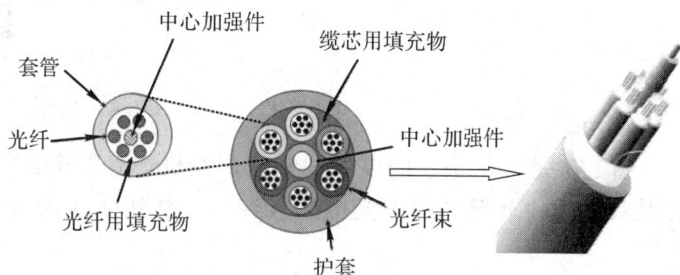

图2.72 光缆结构

**4）光纤跳线与光纤连接器**

光纤跳线主要用于配线设备之间的连接，外观如图2.73所示。光纤跳线的两端均接有光纤连接器（俗称"光纤接头"，如图2.74所示为几款常用的光纤连接器）。根据传输模式的不同，光纤跳线分为多模和单模两种，通常可通过线缆颜色来区分。多模光纤跳线通常使用橙色或灰色封套，光纤接头为黑色或米色；单模光纤跳线通常使用黄色封套，光纤接头为蓝色。根据光纤跳线两端光纤连接器的不同，常用的光纤跳线又可分为SC-SC、SC-ST、FC-FC、FC-ST、FC-LC等，可以看出，光纤两端的光纤连接器可以相同，也可以不同。

图2.73 光纤跳线

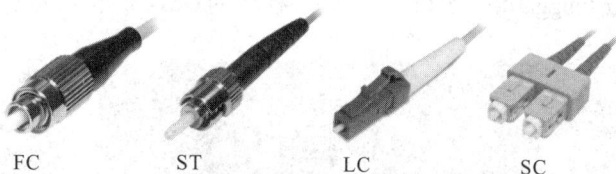

FC　　　　ST　　　　LC　　　　SC

图2.74 光纤连接器

光纤连接器种类繁多，结构各异。如图2.74所示，其中ST、SC、FC三种光纤连接器是早期不同企业开发形成的标准。SC连接器是方型塑料接头，多用于交换机或路由器；

ST、FC连接器是圆形金属接头，多用于ODF(Optical Distribution Frame，光纤配线架)，金属接头的可插拔次数多于塑料接头。LC连接器与SC连接器形状相似，但尺寸较SC连接器小一些。针对不同的光纤模块需接入与之相对应的光纤连接器，如SFP模块接LC光纤连接器，GBIC模块(常见于路由器和交换机设备)接SC光纤连接器等。

5）带有光纤模块的交换机

交换机的生产者将光纤的接口和收发器设计为通用接口的小模块即光纤模块，如图2.75所示，该模块可以根据需求选择安装。中高档的交换机为了满足连接端口速率和传输距离的需求，往往都装有光纤模块。

图2.75　带有光纤模块的交换机

图2.76是一款小型的以太网光纤交换机，有三个RJ-45电接口和两个光纤接口，可实现双绞线和光纤之间的光电信号转换，适用于小型光纤以太网和有特殊需要的光纤网络。

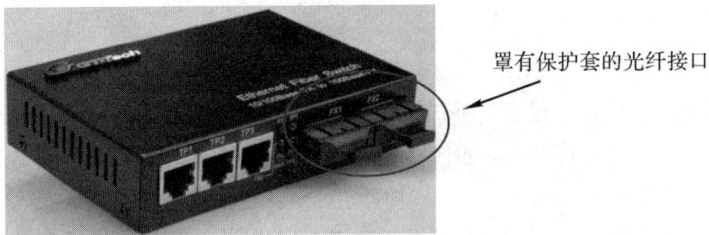

罩有保护套的光纤接口

图2.76　小型以太网光纤交换机

6）光纤网卡

光纤网卡的速率很高，一般为100 Mb/s～10 Gb/s，适用于服务器等通信量较大的计算机与交换机连接，如图2.77所示。如图2.78所示是一款配有多模光纤SFP（Small Form-factor Pluggable，小型化可插拔）模块的USB千兆光纤网卡。

光纤跳线

图2.77　光纤网卡及连接

图2.78　USB光纤网卡

## 2.5 无 线 传 输

### 2.5.1 电磁频谱

#### 1. 简介

人们把电磁波在自由空间中的传输常称为无线传输。电磁波两个相邻的波峰之间的距离(即电磁波波动一次在空间传播的距离)称为它的波长λ。电磁波在单位时间内通过某一点的波峰数(即电磁波每秒波动的次数)就称为它的频率f，以赫兹(Hz)作为基本单位。电磁波的波长λ、频率f和传播速度c之间存在以下基本关系：

$$\lambda f = c$$

电磁波在真空中的传播速度是$3\times10^5$km/s，即光速。频率低的电磁波波长较长，频率高的电磁波波长较短。按照频率的高低或者波长的长短将电磁波排列起来就形成了连续的电磁频谱，如图2.79所示。

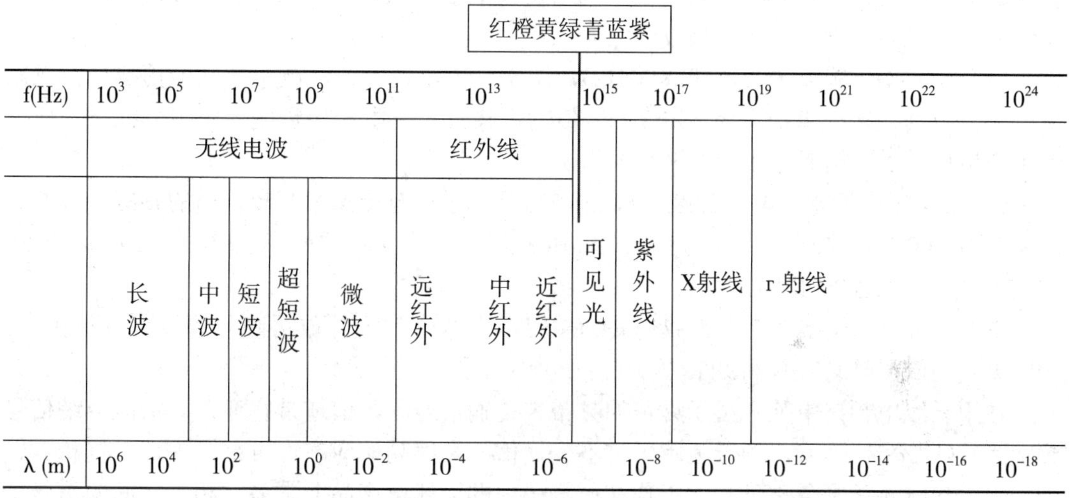

| f(Hz) | $10^3$ | $10^5$ | $10^7$ | $10^9$ | $10^{11}$ | $10^{13}$ | 红橙黄绿青蓝紫 $10^{15}$ | $10^{17}$ | $10^{19}$ | $10^{21}$ | $10^{22}$ | $10^{24}$ |
|---|---|---|---|---|---|---|---|---|---|---|---|---|
| | 无线电波 | | | | | 红外线 | | | | | | |
| | 长波 | 中波 | 短波 | 超短波 | 微波 | 远红外 / 中红外 / 近红外 | 可见光 | 紫外线 | X射线 | r 射线 | | |
| λ (m) | $10^6$ | $10^4$ | $10^2$ | $10^0$ | $10^{-2}$ | $10^{-4}$ / $10^{-6}$ | $10^{-8}$ | $10^{-10}$ | $10^{-12}$ | $10^{-14}$ | $10^{-16}$ | $10^{-18}$ |

图2.79 电磁频谱

整个电磁频谱中频率在300 GHz以下的电磁波是无线电波，频率更高的光部分包括红外线、可见光、紫外线、X射线和 r 射线。不同频率的电磁波具有不同的物理特性和用途。无线电波，红外线和可见光都可以通过调节波的振幅、频率和相位来承载信息。电磁波频率越高承载的信息量就越大，但频率更高的紫外线、X射线和 r 射线，由于难以产生和调节，且传播时易造成伤害，所以不用于信息传输。

#### 2. ISM 频段

有线通信系统中，信号在实体的线路中传播，由于线路自身是相互隔离的，信号之间的干扰是有限的。而在无线通信系统中没有实体的通信线路，信号在开放的空间中传播，为了避免混乱，一般所采用的方式是通过频段(波段)的分配来进行信号的隔离。这种分配通常都是由政府立法来执行，将电磁频谱分段，依据不同的应用目的分配使用。无线电频谱如同土地和能源一样，是有限的自然资源，其使用必须获得许可并付费。不同的国家或地区的无线电频谱资源的管理由相应的管理机构执行，参见表2-4。

表2-4　无线电频谱资源管理机构

| 国家/地区 | 管理机构 |
|---|---|
| 中国 | 中国工信部无线电管理局 |
| 美国 | 美国联邦通信委员会 |
| 加拿大 | 加拿大工业部 |
| 欧洲 | 欧洲电信标准协会 |
| 日本 | 日本无线工业及商贸联合会 |

电磁频谱中300 GHz以下的电磁波属于无线电频谱部分，在无线电频谱中有一些频段的使用是无需授权（Free License）的，即这些频段的使用没有根据应用目的分配，可以任意使用。大多数国家都预留了这样的频段，称为ISM（Industrial，Scientific and Medical），即工业、科学和医疗领域中所有使用电磁波的设备都可以任意使用这些频段，当然不同的国家ISM频段的位置会有所不同，以下列出了大多数国家开放的三个ISM频段。绝大部分无线网络使用的频段都是ISM频段。

（1）900 MHz频段（902～928 MHz），用于无绳电话、蜂窝电话和其他消费品，频段范围小，数据传输速率最大为1Mb/s，但传输距离较长。由于该频段现已十分拥挤，所以常出现用户受到干扰或无法接入网络的情况。

（2）2.4 GHz频段（2.4～2.4835 GHz），这是几乎所有国家都开放使用的ISM频段，频段范围比900 MHz频段要宽。蓝牙、ZigBee及一些无线局域网（如IEEE 802.11b、IEEE 802.11g等）都在这个频段工作。

（3）5 GHz频段（5.725～5.875 GHz），较以上两个频段开放得晚，频段范围也更宽，一些无线局域网（如IEEE 802.11a等）在这个频段工作。

使用无线电频谱中某个授予许可的频带来传输信号时，信道带宽通常以恰能容纳信号频宽为宜（即窄带传输），频带范围固定不变，信号发射功率应在许可范围内，干扰相对较少。由于ISM频段是免许可的，工作在此频段内的无线电产品非常多，相互之间的信号干扰也可想而知。所以，要使用ISM频段进行信号传输，需要一种能够提高抗干扰能力，保证信号正确接收的特殊技术——扩频技术。在ISM频段使用扩频技术，发送的信号将被扩展到更宽的频带范围内，这个范围远大于信号必需的最小带宽，能有效防止信息被窃听（窄带传输中频带范围固定不变致使信息容易被窃听），提高了抗干扰能力，自身产生的干扰也小。

## 2.5.2　红外线和激光通信

### 1. 红外线

红外线（Infrared，Ir）是波长在750 nm至1 mm之间的电磁波，它的频率高于微波而低于可见光，是一种人眼看不到的光线，如电视机等家用电器的遥控器就是通过红外线脉冲信号来实现遥控的。如图2.79所示，根据电磁频谱上距离"可见光"的远近，红外线通常分为三个区域：远红外、中红外和近红外。离"可见光"最近的近红外可以用于数据通信，而远红外主要用于发热和辐射。红外线无法穿透不透光材料，所以分别处于两个房间的红外系统之间不会相互干扰，这使得红外频段的使用无需政府许可。

红外线常用于设备间的临时点对点通信，如图2.80所示，以前的手机和笔记本电脑大都提供有红外接口，由于红外接口射出的红外线以圆锥形向外散出，建立连接时，需将两个设备的红外接口相互对准（允许30度锥角以内的角度误差），且之间不能有障碍物。如果设备上没有提供红外接口，也可以插接外置的红外适配器，如图2.81所示。

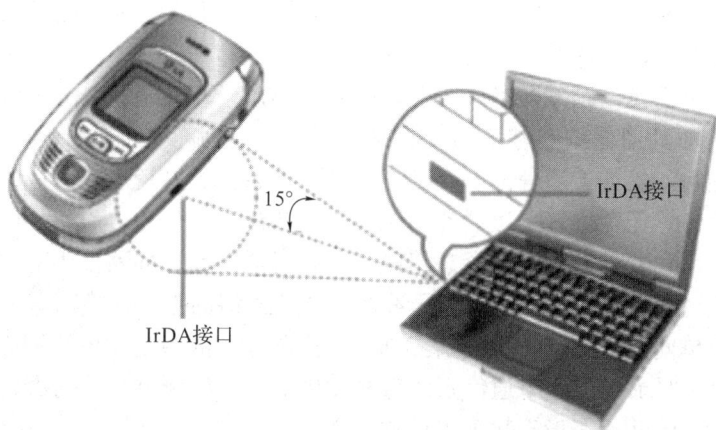

图2.80　手机和笔记本电脑红外连接示意图

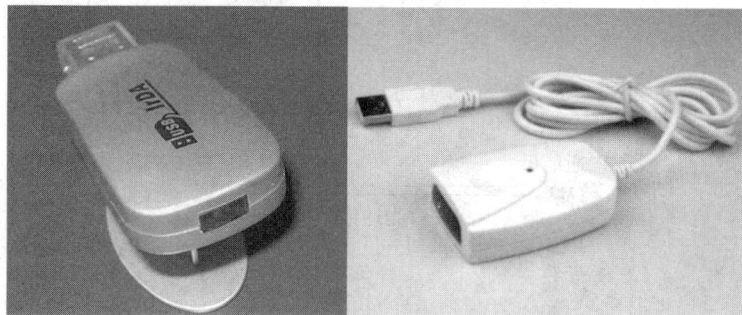

图2.81　USB红外适配器

红外线通信方式与无线电波方式相比，可以提供极高的数据传输速率，有较高的安全性，且设备相对便宜而且简单。但通常红外线的通信覆盖范围只限制在一间房屋内。

1993年成立的红外数据协会（Infrared Data Association，IrDA）是个非盈利性组织，致力于促进和发展设备之间红外线通信链路的使用。IrDA标准可分为IrDA Data（红外线数字信息交换标准）和IrDA Control（红外线数字控制技术标准）两大类。前者适用于台式电脑、笔记本电脑、掌上便携设备、打印机、数码相机、移动电话及其他移动通信设备的红外线数据传输；后者适用于无线键盘、无线鼠标、无线遥控器等设备对PC和家用电器等受控对象进行控制。

红外数据通信技术适用于低成本、低功耗、跨平台、点对点高速数据连接。红外数据通信只在限定空间内使用，不易被人发现和截获，不易受无线电干扰，系统安装简单，不受国家无线管理委员会的限制，易于管理，无有害辐射。但是红外线对障碍物的透射和绕射能力很差，使得传输距离和覆盖范围都受到很大限制，且通信设备的位置必须固定，无法灵活地组成网络。

**2. 激光**

无线光通信（Optical Wireless Communication，OWC），又称自由空间光通信（Free Space Optical，FSO），可以说是光纤通信与无线通信相结合的产物。该技术不使用光纤作为传输介质，而是在自由空间中利用激光来传送数据，提供无线高速点对点或点对多点通信，因此FSO也被称为"虚拟光纤"通信或者"无线光纤"通信。与红外数据通信一样，FSO系统的使用无需获得政府许可。

激光是一种单色光，频率范围极窄，发散角很小，只有几毫弧，方向性很强，几乎就是一条直线，除非其通信链路被截断，否则数据不易外泄，另外FSO通信系统本身也对数据链路进行加密，保证了通信的安全性。无线激光通信建网速度快，成本低，只需在通信点安装相关设备，无需进行昂贵的管道工程铺设和维护，工程建设以小时或天为计量单位，适合临时使用和复杂地形中的紧急组网，如临时通信点之间路面不能挖掘，或者跨越海洋江河等无法铺设通信线路的情况。无线激光通信网络的重新撤换部署也很方便。

由于激光是单向的，所以每个通信点都需要安装自己的激光发生器和光检测器，如图2.82所示，通信时要求处于两个通信点的激光发生器和光检测器精确对准，且之间视线范围内无遮挡，如果中间存在障碍物则需设置一个中继站实现连接。

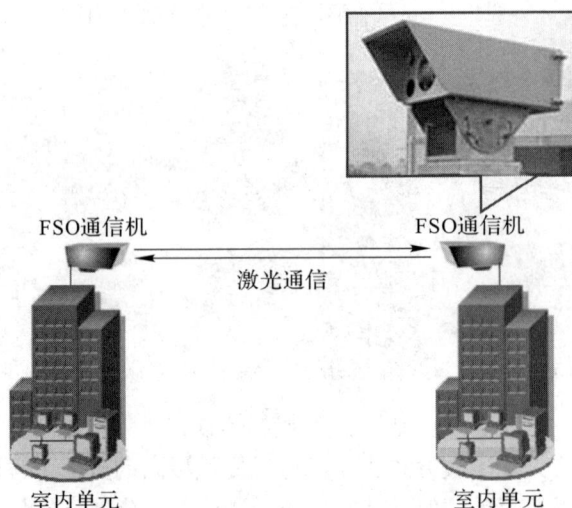

图2.82　自由空间激光通信示意

FSO系统通信容量大、保密性强、设备经济、部署快捷，可以在偏远地区、自然灾难现场、江河湖海等地理条件受限的特殊场合实现通信。FSO设备体积较小，便于机载、舰载以及卫星承载，可完成地对空、空对空等多种光纤通信无法完成的通信任务。但是由于激光在传播过程中，受大气和气候的影响比较严重，云雾、雨雪、尘埃等会妨碍光的传播，从而造成网络连接中断。因此，无线激光通信多用于较近距离的地面通信，以及大气层之外的卫星间通信。

### 2.5.3　无线电通信

无线电波可用于广播、电视、导航、遥感及网络通信等领域。依据波长和频率的不同，无线电波大致可分为长波、中波、短波、超短波和微波几个波段，波长范围从几毫米到几千米。

不同波段的无线电波有不同的传播特性。无线电波的传播方式可以分为地波方式、天波方式和视距传播方式。

地波指沿地球表面附近空间传播的无线电波。电磁波的波长越短，越容易被地面吸收，因此只有波长较长的长波和中波能以地波方式传播。地波能绕过地表的障碍物，沿着弯曲的地球表面传播。地波传播几乎不受气候影响，而且由于地球表面的电性能及地貌、地物等不会随时间很快地变化，所以在传播路径上，地波传播基本上可以视为不随时间变化，信号比较稳定。但地波传播过程中，能量不断被大地吸收，传播距离不远。

天波是靠电离层反射来传播的无线电波。例如波长较短的短波是以天波方式传播的，而波长更短的超短波和微波到达电离层时会穿透电离层。对空发射的短波遇到电离层时，会被反射到地面，然后又被反弹回天空，短波就这样在电离层和地面之间"跳跃"前进。由于一年四季和昼夜的不同时间中，电离层都有变化，影响电波的反射，因此天波传播具有不稳定的特点。

视距传播指电磁波沿直线传播的方式。电磁频谱中介于超短波和红外线之间的微波（频率范围大致在300MHz至300GHz之间，波长范围在1 mm至1 m之间）只能沿直线传播，且无法绕过山峦和高大建筑等障碍物。常见的微波发射和接收天线外观如图2.83所示。通常微波天线都建在楼顶或山顶等较高的地方，如图2.84所示，而且微波发射和接收天线之间的距离不能过远，否则微波会被弯曲的地球表面阻挡。

图2.83　常见的微波天线

图2.84　微波通信示意图

　　微波的地面传播距离只有几十公里，如果利用微波进行长距离通信，就需要设立微波中继站，由某地发射的微波，被中继站接收，进行放大再转向下一站，就像接力赛一样，一站接一站把信号传向远方，人们称这种方式为"地面微波接力"，如图2.85所示。微波能穿透电离层，对空传播距离可达数万公里，可用于卫星通信，如图2.86所示，这时通信卫星的作用相当于空中的微波中继站，由于作为中继的卫星离地面很高，因此经过一次中继转接之后即可进行长距离的通信。

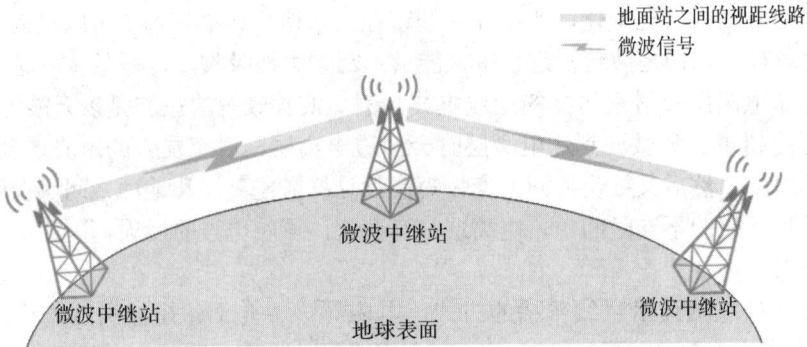

图2.85　地面微波接力示意

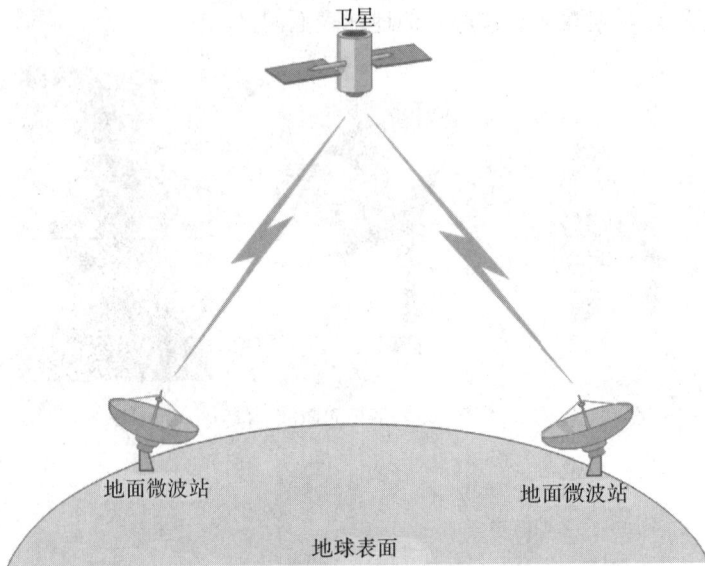

图2.86　卫星通信示意

　　视距传播方式与地波、天波方式相比，受大气干扰小，能量损耗少，传播稳定性好，传输带宽高。所以在无线电波中，微波受到了无线网络应用的青睐。

## 习题

　　1. 传输介质如何分类？

　　2. 什么是以太网？传统以太网有哪些？

3. 同轴电缆由哪几部分组成？各起什么作用？

4. 同轴电缆分为哪几类？

5. 制作双绞线时，百兆与千兆线缆的线序有何异同？

6. 制作双绞线的过程中，有哪两种国际标准？两种标准的线序是如何规定的？

7. 直通线和交叉线分别适用于什么场合？

8. 简述双绞线的制作步骤。

9. 常用的测试双绞线连通性的方法有哪些？

10. FSO 指什么？FSO 具备怎样的优缺点？

11. 从传输模式的角度来看，光纤可以分为哪两种？各有什么特点？

12. ISM 频段指什么？使用 ISM 频段要采用什么技术？为什么？

13. 根据不同波段无线电波的传播特性，无线电波的传播方式有哪几种？

# 第3章 网络设备

网络接入、网络组建、网络扩展以及网络互连都要依靠网络设备来实现。网络设备的种类繁多，并且随着网络技术的发展，不断有新的网络设备诞生。本章从功能原理、分类及设备的连接使用等方面介绍了网络适配器、调制解调器、光纤接入设备、中继器与集线器、交换机、路由器等网络设备。通过对本章的学习，读者将对各种网络设备的功能与使用场合有比较全面的认识。

## 3.1 概　述

常见的网络设备可以按照功能和应用环境大致分为：网络接口设备、网络接入设备、网络扩展设备，网络互连设备、网络安全设备等。网络接口设备是连接计算机与传输介质的接口，如网络适配器；网络接入设备用于用户入网环节，如调制解调器，光纤接入终端等；网络扩展设备主要用于网络距离范围的扩展，如中继器、集线器、二层交换机；网络互连设备用于将两个或更多网络互相连接，如三层交换机、路由器等；网络安全设备主要用于监控和保护内部网络的安全，如防火墙。随着各种无线应用的普及，在网络接口、接入、扩展、互连等环节也有大量的无线网络设备被使用，如无线网卡、无线路由器等。

网络适配器是计算机与网络连接的重要接口，无论采用有线连接还是无线连接，都必须借助于网络适配器实现连接。

调制解调器（Modem）的基本作用是通过调制将原信号转变为适合信道传输的信号形式，并通过解调把从信道上接收到的信号恢复为原来的形式。调制解调器常出现在网络接入部分，传统的拨号调制解调器现已基本淘汰，之后比较流行的接入设备是ADSL Modem和Cable Modem。而随着用户对高带宽业务（如多媒体视听、实况转播等）需求的持续增长，各种光纤接入设备已逐渐普及使用。

中继器与集线器可以在不同线缆段之间复制、整形、放大信号，能有效扩展网络范围。

交换机和路由器是最常见的用于构建网络的设备。交换机主要用于网内连接，如一个局域网内所有终端设备的连接。路由器主要用于网间连接，如局域网之间，以及局域网和广域网之间的互连。

防火墙通常放置于网络边界，与边界路由器一起配合使用，用于保护内部网络的安全。

无线网络是有线网络的补充，不同的无线网络使用的无线设备有所差异，需要结合无线网络技术分别讨论。

# 3.2 网络适配器

## 3.2.1 网络适配器与MAC地址

网络适配器通常被称为网络接口卡（Network Interface Card，NIC），简称网卡。它工作在OSI参考模型的数据链路层，它是单个计算机与网络连接的桥梁。如果一台计算机没有安装网卡，那么这台计算机将不能和其他计算机通信。

### 1. 网络适配器的功能

（1）数据帧的缓存、封装与解封。

（2）数据帧的发送与接收。

（3）介质访问控制（Media Access Control，MAC）协议的实现。采用不同拓扑结构，不同传输介质的网络，介质的访问方式也会有所不同，需要有相应的介质访问控制协议来规范介质的访问方式，使用户有效使用传输介质。例如，以太网的介质访问控制协议是CSMA/CD（Carrier Sense Multiple Access with Collision Detection，带冲突检测的载波监听多路访问）协议，以太网中的各站点的网络适配器需实现此协议。

（4）串行/并行转换，因为网络适配器通过总线以并行传输方式与计算机联系，而网络适配器与网络的通信线路采用串行传输方式。

（5）编码与译码：发送数据时将计算机产生的数字数据转变为适合于通信线路传输的数字信号形式，即编码；接收数据时将网络中到达的数字信号还原为原始形式，即译码。

### 2. 网络适配器的工作原理

发送数据时，操作系统调用网络适配器驱动程序对数据进行封装，对其附加适当的首部和尾部控制信息，使之具有所连局域网支持的帧结构，然后将数据帧放至发送队列，按顺序发送到通信线路上。

当网络上有数据帧到达时，网络适配器检查数据帧的目的地址是否是本地网络接口卡的硬件地址或者广播地址。如果都不是就丢弃该数据帧，如果是，将数据帧放入接收队列，然后产生中断信号通知CPU，CPU得到中断信号后产生硬件中断，致使操作系统根据网络适配器中断程序地址调用驱动程序，驱动程序对数据帧进行解封，去除发送方附加的首部和尾部控制信息，然后将原始数据放入处理队列中等待操作系统中上层网络模块的处理。

### 3. MAC地址

每块网络适配器都有一个唯一的硬件地址，也称物理地址或MAC地址，网络适配器的MAC地址可以认为就是该网络适配器所在站点的MAC地址，它是局域网站点的全球唯一标识符，与其物理位置无关。在生产网络适配器时，MAC地址已被固化在网络适配器的EPROM（一种闪存芯片，可擦写）中，所以也称网络适配器地址。

MAC地址是由48比特（6字节）的十六进制数字组成的，书写时习惯使用"-"分隔每个字节，例如"FC-4D-D4-51-4E-B4"。其中0～23位（前三个字节）称为"组织唯一标识符OUI（Organizationally Unique Identifier）"，俗称公司标识符，由IEEE的注册管理机构RA（Registration Authority）负责分配，所有生产网络适配器的厂家必须向其购买这三个字节作为自己的组织标识符。MAC 地址中的 24 ～ 47 位（后三个字节）是由生产厂家在保证地址唯一性的前提下自行分配的，称为"扩展标识符（Extended Identifier）"，俗称流水线号。由此可知，厂家购买了一个 OUI，意味着该厂家拥有了一个大小为 $2^{24}$ 的地址块。假设该厂家生产的网络适配器数量超过了 $2^{24}$ 个，那么该厂家需要再购买一个 OUI，因此，OUI 与生产厂家之间不一定是一对一的关系。如果想要得知某个 OUI 对应哪个公司，可以通过在浏览器地址栏输入 http://standards.ieee.org/cgi-bin/ouisearch?xx-xx-xx （xx-xx-xx 处输入 MAC 地址的前三个字节）来查询。

**4. MAC 地址的查看**

以 Windows 7 操作系统为例，依次单击"开始"→"控制面板"菜单，单击"网络和Internet"图标，选择"网络和共享中心"项，在出现如图 3.1 所示的窗口后，在"查看活动网络"一栏，点击相应的网络连接名称，打开"网络连接状态"窗口，如图 3.2 所示，点击"详细信息"按钮，即可查看 MAC 地址。

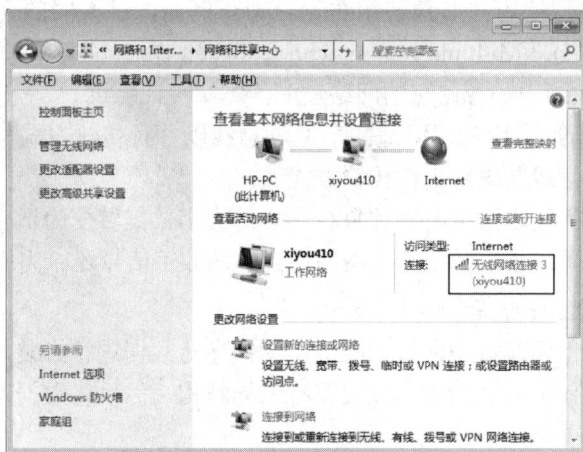

图3.1　网络和共享中心

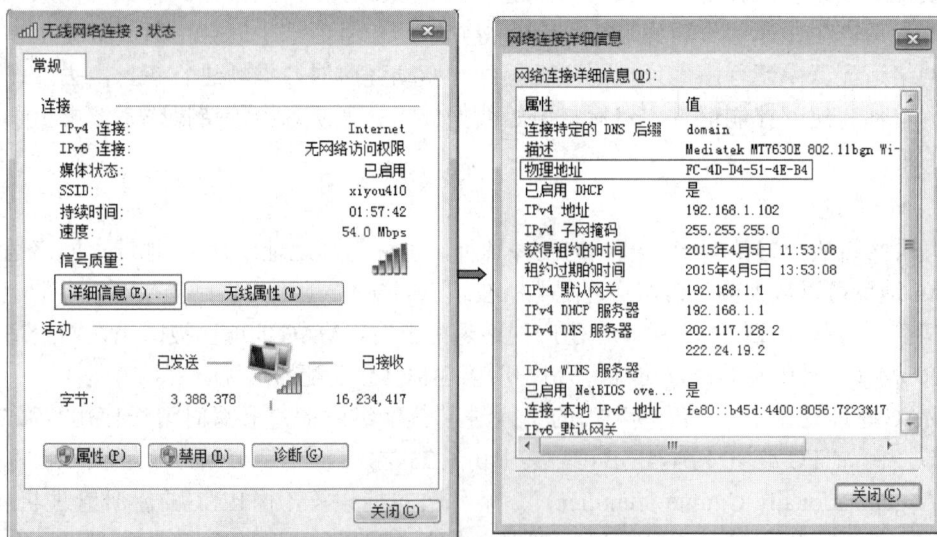

图3.2　窗口模式查看MAC地址

通过命令方式也可以查看MAC地址，在Windows操作系统中通过菜单"开始"→"所有程序"→"附件"→"命令提示符"，打开"命令提示符"窗口，输入命令"ipconfig/all"回车，如图3.3所示，在回显的信息中可以找到本机的MAC地址(本例中为"00-1D-92-F6-02-EE")。

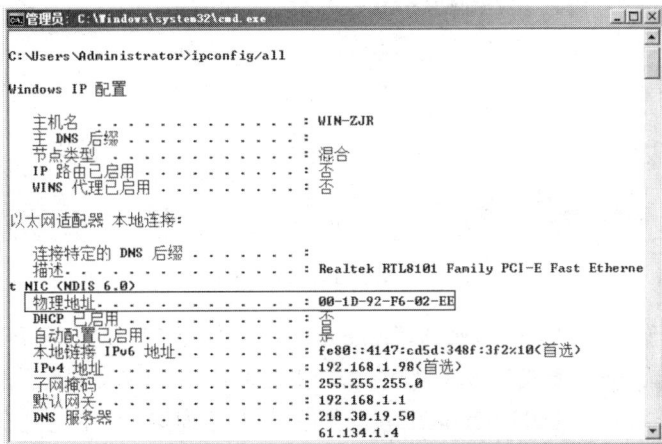

图3.3　通过"ipconfig/all"命令查看MAC地址

也可以如图3.4所示，在"命令提示符"窗口中输入"getmac"命令，直接获取本机的MAC地址。

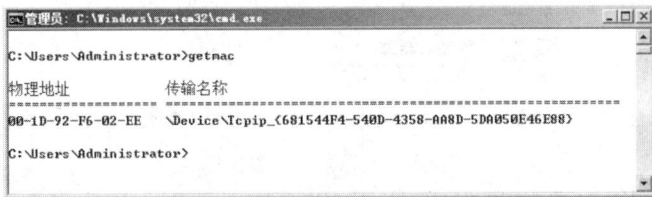

图3.4　通过"getmac"命令查看MAC地址

### 5. MAC地址的修改

固化在网络适配器中的MAC地址不可以改变，但是计算机也可以使用管理员指定的MAC地址发送和接收数据帧。

修改MAC地址可以使用专用的修改工具，也可以在操作系统中直接修改，以下以Windows Server 2008系统为例，介绍一种简单的MAC地址修改方法。

依次单击"开始"→"控制面板"，单击"网络和共享中心"图标，在出现的窗口中，单击"管理网络连接"项，打开"网络连接"窗口，如图3.5（左图）所示。然后右击"本地连接"，选择"属性"，打开"本地连接属性"窗口，点击"配置"按钮，在打开窗口中选择"高级"选项卡，在"属性"栏中选择"网络地址（Network Address）"一项，然后在窗口右侧选择"值"（若选择"不存在"意味着使用出厂时的原始MAC地址），并在输入栏中输入修改后的MAC地址。如图3.5(右图)所示，输入的地址格式如"001D92F602E0"，即连续的12位十六进制数字，每个字节间不加"-"等分隔符。输入完毕后单击"确定"按钮。为了验证修改结果，可以再次打开"命令提示符"窗口，输入"ipconfig/all"命令或者"getmac"命令来查看修改后的MAC地址。

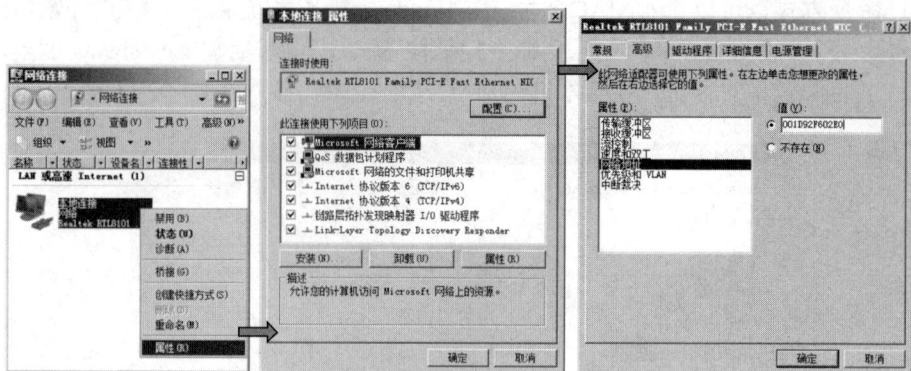

图3.5　MAC地址修改过程

依次单击"开始"→"运行"，输入"regedit"，单击"确定"按钮，打开"注册表编辑器"窗口，点击"编辑"→"查找"，在出现的"查找"窗口中，输入修改后的 MAC 地址（本例修改后的 MAC 地址是 001D92F602E0），然后点击"确定"，便能查找到相应的项目，如图 3.6 所示，即新的 MAC 地址已存储在注册表中了，但是实际上固化在网络适配器芯片里的 MAC 地址并没有改变。

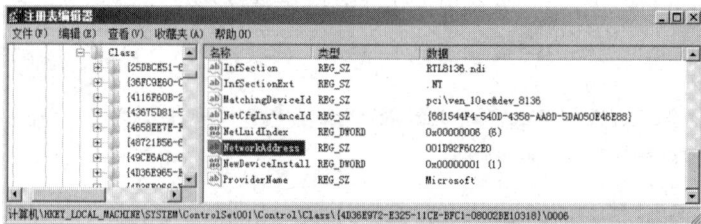

图3.6　注册表编辑器窗口

Windows 7 系统中，要修改 MAC 地址，步骤略有不同：依次点击"开始"→"控制面板"→"网络和 Internet"→"网络和共享中心"，如图 3.7 所示，在打开的窗口中，单击"更改适配器设置"，然后右击"本地连接"选择"属性"，在打开的"本地连接属性"窗口中点击"配置"按钮。当打开网络适配器控制面板后，如图 3.8 所示，单击窗口左侧一栏中的"更改以太网配置"，窗口右侧会出现以太网配置信息，其中"网络地址"一栏显示了 MAC 地址，点击输入框即可修改 MAC 地址。

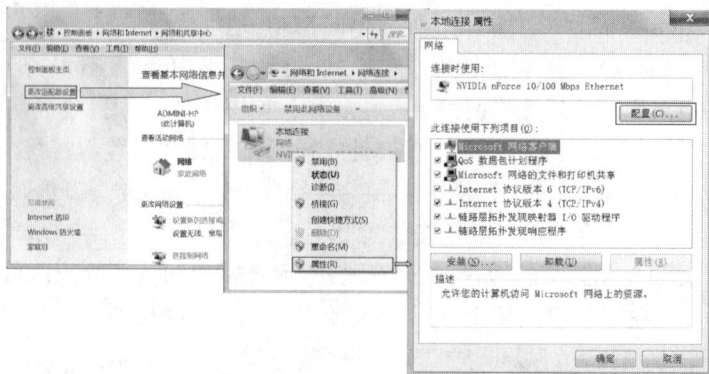

图3.7　Windows 7本地连接属性

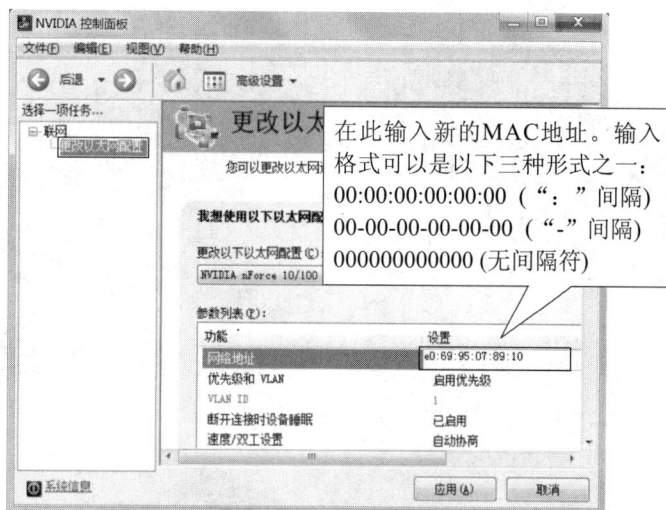

在此输入新的MAC地址。输入格式可以是以下三种形式之一：
00:00:00:00:00:00（"："间隔）
00-00-00-00-00-00（"-"间隔）
000000000000（无间隔符）

图3.8 修改MAC地址

## 3.2.2 网络适配器的类型

针对不同的应用场合，网络适配器有多种类型。但现在绝大多数个人PC以及服务器级的计算机的主板上都集成了网络适配器，如果没有特别的应用（如充当代理服务器，或者集成的网络适配器损坏等），无需另购网络适配器。以下从两个方面详细介绍网络适配器的分类，读者也可以从中了解网络适配器的发展。

**1. 按传输介质接口分类**

网络适配器可以连接的传输介质有同轴电缆（包含粗缆和细缆）、双绞线、光纤以及无线介质。连接的传输介质不同，连接接口也不同。

1）同轴电缆接口的网卡

同轴电缆有粗缆和细缆之分。用于粗缆网络的网卡采用AUI（Attachment Unit Interface，附加单元接口）连接头，由于粗缆网卡的收发器是外置的，因此网卡的AUI连接头通过收发器电缆连接至外置收发器。用于细缆网络的网卡采用BNC连接器（用来与BNC T型连接器相连）。同轴电缆接口的网卡速率一般为10 Mb/s。星型网络出现的初期，粗缆、细缆、双绞线网络同时并存，为了适应多种传输介质，出现了带有组合接口的网卡，有RJ-45+AUI+BNC组合（如图3.9所示），BNC+AUI组合（如图3.10所示），RJ-45+BNC组合和RJ-45+AUI组合，解决了过渡时期混合介质网络的连接问题。但现在已经看不到这类网卡的使用了。

2）双绞线接口的网卡

RJ-45接口类型的网卡应用于以双绞线为传输介质的以太网中。如图3.11所示，双绞线网卡上通常配有若干状态指示灯，用来显示链路（Link）及活动（Activity，Act）状态等，通过这些指示灯可初步判断网卡的工作状态。双绞线网卡可支持10 Mb/s、100 Mb/s和1000 Mb/s的传输速率，市场上常见的双绞线网卡为10/100 Mb/s自适应型和10/100/1000Mb/s自适应型。

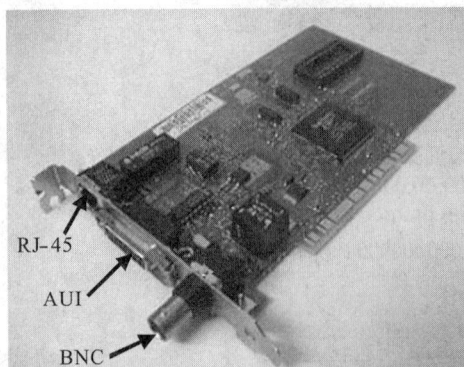

图3.9　带有RJ-45+AUI+BNC接口组合的网卡

图3.10　带有BNC+AUI接口组合的网卡

图3.11　RJ-45接口网卡

3）光纤接口的网卡

光纤网卡的正式名称为光纤以太网适配器（Fiber Ethernet Adapter），用于以光纤为传输介质的以太网中，多安装于服务器上，以满足大吞吐量的需求。光纤网卡可以替代目前的"RJ-45接口网卡-双绞线-光电转换器-光纤"的连接方式，将光纤直接延伸至用户PC，为用户提供光纤到户（Fiber To The Home，FTTH）和光纤到桌面（Fiber To The Desk，FTTD）的高带宽解决方案。如图3.12所示，光纤网卡上的连接接口不使用时，需用保护套罩起来，避免灰尘进入。光纤网卡可以支持1000Mb/s和10Gb/s的高传输速率。

4）无线网卡

无线网卡用于连接无线网络，采用无线信号进行数据传输。如图3.13所示，无线网卡上没有任何连接线缆的接口，而是配有天线，用来发送和接收无线信号。

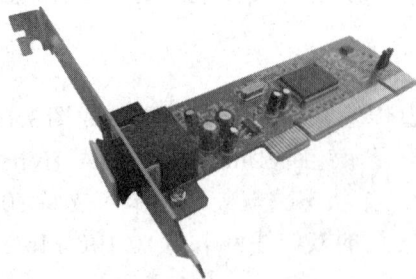

图3.12　光纤接口网卡

图3.13　无线网卡

**2. 按总线接口类型分类**

在计算机系统中，各个功能部件都是通过总线进行数据交换的，针对网卡所支持的总线接口的不同，网卡可分为ISA网卡、PCI网卡、PCI-X网卡、PCI Express网卡、PCMCIA网卡和USB网卡。如图3.14（b）所示的总线接口采用的是镀钛金（或其它金属），保证了反复插拔时的可靠接触，俗称为"金手指"。

1）ISA网卡

ISA（Industry Standard Architecture，工业标准架构）总线采用8位、16位模式（网卡与CPU的数据交换是通过计算机总线进行并行传输的，即16位的ISA网卡一次传送16位）。ISA网卡（外观如图3.14所示）采用程序请求I/O方式与CPU进行通信，传输速率低，CPU资源占用大。连接同轴电缆的网卡和10Mb/s双绞线网卡等早期网卡大多采用ISA总线接口，现在ISA网卡已经被市场淘汰，PC主板也不再提供ISA插槽。

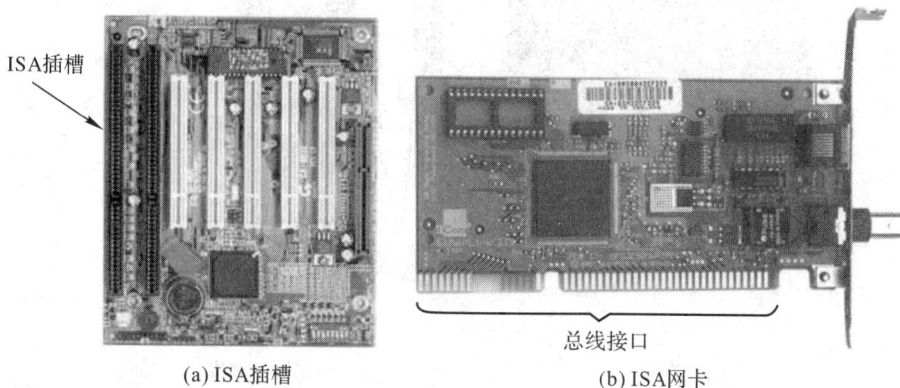

(a) ISA插槽      (b) ISA网卡

图3.14 ISA总线

2）PCI网卡

PCI（Peripheral Component Interconnection，外部组件互连）是Intel公司开发的一套局部总线系统，它支持32位或64位的总线宽度（即总线数据传输位数）。32位与64位PCI接口可以从外观上直接分辨出来，32位PCI接口有一个缺口卡位，而64位PCI接口有两个缺口卡位，并且二者长度不相同。如图3.15（a）所示为32位PCI网卡。PCI网卡对系统资源的占用率要比ISA网卡小得多。

PCI网卡必须安装在具有PCI插槽的计算机主板上，目前的主板仍然提供PCI总线接口。常见的PCI插槽有三种类型：第一种是32位、33 MHz 的PCI插槽，工作电压是5V；第二种是64位、33 MHz的PCI插槽，工作电压也是5 V；第三种是64位、66 MHz的PCI插槽，工作电压是3.3 V。如图3.15（b）所示，前两种的结构有部分相同，因此，32位PCI网卡可以插接在64位5 V的PCI插槽上使用。而第三种结构与前两种都不同，因此，传统的32位PCI网卡不能插接到这一类型的PCI插槽上使用。

3）PCI-X网卡

PCI-X总线由康柏、惠普和IBM等厂商于90年代末共同发起，后来提交给PCI-SIG（PCI Special Interest Group，PCI特别兴趣组）组织修订，最终在2000年正式发布PCI-X 1.0版标准，PCI-X宣告诞生。

PCI-X总线是PCI总线的改良版，仍使用64位并行总线和共享架构。PCI-X总线与PCI

总线不同的是，PCI总线有32位和64位两种，而PCI-X总线均为64位，并且性能方面有显著提升，因此PCI-X很快取代64位PCI成为新的标准。PCI-X插槽和PCI-X网卡外观分别如图3.16（a）和（b）所示。

PCI-X专门针对服务器/工作站领域，目的在于缓解服务器内部总线资源紧张的状况，因此，PCI-X插槽多见于工作站和服务器的主板上。

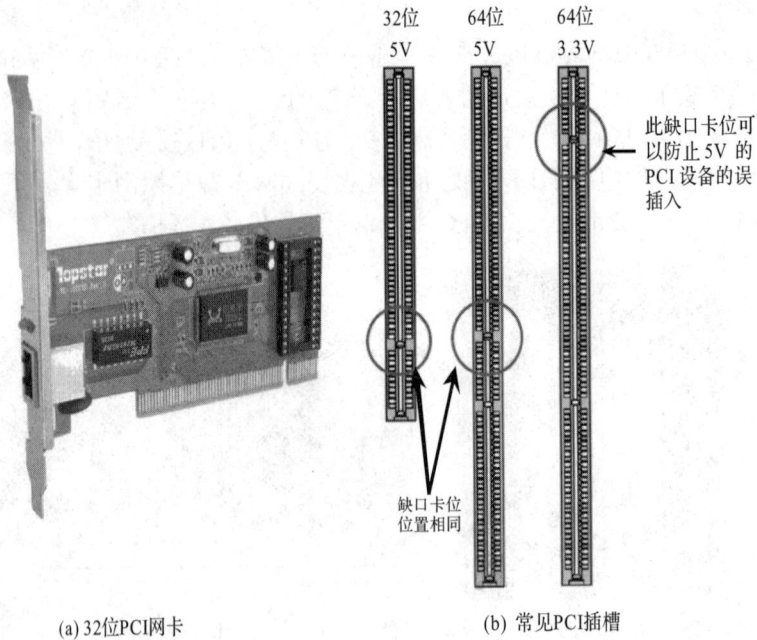

(a) 32位PCI网卡　　　　　　　　(b) 常见PCI插槽

图3.15　PCI网卡与插槽

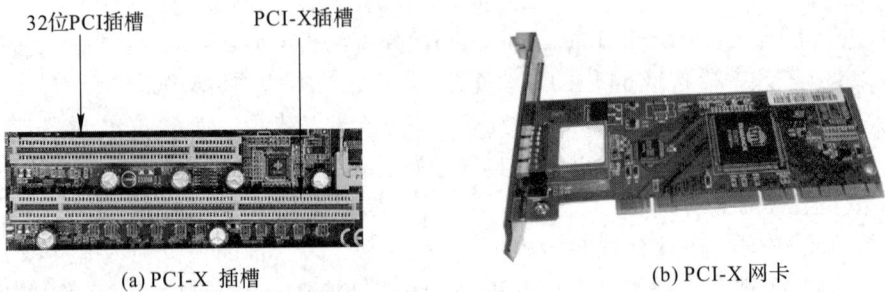

(a) PCI-X 插槽　　　　　　　　(b) PCI-X 网卡

图3.16　PCI-X总线接口

4）PCI Express网卡

2001年，Intel公司提出了3GIO（Third Generation I/O Architecture，第三代I/O体系）总线的概念，它以串行、高频率运作的方式获得高性能。当时3GIO计划获得广泛响应，后来Intel将它提交给PCI-SIG组织，于2002年4月更名为PCI Express（简称为"PCI-E"）并以标准的形式正式推出。

PCI Express没有沿用传统PCI采用的共享架构，而是采用点对点工作模式（Peer to Peer）。每个PCI Express设备都有自己的专用连接，无需向整条总线请求带宽，避免了在早期PCI系统经常出现的多个设备争抢总线带宽的情形。

之前的 PCI 采用并行方式传输数据，而 PCI Express 采用串行方式传输数据。由于串行传输不存在信号干扰，总线频率提升不受阻碍，PCI Express 很顺利就达到 2.5GHz 的超高工作频率，依靠高频率来获得高性能。最基本的 PCI Express 总线可提供 250MB/s 的单向带宽，双工运作时该总线的总带宽达到 500MB/s——这仅仅是最基本的 PCI Express ×1 模式。PCI Express 通道的有效组合为 ×1、×2、×4、×8、×16 和 ×32，可用的带宽直接与通道的数目成比例，通道数加倍，带宽也加倍。因此，若使用两个通道捆绑的 ×2 模式，PCI Express 便可提供 1 GB/s 的有效带宽。以此类推，PCI Express ×4、×8、×16 和 ×32 模式的有效数据传输速率分别达到 2 GB/s、4 GB/s、8 GB/s 和 16 GB/s，这与 PCI 总线的低速率形成了极其鲜明的对比（参见表 3-1）。如图 3.17 所示为主板上的 PCI Express 接口插槽外观，其中 PCI Express ×1 插槽可用于插接网卡，PCI Express ×16 插槽主要用于插接显卡。普通的千兆网卡用 PCI Express ×1 接口（如图 3.18 所示）就可以满足带宽需求了，但是万兆网卡至少要使用 PCI Express ×4 接口才能刚刚满足带宽需求，因此市场上的万兆网卡大多是基于 PCI Express ×8 接口的。

总而言之，PCI Express 是一种革命性的高速串行总线技术，采用 PCI Express 接口的网卡多为千兆或万兆网卡。

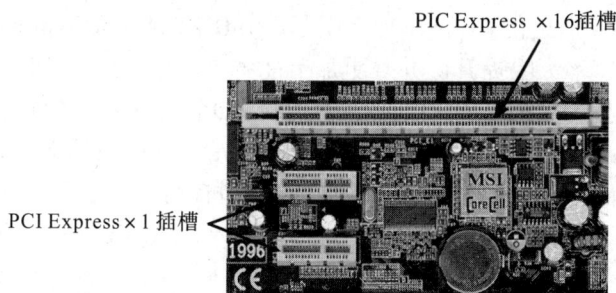

图3.17　两种主流的PCI Express接口插槽　　　图3.18　PCI Express ×1网卡

为了方便分析对比，表 3-1 列出了从 PCI、PCI-X 发展至 PCI Express 的各种标准以及总线宽度、传输速率等方面的详细数据，反映了各类标准间的性能差异。

表3-1　PCI、PCI-X、PCI Express 的各种标准

| 标准 | 总线宽度 | 工作时钟频率 | 传输速率 |
|---|---|---|---|
| PCI 2.3 | 32 bit | 33 MHz<br>66 MHz | 133 MB/s<br>266 MB/s |
| PCI 64 | 64 bit | 33 MHz<br>66 MHz | 266 MB/s<br>533 MB/s |
| PCI–X 1.0 | 64 bit | 66 MHz<br>100 MHz<br>133 MHz | 533 MB/s<br>800 MB/s<br>1066 MB/s |
| PCI–X 2.0 (DDR) | 64 bit | 133 MHz | 2132 MB/s |
| PCI–X 2.0 (QDR) | 64 bit | 133 MHz | 4264 MB/s |
| PCI Express × 1 | 1 Lane, 8 bit | 2.5 GHz | 500 MB/s |

| 标准 | 总线宽度 | 工作时钟频率 | 传输速率 |
|---|---|---|---|
| PCI Express × 2 | 2 Lanes, 8 bit | 2.5 GHz | 1 GB/s (Duplex) |
| PCI Express × 4 | 4 Lanes, 8 bit | 2.5 GHz | 2 GB/s (Duplex) |
| PCI Express × 8 | 8 Lanes, 8 bit | 2.5 GHz | 4 GB/s (Duplex) |
| PCI Express × 16 | 16 Lanes, 8 bit | 2.5 GHz | 8 GB/s (Duplex) |
| PCI Express × 32 | 32 Lanes, 8 bit | 2.5 GHz | 16 GB/s (Duplex) |

5）PCMCIA 网卡

PCMCIA（Personal Computer Memory Card International Association，PC 内存卡国际联合会）是一个成立于1989年的国际性组织，其成员包括 Intel、AMD、IBM 等国际知名公司。PCMCIA 主要致力于省电、小体积的整合性电子卡片标准的建立，以提高移动计算机的互换性。

最早出现的 PCMCIA 网卡是16位的，与 ISA 总线相同，后来出现 CardBus 的 PCMCIA 网卡，采用32位、33MHz 的 PCI 总线，提供更高的传输速率，但基本物理结构与之前的 PCMCIA 网卡相同。现在，由 PCMCIA 推出的 ExpressCard，采用 USB 2.0 或 PCI Express 等接口与计算机系统总线相连，传输速率大幅提升，并且更加节能省电，已取代 Cardbus 硬件标准，成为笔记本扩展卡的通用标准。如图3.19所示为 ExpressCard 和 CardBus 的外观及总线接口对比图，ExpressCard 有两种不同外型，分别是 ExpressCard/34（34mm 的卡宽）与 ExpressCard/54（54mm 的卡宽，卡形为 L 状）。虽然 ExpressCard 外型有两种，但都采用34mm 宽的总线接口，鉴于此，如图3.19所示，ExpressCard/34 可以插入 ExpressCard/54 的插槽内。

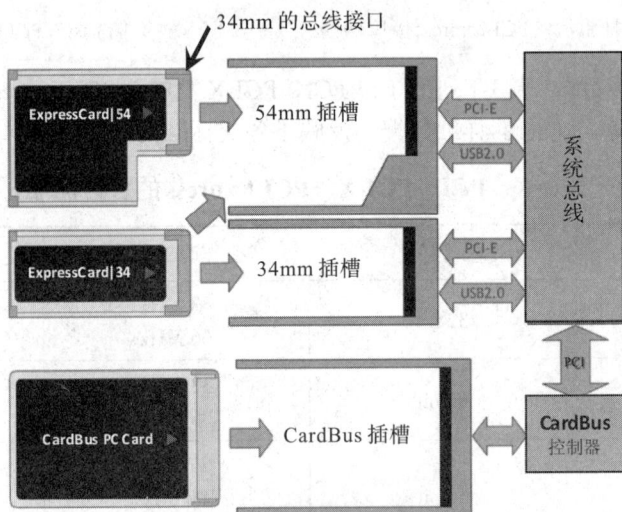

图3.19　ExpressCard 和 CardBus 的对比

如图3.20和图3.21（a）所示分别为 PCMCIA 网卡和扩展槽外观，如果要使用该类网卡，首先应该确定自己的笔记本电脑是否提供了 PCMCIA 扩展槽，如图3.21（a）所示。PCMCIA 网卡的安装如图3.21（b）所示，将 PCMCIA 网卡有金属触点的一头插入 PCMCIA

扩展槽即可。

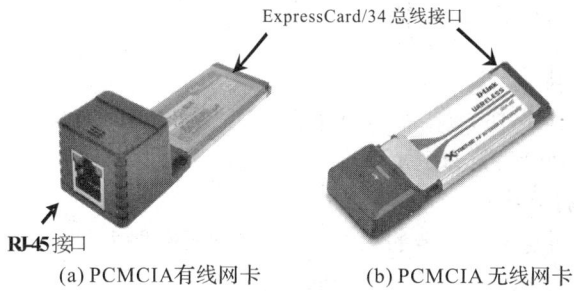

ExpressCard/34 总线接口

RJ-45接口

(a) PCMCIA有线网卡　　　　　(b) PCMCIA 无线网卡

图3.20　PCMCIA网卡

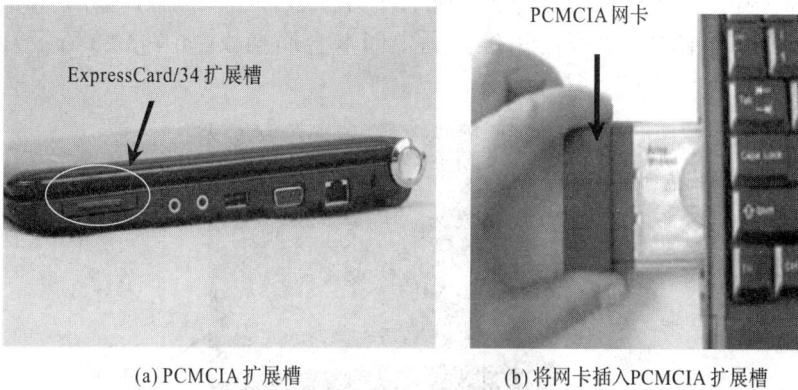

ExpressCard/34 扩展槽

PCMCIA 网卡

(a) PCMCIA扩展槽　　　　　(b) 将网卡插入PCMCIA扩展槽

图3.21　PCMCIA网卡的安装

6）USB网卡

USB接口已被广泛应用于鼠标、键盘、打印机、扫描仪、Modem、音箱等各种设备，设备安装简单并支持热插拔，USB接口传输速率远远大于传统的并行口和串行口。如图3.22所示为USB网卡，属于外置型网卡，安装时不用打开机箱，和其它USB设备一样便捷。

与PCMCIA网卡不同，USB网卡既可以用于笔记本也可以用于台式机。例如，笔记本原有的网卡或接口损坏，可以通过外接USB网卡的方式实现网络连接；超薄笔记本或者平板电脑等设备通常由于尺寸受限，无法提供RJ-45接口，这时通过USB有线网卡便可轻松实现有线网络连接；台式机无需内置无线网卡，只要外接USB无线网卡，便可以实现无线网络连接。

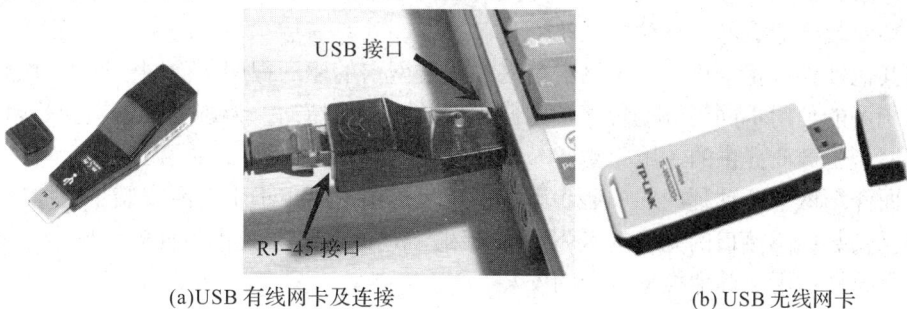

USB 接口

RJ–45 接口

(a)USB 有线网卡及连接　　　　　(b) USB 无线网卡

图3.22　USB网卡

### 3.2.3　实例：网络适配器的安装

**1. 网卡的硬件安装**

若计算机使用USB网卡，只需将网卡插入计算机的USB接口就可以了。若要安装PCI、PCI-X、PCI Express等总线接口的网卡，则需按以下步骤：

（1）断开电源，打开机箱。

（2）在主板上找到要插入网卡的总线插槽，将与该插槽对应的机箱金属挡板取下，留下空缺位置。

（3）将网卡的金属挡板朝向机箱背板，网卡下方的"金手指"对准插槽，双手均匀用力将网卡插入插槽内，这时网卡金属挡板正好填补了上步的空缺位置，如图3.23所示。

（4）根据机箱结构，需要时用螺丝固定网卡金属挡板（如图3.23所示），最后合上机箱。

图3.23　网卡的安装

**2. 网卡驱动程序的安装**

驱动程序实际上是一个能让计算机与系统中的硬件设备通话的程序，驱动程序会告诉操作系统计算机中有哪些设备以及设备的功能。操作系统通过驱动程序控制计算机上的相应硬件设备。驱动程序把硬件设备的工作情况报告给系统，同时也将标准的操作系统指令转化成特殊的外设专用命令，使得硬件设备完成某些操作，实现设备功能。

计算机系统中的硬件，如CPU、硬盘、声卡、鼠标、键盘等，都是在安装了相应的驱动程序以后才能正常发挥功用。高版本的操作系统包含很多常用设备的驱动程序，所以常用硬件的驱动程序是由系统自动完成安装的。但是硬件的发展速度很快，包含在操作系统中的驱动程序版本一般较低，致使一些新型号的硬件不能被操作系统识别，或者虽然能被识别，却限于驱动程序版本较低，不能完全发挥这个硬件的作用，遇到这种情况就需要为硬件手动安装合适版本的驱动程序。

与其他硬件设备一样，使用网卡前必须安装网卡的驱动程序，而同一网卡对于不同的操作系统可能使用不同的驱动程序，因此需安装相应的驱动。为避免版本差异等问题，一般采用网卡生产商提供的专用驱动。

下面介绍网卡驱动程序的安装步骤。由于通常情况下主机上已经安装了有线网卡，所以这里以安装USB接口的无线网卡为例，介绍在Windows 7系统上如何安装网卡驱动程序。以下步骤同样适用于其他类型网卡的安装。

（1）首先要准备好网卡驱动程序。可以直接使用随网卡包装附带的驱动安装光盘，或者事先从设备生产厂商的官方网站上下载与网卡型号匹配的驱动程序保存在本地磁盘中。

（2）将USB无线网卡插入主机的USB接口中，然后在系统桌面上，右键点击"计算机"图标，在弹出菜单里选择"属性"，打开属性窗口，如图3.24所示，在其左侧栏中点击"设备管理器"。

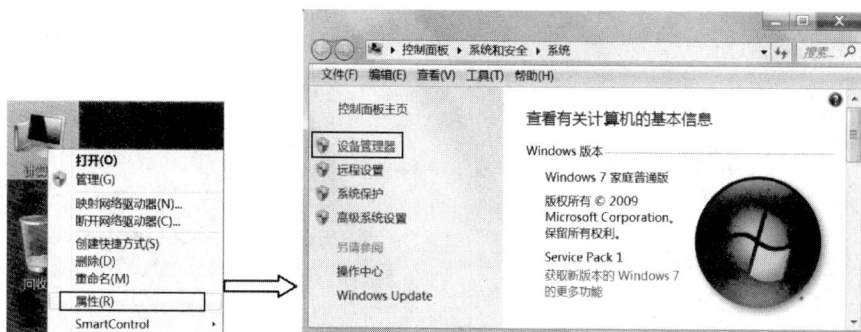

图3.24　打开"设备管理器"窗口

（3）进入设备管理器窗口，如图3.25所示，右键点击"其他设备"中带有感叹号的设备图标，并在弹出菜单中点选"更新驱动程序软件"。注意：如果主机上先前已经安装有网卡设备，会在"网络适配器"中显示该网卡信息。

（4）在出现的硬件安装向导窗口中点击"浏览计算机以查找驱动程序软件"，如图3.26所示。

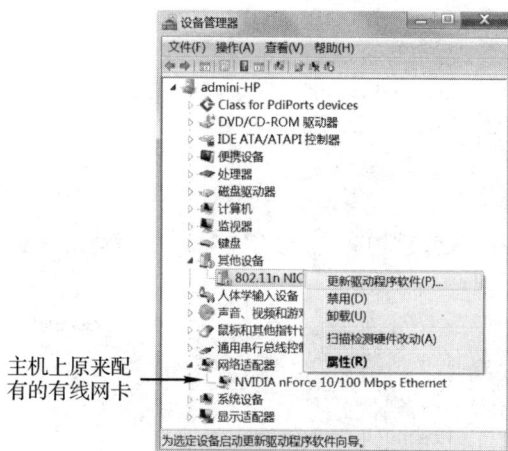

图3.25　设备管理器

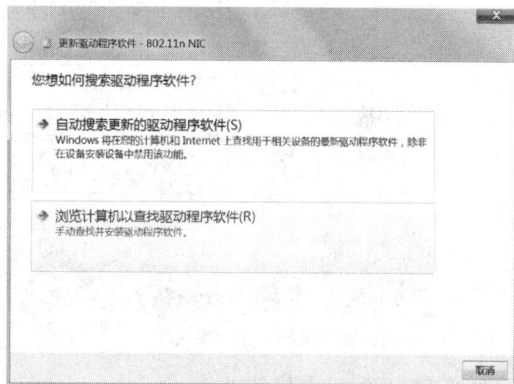

图3.26　硬件安装向导

（5）接下来设定网卡驱动程序的搜索位置，如图3.27所示，点击"浏览"按钮，选择网卡驱动程序所在的文件夹，然后"确定"，点击"下一步"。

（6）网卡驱动程序开始安装，出现"Windows安全"提示框时，如图3.28所示，点击"始终安装此驱动程序软件"。

（7）安装完毕后，会出现如图3.29所示的安装成功提示，点击"关闭"按钮。然后重新查看"设备管理器"窗口，如图3.30所示，其中"网络适配器"中新添加了一个无线网卡设备，表明该网卡驱动程序已正确安装。

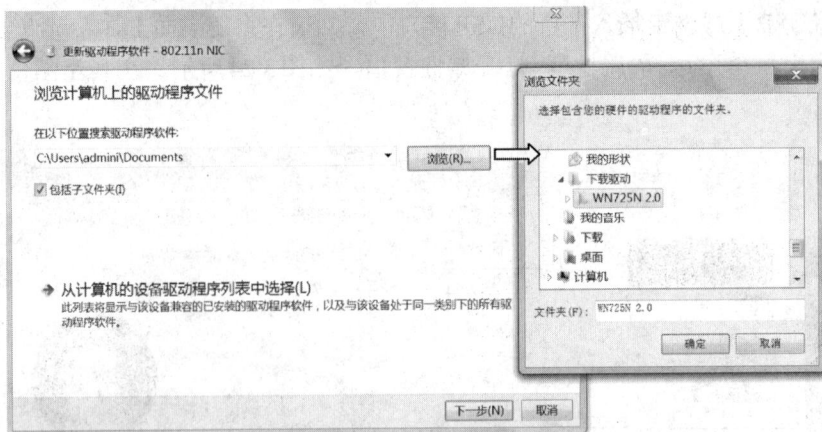

图3.27　选择驱动程序的搜索位置

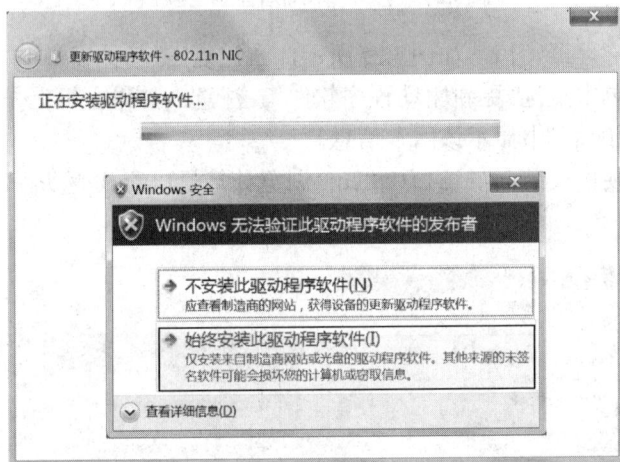

图3.28　"更新驱动程序软件"窗口

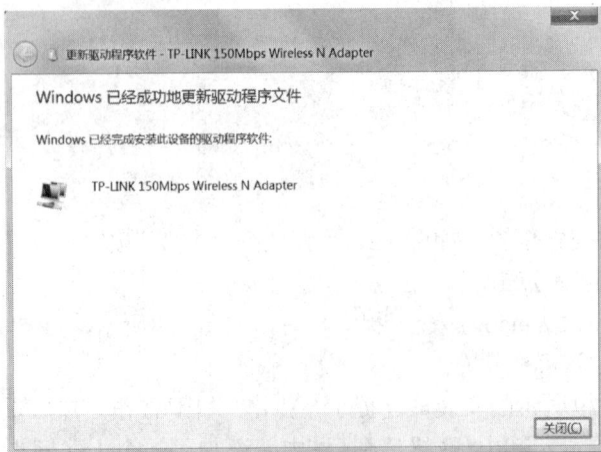

图3.29　安装成功提示

图3.30　"设备管理器"窗口

### 3. 网卡异常

若在图3.30中看到网卡项之前有一个"？"号，则说明该设备存在问题，无法正常工作，产生的原因可能是网卡驱动程序安装不当，比如网卡型号与驱动程序版本不匹配等。此时，可右击网卡名称，在弹出菜单中选择"属性"，打开网卡属性窗口，如图3.31所示，这里可以查看网卡的各类信息。点击"驱动程序"选项卡，可以查看网卡驱动程序详细信息，并可以完成更新、卸载网卡驱动程序等操作。

图3.31 网卡属性窗口

## 3.3 调制解调器

### 3.3.1 调制解调器的作用

调制解调器的英文名称是Modem，来源于"Modulator（调制器）"和"Demodulator（解调器）"两个单词。计算机发送数据时，由Modem中的调制器负责将数字信号调制为模拟信号，模拟信号在通信线路上传输，到达接收方后，由接收方Modem中的解调器对模拟信号进行解调，恢复出数字信号，如图3.32所示。

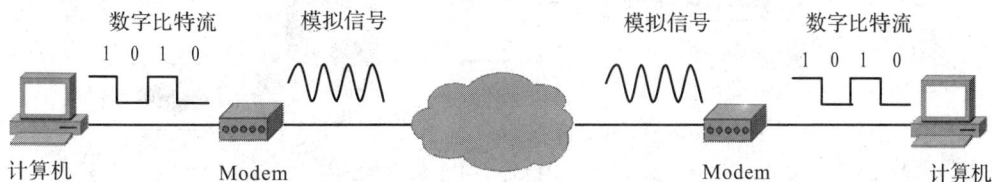

图3.32 调制解调过程示意

如果不进行调制直接将计算机数据放在模拟传输系统中传输，由于数字信号波形并不适合在模拟信道中传输，失真会较严重，导致接收端无法正确接收数据。因此要在模拟信道两端设置调制解调器，以做适当的波形转换与调整，保证数据的传输质量。

### 3.3.2　拨号调制解调器

在 xDSL、Cable、FTTx 等宽带接入技术盛行之前，拨号调制解调器是人们最常用的网络接入设备。这种调制解调器与用于宽带接入的 ADSL Modem 相比，提供的带宽很有限（不超过 56kb/s），因此也被称为窄带调制解调器。

**1. 拨号调制解调器的连接**

拨号调制解调器外观如图 3.33 所示，它使用 RS-232 接口（RS-232 电缆如图 3.34 所示）与计算机连接，安装简单方便。如图 3.35 所示，将准备好的 RS-232 连接线一端接在计算机的串口（COM1 或 COM2）上，另一端接在调制解调器上标示为"SerialPort"的端口。然后将电话线接在调制解调器上的"LINE"端口处，将电话机接在调制解调器上的"PHONE"端口处。

图3.33　调制解调器　　　　　图3.34　RS-232标准电缆

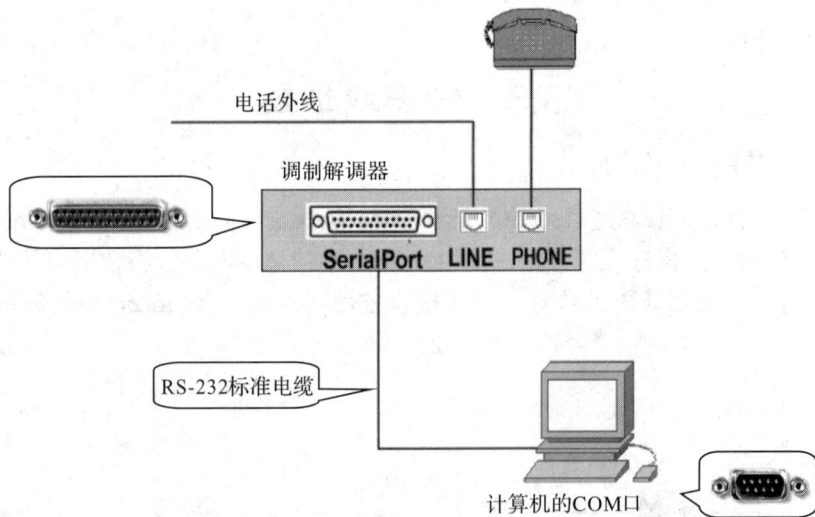

图3.35　用户端拨号调制解调器的连接

以上是用户家中的连接方法，通信时调制解调器需成对使用，而局端机房一般使用机架式调制解调器，即由十多台调制解调器按一定方式连接在一起，安装在一个机架上构成一个 Modem 池，十多台调制解调器共用一个电源，如图 3.36 所示。

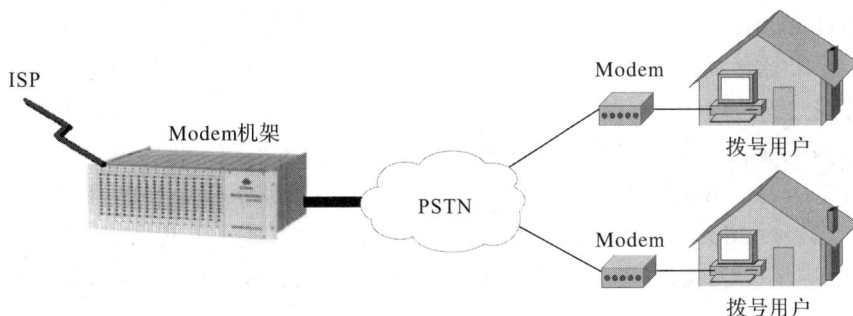

图3.36 机架式调制解调器的应用

**2. 拨号调制解调器的标准**

ITU-T（ITU Telecommunication Standardization Sector，国际电信联盟电信标准化部门）制定了一系列调制解调器标准。

从最初的V.21标准（300b/s）开始，数据传输速率在不断地提高（1200/2400/9600/14400 b/s等）。V.34标准支持速率为28.8kb/s的线路，V.34的升级版V.34 annex 1201H支持33.6kbps的速率。如果通信双方都是通过模拟线路连接到PSTN（Public Switched Telephone Network，公众交换电话网），则33.6kb/s的速率已经基本上达到理论速率极限值。而标准V.90的传输速率可以达到56kb/s，是针对多数的ISP通过数字线路连接到PSTN而作的优化。ITU-T后来推出的V.92提高了调制解调器的握手速度和上行数据率，并提供呼叫等待（Modem-on-Hold）。V.90 Modem与ISP连接建立时间通常为30 s左右，而V.92的快速连接功能将再次连接的建立时间缩短到了8～10s，性能提高了3倍。V.92技术采用新型上行编码技术，可支持更高的上行数据速率。Modem-on-Hold功能使用户不必中断网络连接就可以接听或拨打电话。2000年前后，V.90和V.92 Modem在我国有着广泛的应用市场。

### 3.3.3 ADSL调制解调器

**1. ADSL简介**

DSL（Digital Subscriber Line，数字用户线路）是一种数字宽带传输技术，可以在不影响话音服务的前提下将数字信息通过用户电话线（也称为本地环路）进行传输。xDSL中的x代表不同的宽带方案，各种方案最大的区别体现在两个方面：信号传输速率和距离的不同，上行信道和下行信道的对称性不同。这些方案包括HDSL（High speed DSL，高速数字用户线），IDSL（ISDN-DSL，ISDN数字用户线），SDSL（Symmetric DSL，对称数字用户线），VDSL（Very high speed DSL，甚高速数字用户线），ADSL（Asymmetric DSL，非对称数字用户线）等。其中，ADSL属于非对称式传输，即上行速率与下行速率不同（若相同则为对称式传输）。ADSL利用电话语音传输频率以外的频率传输数据，不会干扰在同一条线上的常规语音信号，为用户提供上行（从用户到ISP）最高1 Mb/s和下行（从ISP到用户）最高8 Mb/s的非对称的传输速率，一般有效传输距离在3～6公里范围以内。ADSL设计目标是实现高速数据通信和交互视频功能。数据通信功能包括Internet访问和专用的网络应用，交互视频包括视频点播（Video on Demand，VoD）和在线游戏等。

**2. ADSL 标准**

美国国家标准委员会（American National Standards Institute，ANSI）是最早启动 ADSL 标准化工作的组织。1995 年，ANSI 提出了采用 DMT（Discrete Multi-Tone，离散多音调）作为调制技术的 ANSI T1.413 标准草案，并在其基础上进行修订，于 1998 年提出了 ANSI T1.413 Issue 2。ITU-T 从事 ADSL 标准工作起步较晚，1999 年制定了 G.992.1 标准草案，又称 G.dmt，对 ADSL 收发器进行了规范，主要是参考 ANSI T1.413 Issue 2 制定的。1999 年 6 月，ITU-T 又通过了无话音分离器的 ADSL 规范，即 G.992.2 规范，又称 G.Lite。

ITU-T 的 G.992.1（G.dmt）和 G.992.2（G.Lite）的主要区别是：G.dmt 是全速率的 ADSL 标准，带宽约为 1.1 MHz，下行速率最高可至 8Mb/s，上行速率最高可至 1Mb/s，用户端需安装语音分离器，以将通过电话线传输的语音和数据分离并分别传送至电话交接机或网络设备，用户端设备安装复杂，一般由运营公司完成，而且不同厂商之间的设备难以实现互通；G.Lite 标准速率较低，带宽约为 0.5 MHz，下行速率最高可至 1536kb/s，上行速率最高可至 512kb/s，用户端无需话音分离器，因此，用户端设备安装简单，一般由用户自己安装，不同厂家设备的互通性较好，从而更有利于设备成本的降低。由于其传输速率较低，传输速率的下降换得了传输距离的增加，大大提高了其覆盖范围，而且技术复杂度也相应减小，从而比全速 ADSL 有更好的价格带宽比。

2002 年 7 月，ITU 公布了 ADSL 的 G.992.3 和 G.992.4 新标准，即所谓的 ADSL2 标准。2003 年 3 月，ITU 在第一代 ADSL 标准的基础上，又制订了 G.992.5 标准，就是 ADSL 2 plus。这些新标准的出现，进一步提高了网络的性能和协同工作能力，增添了新的应用与服务，包括数据速率的提高、速率的适应性和诊断等，有效地弥补了原有 ADSL 技术速率较低、传输距离较短等技术缺陷，进一步拓宽了宽带接入技术的应用空间。

**3. ADSL 原理**

当用户使用 ADSL 业务时，用户端到通信机房的电话线路就会被分成三个信息通道（如图 3.37 所示）：普通的语音通道，即 0 ～ 4 kHz 的频段，用于传统电话业务（Plain Old Telephone System，POTS）；26 kHz ～ 130 kHz 的频段为中速双工（Medium-Speed Duplex）通道，用于用户上行数据的传输；133 kHz 以上的频段为高速下行（High-Speed Downstream）通道，用于用户下行数据的传输。这三个通道可以同时工作，由于原先的话音信号仍使用原有频带，而上、下行的数据业务使用话音以外的频带，因此，电话业务和宽带数据业务互不影响。

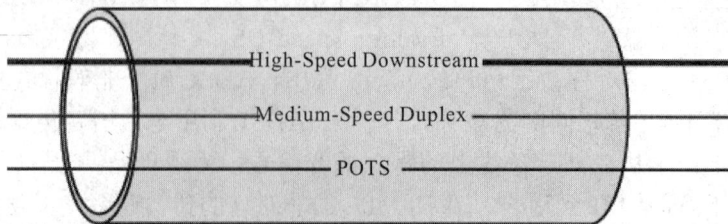

图3.37　信息通道划分

### 3.3.4 实例：ADSL Modem的连接

**1. 面板指示灯**

如图3.38（a）所示，外置ADSL Modem面板上通常有几个状态指示灯，依ADSL Modem型号不同，状态指示灯的名称、数量、颜色及闪烁方式也略有差异，如表3-2所描述的四种指示灯可供读者参考。

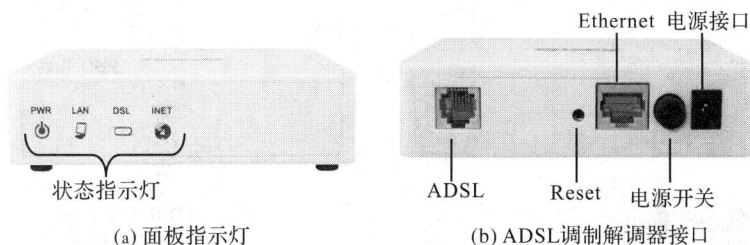

(a) 面板指示灯　　　　　　(b) ADSL调制解调器接口

图3.38 外置式ADSL调制解调器

**表3-2 ADSL Modem 指示灯说明**

| 指示灯 | 定义 | 灯的状态 | 说明 |
|---|---|---|---|
| POWER | 电源指示灯 | 常亮 | 电源输入正常 |
| | | 熄灭 | 无电源输入或输入不正常 |
| LAN | LAN状态指示灯 | 常亮 | Ethernet接口连接正常 |
| | | 闪烁 | Ethernet接口有数据传输 |
| | | 熄灭 | Ethernet接口连接不正常 |
| ADSL | ADSL状态指示灯 | 常亮 | 设备已正常连接局端 |
| | | 快闪 | 设备正在连接局端 |
| | | 慢闪 | 电话线连接不正常 |
| Internet | 数据指示灯 | 闪烁 | Internet上有数据传输 |
| | | 熄灭 | Internet上无数据传输 |

**2. 分离器**

分离器（Splitter）用于将传输语音的低频信号（300 ～ 3400 Hz）和传输网络数据的高频信号（26 kHz ～ 1 MHz或以上）完全分离。电话打入时，分离器可以滤除电话线路中的高频段ADSL信号，把语音信号分离出来送到电话机。如果电话机前不加分离器，则在ADSL设备工作时打电话，通话杂音会较大，而且电话摘机、振铃时可能对ADSL Modem有干扰，造成同步信号的丢失。如图3.39所示为分离器外观，上面有三个标注为"LINE"、"MODEM"、"PHONE"的接口，分别用于连接电话插座、ADSL Modem、电话机。

**3. ADSL Modem接口与连接**

ADSL Modem的接口如图3.38（b）所示，"Reset"是复位孔，"Ethernet"端口是RJ-45接口，用来连接单个计算机或通过交换机等网络设备连接局域网。"ADSL"端口是RJ-11接口，用来连接分离器，如果不使用电话，则"ADSL"端口直接连接电话外线。ADSL Modem的一种连接方法如图3.40所示。值得一提的是某些品牌型号的ADSL Modem还提供USB端口，用于通过USB线缆连接计算机。

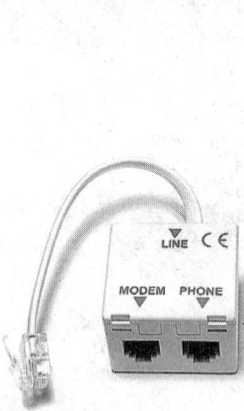

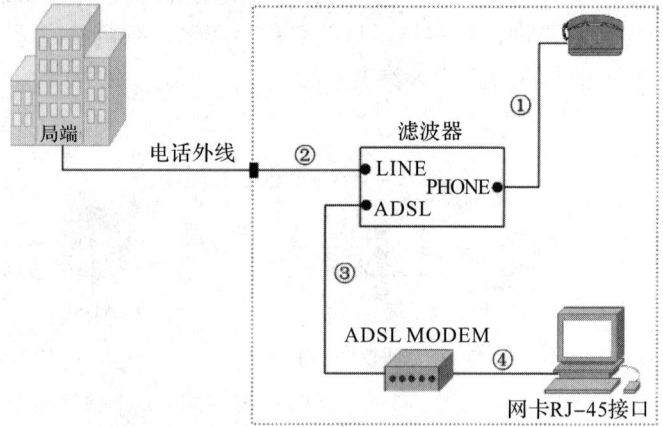

图3.39　分离器　　　　　　　图3.40　ADSL Modem的一种连接方法

　　如图3.40所示，ADSL安装包括局端线路调整和用户端设备安装。在局端方面，由服务商将用户原有的电话线串接入ADSL局端设备。在用户端，分离器的"PHONE"端口与电话机连接，分离器的"LINE"端口与墙上的电话插座连接，分离器的"ADSL"端口与ADSL Modem的"LINE"端口连接，ADSL Modem的"Ethernet"端口与计算机网卡连接，或者与交换机（集线器）连接。注意：图中所示①②③段线缆均为带有RJ-11插头的双绞线，线缆④为带有RJ-45插头的双绞线。

　　如图3.41所示，如果不使用电话，则ADSL Modem的"ADSL"端口直接与墙上的电话插座连接。

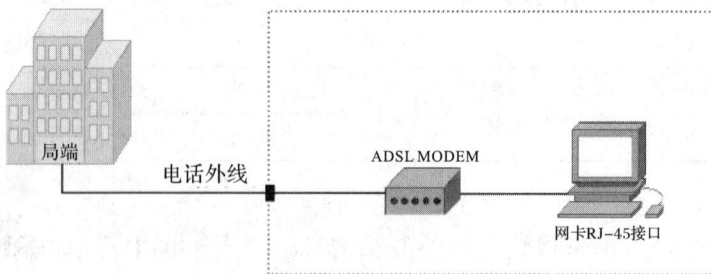

图3.41　不使用电话时ADSL Modem的连接方法

### 3.3.5　电缆调制解调器

#### 1. 概述

　　随着多年来有线电视系统网络的建设发展，用有线电视网络传输数据已经成为现实，其中需要解决的问题是将数字信息转换成适合传输的模拟信号或进行相反的变换，完成该任务的设备称为电缆调制解调器（Cable Modem）。电缆调制解调器的一端连接到计算机，另一端连接到有线电视网(Cable TV，简称CATV)，以使用户借助有线电视网进行数据通信，访问Internet等信息资源。用户通过电缆调制解调器连接有线电视宽带网接入有线电视数据网，有线电视数据网再和Internet高速相连。但由于原有的CATV网络只提供广播业务，大都为单向网络，为实现双向通信，需要有双向分配放大器、双向滤波器和双向干线放大器等，所以需要对现有的有线电缆进行双向改造。

**2. 标准**

目前Cable Modem产品有欧、美两大标准体系，DOCSIS是北美标准，DVB/DAVIC是欧洲标准。

1) 北美标准体系

北美标准体系包括MCNS(多媒体有线电视网络系统)和Cable Labs(有线电视实验室)两大组织。1995年12月，MCNS组织先后发布了MCNS的8个文件，统称为"Data Over Cable射频接口规范"，即后来的DOCSIS标准。1998年有线电视实验室提供了DOCSIS的正式程序，以保证各个不同厂商的产品有兼容性。1998年3月，国际电信联盟接受DOCSIS标准，作为Cable Modem的标准，称为ITU J.112(交互式有线电视业务传输系统)。1999年4月有线电视实验室发布了第二代标准，即DOCSIS 1.1，其功能有了很多改进，2000年又发布了Euro DOCSIS 1.1欧洲规范，其系统在频道划分、频道带宽和信道参数的规定上完全兼容欧洲标准。DOCSIS提供了宽带、高质量的语音、商业级的数据服务以及通过网络共享Cable Modem提供的多媒体服务。

2) 欧洲标准体系

欧洲标准体系包括DVB(数字视频广播)、DAVIC(数字音视频理事会)以及ECCA(欧洲有线电视运营商联盟)三个组织。DVB和DAVIC组织长期致力于数字视频标准的制订。DVB/DAVIC是DOCSIS标准在欧洲强有力的挑战者。Euro Cable Labs(欧洲有线电视实验室)在欧洲有线电视联盟的指导下，一直支持以DVB/DAVIC为基础的"欧洲调制解调器"，1999年5月欧洲有线电视实验室发布了基于DVB/DAVIC的Euro Modem规范，DVB Cable Modem是欧洲经营者的首选。

上述两大标准体系的频道划分、频道带宽及信道参数等方面的规定，都存在较大差异，因而互不兼容。北美标准是基于IP的数据传输系统，侧重于对系统接口的规范，具有灵活的高速数据传输的优势；欧洲标准是基于ATM的数据传输系统，侧重于DVB交互信道的规范，具有实时视频传输的优势。

**3. 原理**

由于要让电视和数据业务在同一根电缆上传输，因此必须合理地分配电缆的频带。如图3.42所示为典型的频带分配，下行通道提供普通广播电视业务和下行数据通信业务，采用的载波频率范围通常在54 ～ 750 MHz之间。按一个电视频道为6 MHz计算，下行通道有百个以上的频道数目，其中广播电视占用了80个左右的频道，其余频道就可以用来做数据通信了，通常采用64QAM调制方式将数字信号调制到一个6 MHz宽的频道上，这种方式可提供最高36 Mb/s的速率(如果采用256QAM调制方式，则能提供更高的速率)。

上行通道提供上行非广播电视数据通信业务，典型频率范围在5 ～ 42 MHz之间，由于这一频段易受地面微波、家用电器噪声等的干扰，信道环境较差，为了有效抑制上行噪音积累，一般选用QPSK调制方式(QPSK比64QAM更适合噪音环境，但速率较低)，提供最高10Mb/s的速率。

5　42 54　　　　　　　　　　　　　　550　　　750(MHz)

| 数据 | 广播电视 | 数据 |

├ 上行 ┤├──────────────── 下行 ────────────────┤

图3.42　典型的频带分配

　　由于有线电视接入用户小区采用树型结构，所以无论是上行频段还是下行频段，一根同轴电缆的带宽是由连接在其上的多个用户共享的，通常一根典型电缆可以连接500至2000个家庭。用户的接入数量会影响网络速率，即电缆提供的有效容量取决于接入用户的数量。

　　基于Cable Modem的宽带接入系统结构如图3.43所示，主要包括用户终端设备、局端系统CMTS（Cable Modem Termination System，电缆调制解调器终端系统)和HFC传输网络。

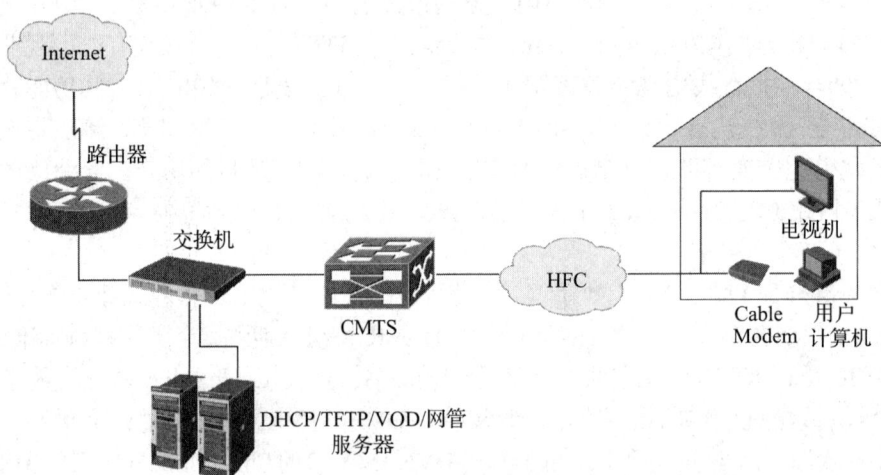

图3.43　基于Cable Modem的宽带接入示意图

　　1）局端系统CMTS

　　CMTS一般在有线电视的前端，或者在管理中心的机房，负责对用户端设备进行认证、配置和管理，完成数据到传输信号的转换，并与有线电视的视频信号混合，送入传输网络中。CMTS是外界网络和HFC网络之间的连接设备。在下行方向，来自外界网络的数据包在CMTS中接受处理，然后经过64QAM调制后，下传给各个Cable Modem；在上行方向，CMTS将接收到的经QPSK调制的数据进行解调，并作相应处理，然后传送给外界网络。

　　2）用户终端系统

　　Cable Modem是有线电视数据通信系统的用户端设备，它集Modem、调谐器、桥接器、虚拟专网代理、网络接口卡、以太网集线器等功能于一身。无需拨号，它会与服务商设备建立一条虚拟专网连接，提供用户数据的接入。

　　Cable Modem将用户端计算机连入HFC传输网络，它与CMTS组成完整的数据通信系统。Cable Modem接收从CMTS发送来的QAM调制信号并解调，将数据转变为计算机可以接收的形式。在相反方向上，从计算机产生的数据经QPSK调制后，通过上行数据通道传送给CMTS。

3）HFC传输网络

HFC（Hybrid Fiber-Coaxial，光纤同轴混合网）是光纤传输系统与同轴电缆分配网相结合的宽带通信网络。HFC通常由干线、支线和用户配线三部分组成。干线使用光纤作为传输介质，采用星型拓扑结构。支线和用户配线使用同轴电缆作为传输介质，采用树型拓扑结构。光信号在干线上传输，在进入支线时被转换为电信号，接下来，电信号依次通过支线、用户配线到达用户设备。

### 3.3.6 实例：Cable Modem的连接

**1. 面板状态指示灯**

如图3.44所示，由于电缆调制解调器的产品型号的不同，指示灯的数量和名称略有差异。通常有以下六个灯：

POWER：电源指示灯，正常工作时，此灯为绿色常亮；刚打开电源时，此灯为红色闪烁状态。

CABLE：指示调制解调器信号状态，常亮为正常。

PC：连接指示灯，指示调制解调器到计算机的连接是否正常，常亮为正常。

TEST：问题提示灯，指示调制解调器可能的问题，正常情况下不亮。

RD（Receive Data）：接收指示灯，当调制解调器接收数据时闪烁，否则熄灭。有的品牌Cable Modem上此灯标注为DS（下行）。

TD（Transmit Data）：发送指示灯，当调制解调器发送数据时闪烁，否则熄灭。有的品牌Cable Modem上此灯标注为US（上行）。

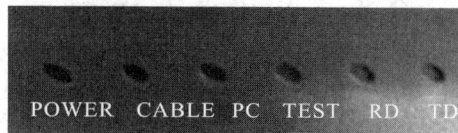

图3.44 外置式Cable Modem的状态灯

**2. Cable Modem接口与连接**

Cable Modem如图3.45所示，Power是电源接口，Reset是复位孔。Ethernet口用来连接单个计算机或通过交换机等网络设备连接多台计算机（如组建家庭局域网）。USB口用于连接计算机的USB接口，通常在计算机没有安装网卡时才推荐使用USB口连接。Ethernet口与USB口不可以同时使用。COAX（Coaxial Cable，同轴电缆）连接器用来连接CATV有线电视电缆。

图3.45 Cable Modem接口

分离器用来将电视信号与 Cable Modem 信号分离，如图 3.46 所示。分离器上标注"IN"的接头为输入连接器，与墙上的有线电视入户模块连接；标注"OUT"的接头是输出连接器，一个与电视机连接，另一个与 Cable Modem 的"COAX"连接器连接。将 Cable Modem 的"Ethernet"口与计算机的网卡连接。注意图 3.46 中所示①②③段线缆均为同轴电缆，线缆④为带有 RJ-45 插头的双绞线（如果使用 USB 接口连接，线缆④为 USB 连接线）。如图 3.47 所示，如果不使用电视机，也可以将 Cable Modem 的"COAX"连接器直接与墙上的有线电视插座连接。

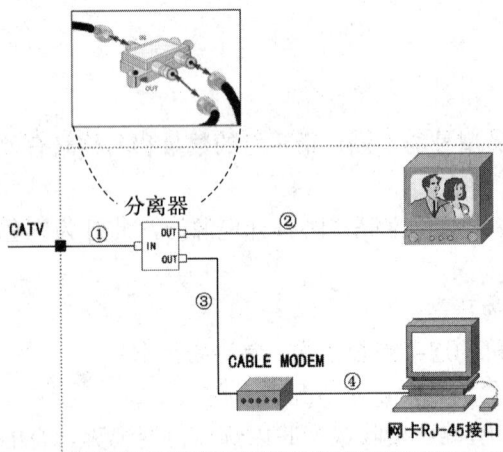

图3.46　Cable Modem的连接方法　　　　图3.47　不使用电视时Cable Modem的连接方法

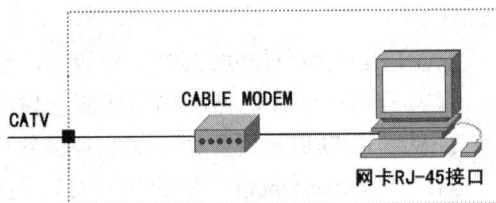

# 3.4　光纤接入设备

## 3.4.1　光纤接入概述

随着宽带业务的发展，人们越来越意识到网络的接入部分存在着严重的带宽"瓶颈"，突破该瓶颈的三种技术方案是：VDSL、光纤接入和无线宽带接入。本节仅介绍光纤接入，有关无线宽带接入的内容请参见 3.8 节。

光纤接入是指从 ISP 机房的局端设备到用户终端设备之间网络的光纤化。光纤接入由于采用光纤作为传输介质，具有传输距离远、带宽高、维护费用低等特点，解决了铜介质接入的带宽瓶颈以及距离限制等问题，能够满足用户长距离、高带宽、全业务的需求，是有线宽带接入技术的理想方案，也是现阶段宽带接入网的发展方向。

光纤接入网从技术角度可分为两大类：有源光网络（Active Optical Network，AON）和无源光网络（Passive Optical Network，PON）。AON 采用有源电复用器（如 PDH、SDH 设备），PON 采用无源光分路器。AON 支持的带宽高，传输距离长，PON 的传输距离则限制在 20 公里以内，但因其具有系统可靠性较高、设备故障率低、维护成本低、易于管理等优势而更受青睐。

PON 是一种点到多点（P2MP）结构的无源光网络，主要由局端设备 OLT（Optical Line Terminal，光线路终端），用户终端设备 ONU/ONT（Optical Network Unit / Optical Network terminal，光网络单元/光网络终端），以及二者之间的 ODN（Optical

Distribution Network,光分配网络)组成,网络结构如图3.48(a)所示。PON名称中之所以包含"无源",是因为ODN仅包含光纤、无源分光器(Passive Optical Splitter,POS)等无源器件,无需配备电源,无需有源设备维护人员(从而节约了运营维护成本)。分光器也称光分路器,外观如图3.48(c)所示,功能是分发下行数据和集中上行数据,即将下行的光信号分路到多根光纤上(分光比例通常为1:16、1:32、1:64、1:128),反之将上行的光信号合并到一根光纤上。OLT放置在局端机房,提供ODN到中心局设备的接口,完成光电转换、用户业务分离等功能。图3.48(b)所示为中兴公司生产的型号为C300的一款OLT。ONU/ONT放置在用户侧,提供用户到接入网的接口,完成光电转换和用户业务适配(速率适配、信令转换)功能。

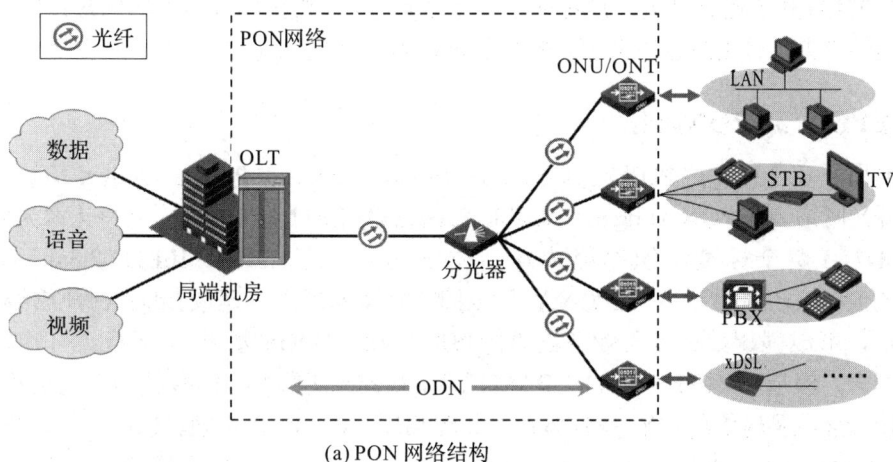

(a) PON 网络结构

(b) OLT

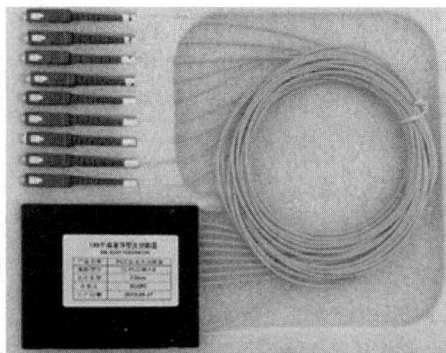

(c) 分光器

图3.48 PON网络结构与设备

光纤接入网根据光纤深入用户群的程度可分为:FTTC(光纤到路边)、FTTZ(光纤到小区)、FTTB(光纤到大楼)、FTTO(光纤到办公室)和FTTH(光纤到户)等,它们统称为FTTx(Fiber-To-The-x),这里x不代表具体的接入技术,而是体现了光纤在接入网中的深入程度。根据FTTx中"x"的不同,ONU/ONT深入用户的程度也不同。下文以FTTB和FTTH为例说明。

FTTB解决方案是光纤入楼(或入单元),可以将ONU放置在建筑物楼道或竖井内机柜、室外光交接箱等不同位置。用户入住率低的小区通常多个单元共享一个ONU，用户入住率高的小区可以每个单元配置一个ONU，ONU至用户家之间使用铜介质连接。ONU可提供LAN或DSL接口实现用户宽带接入，据此，FTTB又可细分为FTTB+LAN或FTTB+DSL两种，"+"后面的方式表明用户端通过LAN或xDSL设备接入。对多层及中高层楼宇，运营商在建设时多采用LAN接入方式。对高层楼宇，由于单元用户数较多，运营商在对LAN接入及DSL接入方式的选择上相对灵活，主要考虑的因素是尽量保证一个用户单元内部署较少的接入结点，便于设备维护。

FTTH解决方案是光纤直接深入到用户家中，用户端设备通过光网络终端ONT与入户光纤连接。ODN中的分光器通常设置在小区公共区域（如小区绿化带）或楼道内。与FTTB相比，FTTH避开了楼道引电、设备维护等诸多问题。FTTH作为接入网的最终演进方向，其业务提供能力、传输质量以及可靠性是其他接入方案无法比拟的。

### 3.4.2 EPON与GPON简介

目前用于宽带接入的PON技术主要有：EPON（Ethernet Passive Optical Network，以太网无源光网络）和GPON（Gigabit-capable Passive Optical Network，吉比特无源光网络）。IEEE和ITU-T两个标准组织的组成与定位不同决定了EPON（IEEE802.3ah）和GPON（ITU-T G984.x）之间的差异：EPON基于"创新"的技术理念，延续Ethernet开放结构单一"源"特点，形成强调数据接入业务能力的PON技术；GPON基于"可运营、可管理"的电信网络理念，汲取ATM QoS、SDH OAM以及Ethernet开放架构的多种"源"头优势，形成面向光接入全业务网络的PON技术体系。二者相比，GPON在带宽、QoS保证、全业务支持、OAM（Operation Administration and Maintenance，操作、管理和维护）能力等方面均优于EPON，但GPON技术复杂程度以及设备成本相对较高。因此，在目前的宽带接入市场中，二者是共存互补的关系。对于带宽、多业务、QoS和安全性要求较高以及ATM技术作为骨干网的用户，GPON更加适合；而对于成本敏感、QoS和安全性要求不高的用户群，EPON成为主导。

EPON顾名思义是基于以太网的PON技术。2001年，IEEE 802.3 EFM（Ethernet in the First Mile）工作组成立，"EFM"意为从用户端开始第一英里采用以太网，即采用以太网接入。2004年6月，IEEE 802.3 EFM工作组发布了EPON标准——IEEE802.3ah（2005年并入IEEE802.3-2005标准），在该标准中将以太网和PON技术结合，在物理层采用PON技术，在数据链路层使用以太网协议。因此，EPON综合了PON技术和以太网技术的优点：低成本、高带宽、扩展性强、与现有以太网兼容、方便管理等。EPON提供固定上下行速率为1.25 Gbps。

GPON技术起源于1995年开始逐渐形成的ATMPON技术标准，GPON最早由FSAN（Full Service Access Networks，全业务接入网论坛）于2002年9月提出，ITU-T在此基础上于2003年3月完成了ITU-T G.984.1和G.984.2的制定，2004年2月和6月完成了G.984.3和G.984.4的标准化。GPON提供了前所未有的高带宽：每用户下行2.5Gbps/上行1.25Gbps，其非对称特性更能适应宽带数据业务市场。除了具有高带宽、高效率、大覆盖范围、用户接口丰富等众多优点以外，GPON提供全业务接入，支持QoS保障，规定了完整的OAM功能。因此，GPON被大多数运营商视为实现接入网业务宽带化、综合化改造的理想技术。

### 3.4.3 实例：FTTH光纤接入终端与连接

如图3.49所示为多媒体信息箱，也称ONU综合接入箱或光纤入户信息箱，通常采用嵌壁式安装在住宅内的门厅或客厅的墙体上。多媒体信息箱外形的推荐尺寸为330 mm（高）×480 mm（宽）×135 mm（深），内部设有能同时为多台设备供电的220伏电源插座，可安装各类家庭级光纤接入设备以及家庭网络设备，例如FTTH光纤接入终端(俗称光猫)、网络交换机、无线AP等。多媒体信息箱是户内各类弱电线缆的汇聚点(包括入户光缆、户内电话线、网线等)，其中电话线和网线由此分线，连至住宅内不同房间内的信息插座，呈现星型布线结构。

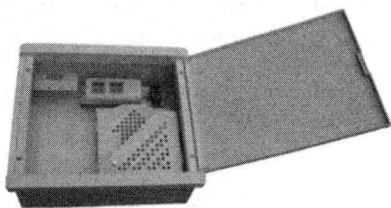

图3.49　多媒体信息箱

蝶形入户光缆(俗称"皮线光缆")是FTTH入户专用光缆，其外观如图3.50(a)所示。它具有优良的抗弯性能，适用于室内布线，性能稳定可靠，施工时可像铜缆一样对待，不易出现施工故障，无需工具即可剥开光缆，易于固定，安装成本低。对于FTTH应用，如图3.52所示，蝶形入户光缆入户(通常是进入用户家的多媒体信息箱中)后，与尾纤熔接(借助熔接机完成)在一起，尾纤(与光纤跳线类似，但仅在线缆一端有光纤连接器，如图3.51所示)的光纤连接器插入光纤接入终端的光纤端口。值得一提的是，EPON和GPON用户端都是在一根光纤上收发信号，这种机制称为单纤双向传输机制，该机制基于WDM（Wavelength Division Multiplexing，波分复用）技术，用不同波长(下行1490nm，上行1310nm)实现上下行数据传输，即在一根光纤上同时传输上下行数据流而相互不影响。

剥开光缆后露出的光纤

(a) 线缆外观

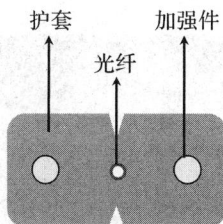

护套　光纤　加强件

(b) 线缆剖面

图3.50　蝶形入户光缆

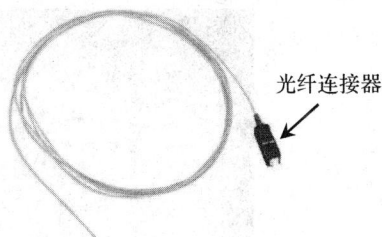

光纤连接器

图3.51　尾纤

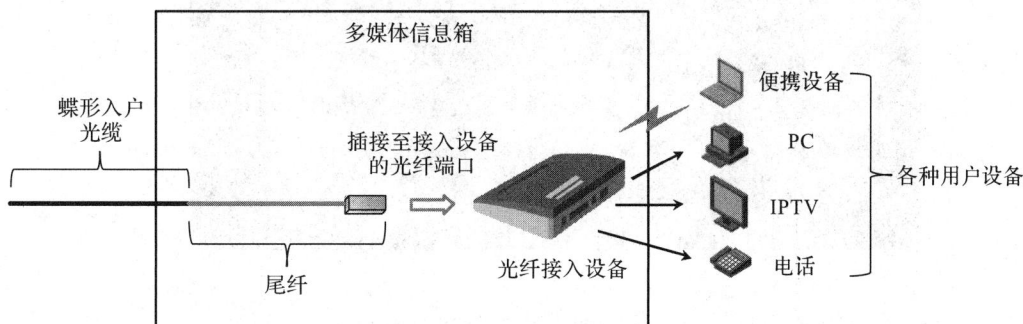

图3.52　多媒体信息箱中设备与线缆的连接

处于不同房间的用户设备可以通过线缆连接至房间墙壁上的信息插座实现联网，也可以通过 Wi-Fi（参见 3.8.2 节无线局域网技术）连接至光纤接入终端，当然这需要该光纤接入终端外置或内置有天线。如图 3.53 所示为 FTTH 光纤接入终端（以华为 HG8245C 为例）的连接示意，该设备相当于 PON 中的 ONU/ONT。注意：根据适用的 PON 网络类型不同，此类设备又分为 EPON 终端、GPON 终端以及 G/EPON 双模自适应型终端，因此，用户在自行购买设备时应根据 PON 类型做相应选择。

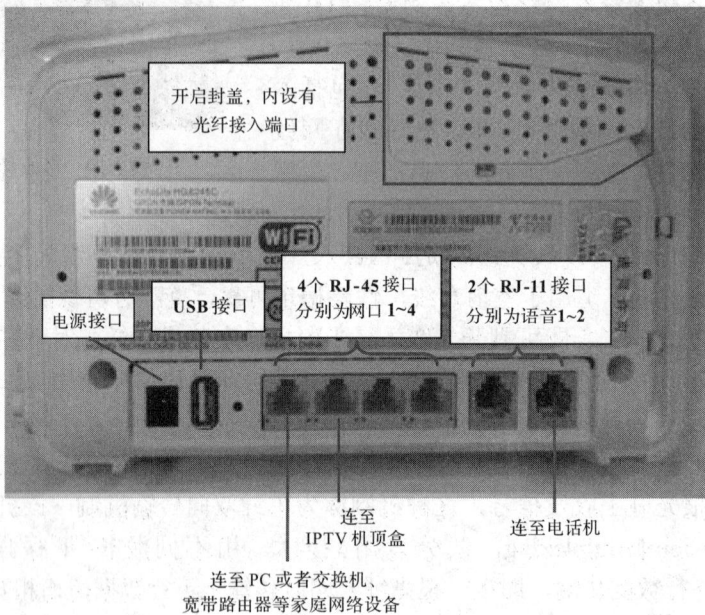

(a) 设备端口说明

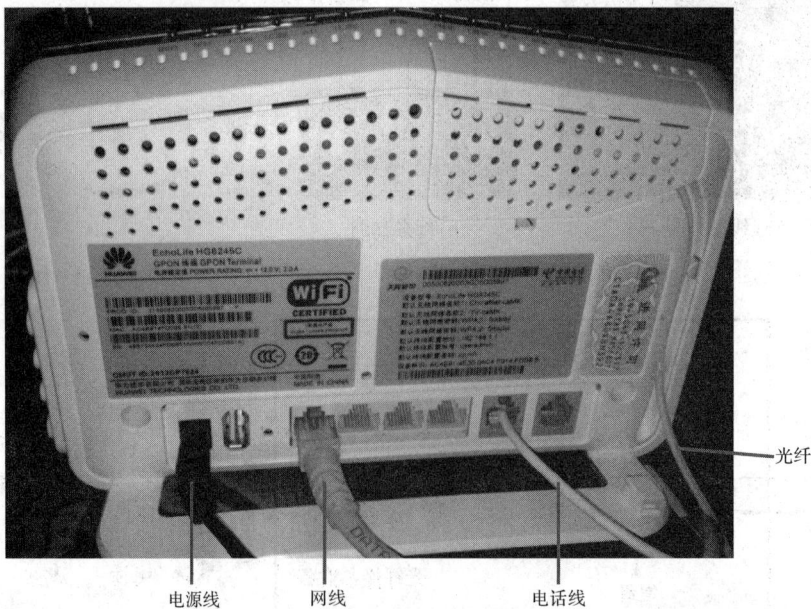

(b) 设备连线说明

图3.53　PON终端的连接

## 3.5 中继器与集线器

### 3.5.1 中继器

由于在线路上传播信号的过程中存在损耗，信号功率会逐渐衰减，衰减到一定程度时信号失真较严重，会导致接收错误，因此，在不使用任何网络连接设备的情况下，网段都会有最大连接距离的限制，这种限制会因传输介质的不同而不同。为了延长单个网络的有效距离，可以使用工作在物理层的网络扩展设备——中继器，它是一种最简单的网络扩展设备，如图3.54所示，中继器提供两个接口，用于连接两个网段。中继器在实现物理线路连接的同时，可以实现信号的复制、调整和放大功能，使已衰减的信号恢复到原始信号的状态，继续在下一个线缆段传播一定距离。一般情况下，中继器的两端连接的是相同的媒体，但有的中继器也可以完成不同媒体的转接工作。从理论上讲中继器的使用是无限的，网络也因此可以无限延长，但在实际环境中这是不可能的，因为网络标准中都对信号的传播范围作了具体的规定，中继器只能在此规定范围内发挥作用。

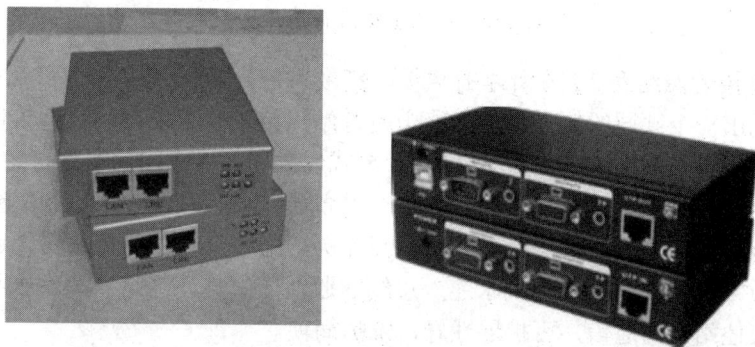

图3.54　中继器

### 3.5.2 集线器与共享式以太网

集线器（Hub）是中继器的一种形式，二者的区别在于集线器能够提供多端口服务，也称为多口中继器，外观如图3.55所示。

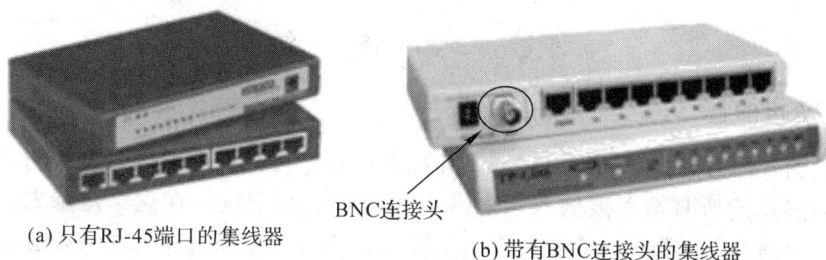

(a) 只有RJ-45端口的集线器

BNC连接头

(b) 带有BNC连接头的集线器

图3.55　集线器

基于集线器(Hub)连接的网络从物理上看是星型拓扑，但是逻辑上仍然是一个总线网，各站共享逻辑上的总线，这是唯一的信号传输通道。一个时刻只允许一个站点占用总线发送数据，否则就会出现信号冲突(collision)，如果同一时刻有多个站点要发送数据，就要通过争抢获得共享介质的使用权，当然这种争抢是在一种争用协议——CSMA/CD的控制下进行的，以尽量避免总线上冲突的发生并降低冲突发生后的影响。换言之，集线器就是使用电子器件来模拟实际电缆线（总线）的工作。因此，集线器连接的星型网络又称盒中总线，多个站点使用集线器连接相当于连接到一段共享介质上，如图3.56所示。

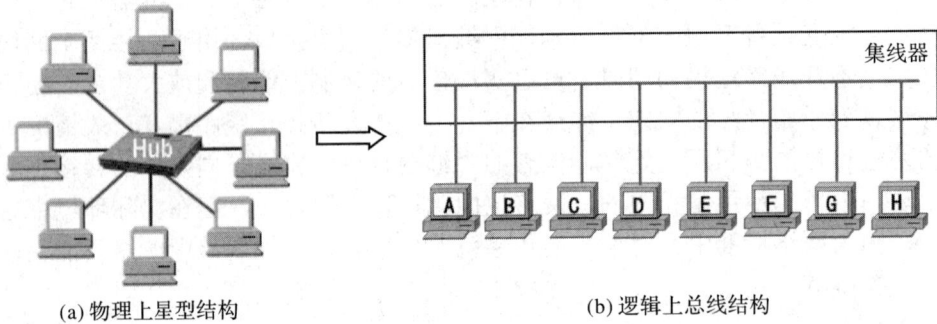

(a) 物理上星型结构　　　　　　　　　　　　　(b) 逻辑上总线结构

图3.56　使用集线器的连接效果

集线器连接的网络和2.2节所述的粗缆、细缆网络一样，均基于总线网的工作原理，这些网络表现出一个共同的特点，即网络中所有站点共享总线带宽，站点数目的增加将直接导致网络性能的降低，这一类网络又称"共享式以太网"（以太网的概念可参见2.2.3节）。

集线器的连接物理上呈现星型拓扑，每个设备通过一条双绞线连接到集线器，而这条双绞线只与该设备和集线器关联，与其他站点无关，即各个设备与集线器的连接是使用各自独立的介质，这不仅为站点提供了连入总线的通道，而且使得站点的增删不会影响网络的连通性和其他站点的通信，可扩展性好，维护简便。

集线器属于物理层设备，无法从比特流中分辨出数据帧，更不能解读帧中包含的地址信息，所以当站点发送的数据到达集线器时，集线器不是直接把数据送往目的站点，而是采用广播方式将数据发送到所有与之相连的站点。

现在交换机的价格越来越低，性能却优于集线器，从而逐渐取代集线器，但有时人们会习惯性地将组建小型局域网的交换机称为"Hub"。

# 3.6　交　换　机

## 3.6.1　交换机概述

交换机的外观与集线器相似，但在工作原理以及连接特性上二者有显著的区别。

连入集线器的所有站点被划入一个网段(segment)范围内，在这个范围内，一个时刻仅允许有一个站点发送数据，否则就会引起冲突，该范围被称为冲突域(collision domain)。处于同一冲突域内的站点共享带宽。例如，使用10Mb/s的集线器连接了N个站点，则这N个站点被划入一个网段，共享10M带宽，为了避免冲突，某个时段内如果一个站点正在发送数据（其间占用全部带宽），则其他站点必须等待，因此N的值增大意味着有更多的站点争用这10M带宽。又如，借助一个10Mb/s的集线器将多个10Mb/s的网段连接起来，相当于把多个网段合并为一个更大的网段，带宽依然为10Mb/s，而共享带宽的站点数量大增，从而使网络性能下降。

交换机可以分隔网段，隔离冲突域，换句话说，交换机的一个端口就是一个分段，一个端口对应一个冲突域。交换机通过内部交换矩阵实现多个信道同时传输信息，逻辑效果如图3.57所示，A和H的通信，B和D的通信，C和E的通信，F和G的通信可以同时进行，每一对站点之间的通信都独占交换机所提供的带宽。假设交换机的带宽为10Mb/s，那么四对站点同时通信时的实际吞吐量就可以达到40Mb/s。当然，在通信的目的地相同时，也会发生带宽争用，如站点A和B同时要发送数据给站点H时，A和B必须通过竞争来获得带宽。

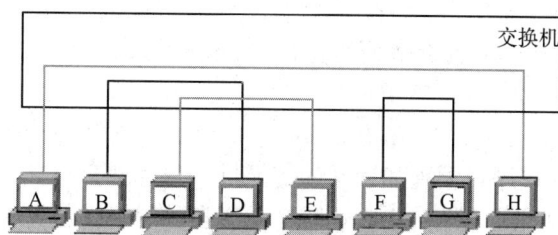

图3.57 使用交换机连接的逻辑效果

交换机自动记录与其每一个端口相连的站点的MAC地址，构建MAC地址转发表，该表的形式如表3-3所示。"Vlan"是虚拟局域网的意思，所有端口的Vlan值都为1，表示交换机没有进行Vlan的划分；最关键的两个信息是"MAC Address"和"Ports"，前者表示交换机记录的站点MAC地址，后者表示从哪个端口出去可以找到该站点；"Type"的值为"DYNAMIC"表示该条记录是交换机自动学习来的，若值为"STATIC"则为人为添加的。当一个数据帧到达时，交换机首先会使用数据帧中的源地址信息以及此帧进入交换机的端口（以下简称入口），来添加或更新MAC地址转发表的相关记录，这个过程称为"自学习"。交换机的这一行为并不是为本次数据转发服务的，而是为后继的有目的的数据转发做准备。之后，交换机再根据数据帧中的目的地址信息，在MAC地址转发表中查找匹配项，匹配条目中的"Ports"正是该数据帧的转发出口，接下来交换机会将数据帧由此端口转发出去。如果没有找到任何匹配项，交换机会将该数据帧向除入口以外的所有端口转发，即盲目扩散出去，而不是有目的的转发，交换机对未知帧采取的这一操作正是引发"广播风暴"的主要原因之一。

表3-3 MAC地址转发表

| Vlan | MAC Address | Type | Ports |
|------|-------------|------|-------|
| 1 | 00e0.4c3c.295f | DYNAMIC | fa0/2 |
| 1 | 00e0.4c3c.2cd3 | DYNAMIC | fa0/3 |
| … | … | … | … |

### 3.6.2　交换机的分类

可从多个方面对交换机进行分类，如按提供的传输速率，可将交换机分为10 Mb/s、10/100Mb/s自适应、1000Mb/s、10/100/1000Mb/s自适应、10Gb/s等。自适应型交换机的每个端口能够自动检测连接速率，并以最佳的速率工作。根据性能与使用环境划分，交换机可以分为企业级高端交换机、部门级交换机、工作组交换机、桌面型交换机等。以下主要从可管理性、可扩展性和工作层次三方面讨论交换机的类别。

**1. 按照是否具有可管理性划分**

1）非网管型交换机

非网管型交换机，不需任何配置，加电后便可以正常工作，由于无需配置，所以除了网络连接端口以外不提供任何配置端口。这类交换机使用方便，但是不支持远程监视和管理。非网管型交换机价格便宜，广泛应用于家庭、宿舍、办公室等环境的桌面级连网。

2）网管型交换机

网管型交换机是可以进行配置和管理的交换机。网管型交换机产品提供了基于配置端口（Console）、基于Web页面以及Telnet远程登录等多种网络管理方式。网络管理人员可以根据网络需求配置交换机，在本地或远程实时监控交换机的工作状态、调整网络的运行状态，使所有的网络资源得以合理利用。网管型交换机主要应用于企业级及少数部门级的网络连接。

**2. 按照是否具有可扩展性划分**

1）固定端口交换机

固定端口交换机提供数量有限、类型固定的端口，如图3.58所示为一款24口的固定端口交换机。无论从可连接的用户数量上，还是从可使用的传输介质上来讲，固定端口交换机都具有一定的局限性，但这种交换机在工作组中应用较多，一般适用于小型局域网、桌面交换环境。

图3.58　固定端口交换机

2）模块化交换机

模块化交换机可任意选择不同数量、不同速率和不同接口类型的模块，以适应各种网络需求。这种交换机价格较高，但拥有很大的灵活性、可扩充性和强大的容错能力，支持交换模块的冗余备份。企业级应用中由于更多地考虑网络设备的扩充性、兼容性和排错性，所以常选用模块化交换机。

在模块化交换机的背板或前面板上有扩展槽，没有插入模块时扩展槽有带螺丝的挡板封闭，如图3.59所示。使用时，将原挡板拆下，把模块插入交换机的扩展槽内即可。

(a)扩展槽在背板的交换机

(b)扩展槽在前面板的交换机

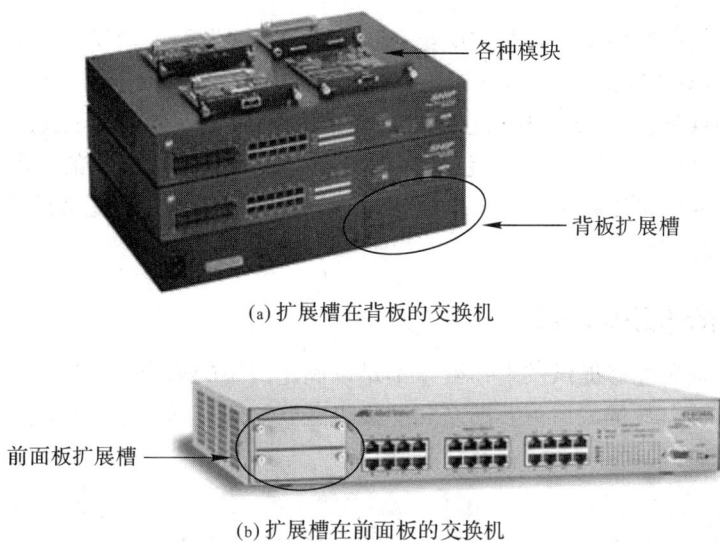

图3.59　模块化交换机

### 3. 按照工作层次划分

根据交换机工作的协议层次的不同,交换机主要分为二层交换机、三层交换机和四层交换机。交换(switching)是从一个端口接收帧,并将其转发到另一个端口的过程。简言之,二层交换是基于硬件芯片的桥接,三层交换是基于硬件芯片的路由选择,四层交换是基于硬件芯片的服务器负载均衡。

1)二层交换机

二层交换机在数据链路层工作,基于MAC地址完成不同端口间的数据交换,其工作原理可参见3.6.1节。如果没有特别说明,人们通常所说的"交换机"都是指二层交换机。二层交换机含有专门用于处理数据转发的ASIC(Application Specific Integrated Circuit,专用集成电路)芯片,因此转发速度快。各个厂商采用的ASIC不同,这直接影响了产品性能。二层交换机只能完成数据链路层的数据交换,它对高层(第三层以上)协议透明,容易引发广播风暴以及安全性问题。

2)三层交换机

在规模较大的网络中,通常需要划分VLAN来隔离广播,提高网络安全性和通信效率,而不同VLAN之间的通信只能依靠第三层设备来完成。工作在第三层的传统路由器可以完成VLAN间的路由,但是由于其端口数量有限、路由过程复杂、数据吞吐量较低,往往使其成为网络传输的瓶颈。因此,专用于解决VLAN间通信的三层交换机诞生了,它是将二层交换机和路由器的优势智能化结合的一个解决方案,三层交换机既能像二层交换机那样基于MAC地址来转发数据,也能像传统路由器那样基于IP地址实现路由功能。传统路由器采用软件来维护路由表,而三层交换机是通过专用的ASIC芯片来处理路由转发的,因此三层交换机的路由速度通常比传统路由器快十倍甚至数十倍。但是,三层交换机不能完全替代路由器,因为三层交换机所支持的路由协议非常有限,其路由功能比路由器要弱许多,而且三层交换机不能像路由器那样满足不同类型(包括局域网与广域网)网络的互连。

3）四层交换机

四层交换机工作在传输层，传输层是OSI模型的第四层，在TCP/IP协议栈中这是TCP（Transmission Control Protocol，传输控制协议）和UDP（User Datagram Protocol，用户数据报协议）所在的协议层。四层交换机在决定转发数据时不仅仅依据MAC地址或IP地址，还要根据TCP或UDP端口号区分数据包的应用类型，从而实现应用层的访问控制和服务质量保证。四层交换机可以将不同的访问请求，直接转发到提供相应服务的端口，从而实现对网络服务的高速访问。

### 3.6.3 交换机的级联与堆叠

当单一交换机所能够提供的端口数量不足以满足网络的需求时，需要两个或更多的交换机提供相应的端口数量，这就要涉及到交换机之间的连接问题。交换机之间的连接有级联和堆叠两种方式。

**1. 级联**

交换机之间的级联不受品牌和型号的制约，任何交换机都可以通过级联的方式连接在一起，因此，级联通常是解决不同品牌交换机如何连接的有效手段。另外，在早期的实际应用中，交换机和集线器之间的级联也很常见，这与多个集线器级联相比，带来的直接好处就是使连接到其上的网段相互隔离，每个网段是独立的冲突域，从而每个网段享有独立的带宽。如果用集线器相互连接，会使冲突域扩大，从而使网络的性能下降。今天的网络只涉及交换机的级联，级联既可使用专用的级联端口，也可使用普通端口。下面分别介绍不同的级联方式，无论采用哪一种级联方式，双绞线连接段的距离不能超过100米。

1）使用级联端口级联

一些交换机提供了专用级联端口（Uplink端口），如图3.60所示。这种端口与普通端口（如图3.60中的1x、2x等端口）的区别仅仅在于级联端口（或称上行口）符合MDI-II（Medium Dependent Interface - II mode，平行模式介质相关接口）标准（或称MDI），而普通端口符合MDI-X（Media Dependent Interface-X mode，交叉模式介质相关接口）标准。有一些交换机提供一个两用端口，并在该端口旁设置一个MDI/MDI-X模式切换按钮，用来切换该端口的端口类型（级联端口/普通端口）。

图3.60 级联端口

通常，一个交换机的级联端口与另一个交换机的普通端口连接时，二者之间使用直通线。如图3.61所示，可以将多个交换机的级联端口与另一台交换机的普通端口连接。

2）使用普通端口级联

对于没有提供级联端口的交换机，可以将多台交换机的普通端口通过交叉线连接在一起，如图3.62所示。若使用直通线连接两个普通端口，则会将一端的发送引脚与另一端的发送引脚对接起来，所以中间需要跳接，即采用交叉线连接，以使一端的发送引脚与另一端的接收引脚对接。大多数情况下，交换机之间都是通过普通端口连接。

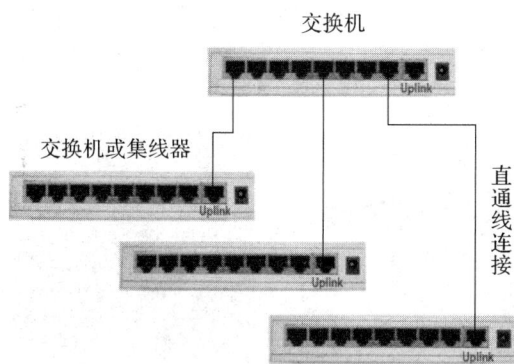

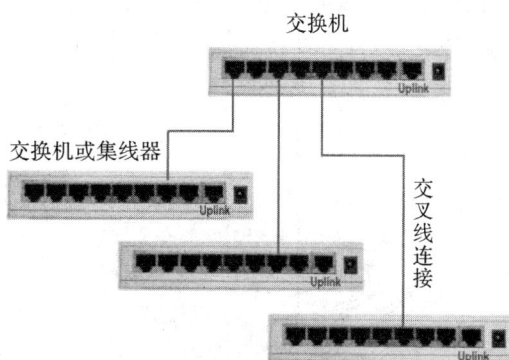

图3.61　利用直通线通过Uplink端口级联交换机　　　图3.62　利用交叉线通过普通端口级联交换机

值得一提的是，现在的大多数交换机、网卡等网络设备都具有MDI/MDI-X自动识别能力，人们称之为端口自动翻转（Auto MDI/MDI-X）功能，即端口可以自动识别连接的网线类型。无论用户采用直通线还是交叉线，设备均可自行识别，实现正确的收发对接。这使得交换机的级联，以及交换机与其他网络设备的连接更加简易方便。

3）使用光纤接口级联

如果交换机面板上提供了固定光纤接口或插接有光纤接口模块，则可以通过光纤接口实现交换机的级联，这样可以突破双绞线级联距离最大100米的限制，而且在级联设备间提供吉比特级的高带宽。能够提供光纤接口的常用模块有两种：GBIC（Gigabit Interface Converter，吉比特接口转换器）和SFP（Small Form-factor Pluggable，小型化可插拔），它们都支持热插拔。将GBIC模块或SFP模块插入插槽（如图3.63所示）后，可为用户提供高速的光纤接口。一个光纤接口由一个接收端口（RX）和一个发送端口（TX）组成，如图3.64所示。GBIC模块的端口顶部印有收发标志——左侧向内的箭头表示"接收"，右侧向外的箭头表示"发送"。

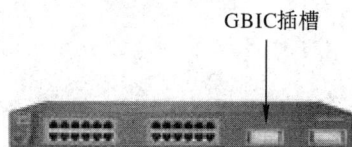

图3.63　带有GBIC插槽的交换机　　　图3.64　GBIC模块

GBIC模块是用于以太网和光纤系统间光电信号转换的标准接口器件，负责在发送时

将电信号转换为光信号，接收时将光信号转换为电信号。SFP模块（如图3.65所示）的功能和GBIC模块基本一致，体积约为GBIC模块的一半，使用SFP模块可以提供更高的端口密度，因此一些厂商常将SFP称为"miniGBIC"，目前SFP提供的接口最高速率可达10Gbps。下面以SFP为例简要说明光纤接口的安装方法：首先将SFP模块的拉手向上垂直翻起，卡住顶部卡扣，如图3.66（a）所示，然后用手（需佩戴防静电手环）捏住SFP模块两侧，将其水平地推入交换机的SFP插槽，直至SFP模块与插槽紧密接触，插接完成的SFP模块如图3.66（b）所示，不连接光纤时，需用防尘塞封闭接口。

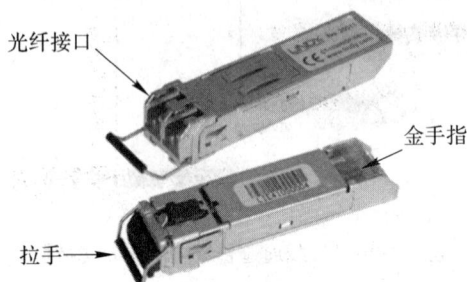

图3.65  SFP模块

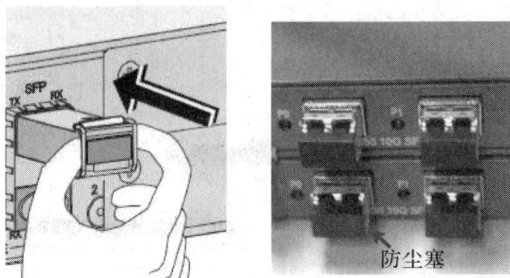

(a)将SFP模板插入SFP插槽    (b)插接好的SFP模板

图3.66  SFP模块的安装

两台交换机级联时需要两根光纤跳线，将一个交换机的TX、RX端口分别与另一个交换机的RX、TX端口连接，如图3.67所示。GBIC模块提供的光纤接口为SC型，SFP模块提供的光纤接口为LC型，GBIC和SFP提供的光纤接口以及对应的光纤连接器对比如图3.68所示。交换机级联时，如果双方交换机提供的都是SC型端口，则通过SC-SC光纤跳线连接；如果双方交换机提供的都是LC型端口，则通过LC-LC光纤跳线连接；若一台交换机提供了SC型端口，另一台交换机提供了LC型端口，则通过SC-LC光纤跳线连接。

图3.67  使用光纤级联的两台交换机

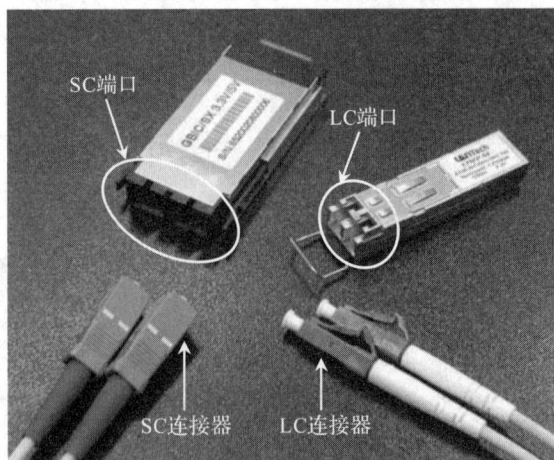

图3.68  GBIC和SFP适用的光纤连接器的对比

**2. 堆叠**

与级联不同，堆叠需要专用的堆叠模块和堆叠线缆，它们可能随机附带，也可能需要单独购买。具有堆叠模块(模块上提供堆叠端口)的交换机之间可以通过专用的堆叠线缆(长度一般为1.5 m左右)连接起来，在有限的空间内提供尽可能多的端口，由此可以看出堆叠的目的在于扩充交换端口，而不是扩展距离。堆叠后的所有交换机构成一个统一的逻辑单元，相当于一个具有高端口密度的交换机，如四个24端口的交换机堆叠起来的效果就等同于一个 96 端口的交换机，可将堆叠单元中所有的交换机视为同一台交换机进行管理，从而大大减少了管理的强度和难度，极大地节约了管理成本。另外，堆叠端口的带宽通常是交换机普通端口的若干倍，例如，将两台带宽为100Mb/s的交换机堆叠，堆叠后两台交换机之间的带宽可以达到千兆。所以与级联相比，堆叠意味着系统带宽的增加。

一般来说，不同品牌、不同型号的交换机可以互相级联。而堆叠则不同，由于各个厂商之间不支持混合堆叠，堆叠模式为各厂商制定，堆叠模块与堆叠线缆的设计也有差异，只能将支持堆叠的同品牌同类型交换机进行堆叠。因此，如果准备使用堆叠的方式扩充端口，就必须事先做好设备购置计划。

不同品牌的交换机支持堆叠的层数有所不同，堆叠的层数应参考可堆叠交换机的性能指标说明，其中有一个"最大可堆叠数"的参数，它是指一个堆叠单元中所能堆叠的最大交换机个数，这也意味着一个堆叠单元所能提供的最大端口密度。

一个交换机是否支持堆叠以及如何堆叠，取决于其品牌及型号。下面举例说明一种简单、常见的堆叠方法。

如果在可堆叠交换机的堆叠模块上提供两个端口：一个标注为"UP"，另一个标注为"DOWN"，则一般的堆叠方法是：将与交换机产品匹配的专用堆叠线缆的一端插入上面一台交换机堆叠模块的"DOWN"端口，另一端插入下面一台交换机堆叠模块的"UP"端口。重复这一步骤，从最下面一台交换机的"DOWN"端口到最上面一台交换机的"UP"端口形成一个简单的链，如图3.69所示，四个交换机堆叠形成了一个堆叠单元。这种堆叠方法被称为菊花链式堆叠。

图3.69 菊花链式堆叠

### 3.6.4 实例：组建一个实验室局域网

为了满足教学需求，方便开展教学实践活动，现在学校里的计算机机房都已连网。一个实验室中的计算机网络是一个小型局域网，可以直接(或通过代理服务器)与校园网或Internet连接。下面就以组建一个简单实验室局域网为例，简要介绍基于二层交换机的小型局域网的组建。

本实例中的实验室包含64台PC，1台打印机和1台双网卡服务器。64台PC需共享打印机和服务器资源，并通过服务器接入外部网络(校园网或Internet)。首先应根据各个设备的数量、功能以及物理位置的布局方式来合理规划网络，最为常见的布局方式有小组型和教室型两种，如图3.70所示。假设本例中的实验室采用小组型布局，4台PC为一个小组，共16组，每组使用一台8端口的交换机连接，共需16台这样的交换机，然后再将这些交换机与一台中心交换机级联，组建的实验室局域网如图3.71（a)所示。当然也可以将多个

小组连接在同一台交换机上，比如每4个小组（共16台PC）与一台交换机相连，如图3.71
（b）所示，再将所有连接PC的交换机与中心交换机级连，这样一来，极大地减少了交换机
的使用数量，但是每台交换机的端口数量必须增加。

(a) 小组型　　　　　　　　　　　　　　　　(b) 教室型

图3.70　实验室局域网的常见物理布局

　　图3.71中双网卡服务器充当实验室的网关设备，将内部和外部网络互连起来，其内网
卡连接至中心交换机，即与内部网络相连；其外网卡连接至墙壁上的信息模块端口，即与
外部网络相连。通常实验室会安装打印机，为用户提供基于网络的打印服务。图3.71中的
打印机具有网络连接端口，因此可以直接将其连接在交换机上，若打印机没有提供专用的
网络端口，则可将其连接至服务器，同样可以实现多用户打印共享。

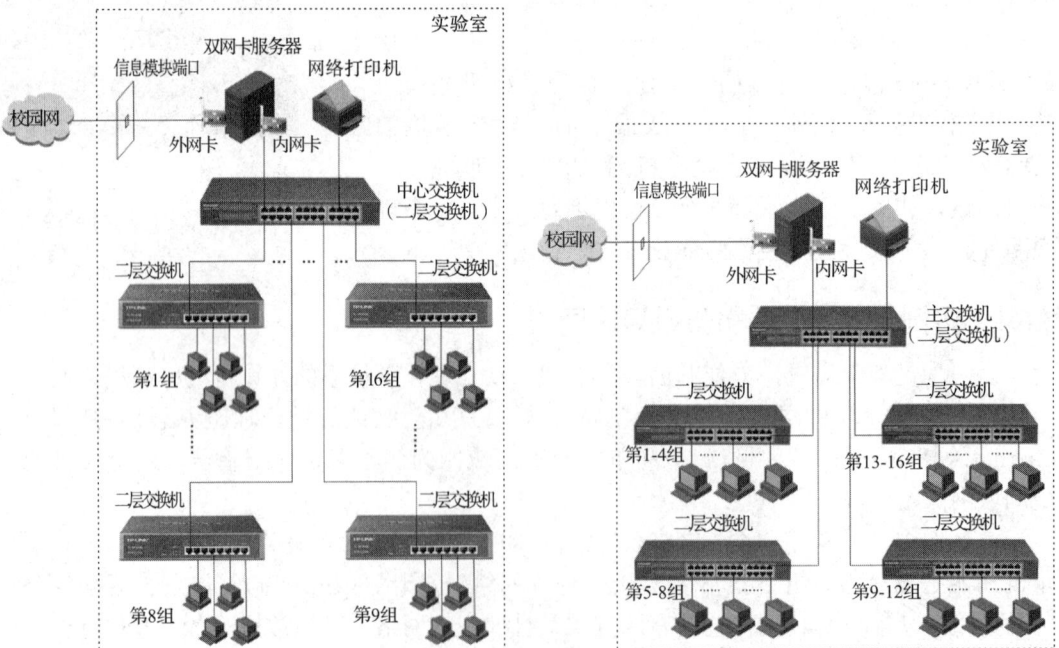

(a) 方案一　　　　　　　　　　　　　　　　(b) 方案二

图3.71　实验室局域网的连接方案

# 3.7 路 由 器

## 3.7.1 路由器概述

### 1. 路由

所谓路由就是指通过相互连接的网络把数据包从源站传送到目的站的活动。在路由过程中数据包通常会经过一个或多个中转结点(即路由器),这些沿途的路由器会沿着一条最佳路径转发数据包,直至目的地。早在上世纪80年代之前,路由技术就已问世,但是由于那时的网络结构都非常简单,路由技术并没有多少用武之地。今天,伴随着网络互连规模的迅速扩大,路由器技术也得到了长足的发展,其发展历程和发展方向,已成为整个互联网研究的一个缩影。

### 2. 路由器的作用

路由器(Router)用于连接不同的网络,是网络之间互相连接的枢纽。通常,异构网络(物理层和数据链路层技术不同的网络)互连或多个子网互连都应采用路由器来完成。路由器以及它们之间的连接构成了互联网的主体脉络。路由器的主要工作就是为经过路由器的每个数据包寻找一条最佳传输路径,并将该数据有效地传送到目的地。路由器为数据包选择转发路径的过程称为路由选择。数据包由源站点出发到达目的站点的路径可能存在多条,路由器的工作是在这多条路径中选择出一条最佳路径,所谓"最佳"是指对于某种特定要求所得出的较为合理的选择,比如传输链路带宽最高,数据包传输时延最短等。路由选择协议可以帮助路由器选择最佳路径,路由选择协议的核心是路由算法,路由算法的执行结果用于生成路由表,路由表由多条记录组成,每条记录包含目的网络,下一跳路由器地址,度量等重要路由信息,这些信息供路由选择时使用。当路由器接收到一个数据包后,会从中提取出目的IP地址,然后查询路由表,找到匹配记录,从而确定该数据包的转发出口。路由器运行路由选择协议生成路由表的过程是动态的,当网络拓扑结构或状态发生改变时,往往会使相关联的路径发生改变,这时路由器会根据当前网络系统的运行情况而自动调整路由,重新计算数据传输的最佳路径,自动更新路由表的相关记录。当然,路由表中的记录也可以由系统管理员手动添加,而无需路由选择协议的参与,但是这种静态的方式不能自适应网络的动态变化。

人们经常将路由器和交换机进行对比,主要因为在普通用户看来两者都是采用存储转发策略在网络中转发数据,所实现的功能似乎是一样的。但是路由器与交换机(此处不考虑三层交换机及VLAN划分问题)有着本质的区别:

首先,路由器和交换机的功能不同,交换机可用于扩展单个网络的范围,而路由器才能实现各种网络间的互连。

交换机可以互连不同的物理网段,但是从网络互连的角度而言,这些互连在一起的网段仍然属于一个单一的网络,即交换机不能隔离广播域,所有使用交换机互连的网段同处于一个广播域中,广播数据包会从一个网段扩散至交换机连接的所有网段上。路由器可以互连多个不同的网络,一个网络上的广播数据包不会穿过路由器向另一个网络扩散,即路由器可以隔离广播域,换句话说,路由器上的每个网络接口连接的是一个独立的网络。交换机多用于局域网内部站点或网段的连接,实现单个网络内部的通信,而路由器支持各种网络接口，可以用于各种网络的互连，实现不同网络间的相互通信。

其次，路由器和交换机的工作层次、实现机制和处理速度不同。

交换机工作在数据链路层，直接根据物理地址（即MAC地址）选择转发端口，算法简单，便于硬件实现。而路由器是根据逻辑地址（即IP地址）寻址，处理过程相对复杂，需基于专用软件来完成，因此交换机对数据的处理速度比路由器快很多。这使得路由器的处理速度往往成为网络通信发展的主要瓶颈之一，路由器的可靠性则直接影响着网络互连的质量。

### 3.7.2　路由器的分类

路由器的分类方式很多，一个产品往往可以归入多个类别。下面主要从结构和性能上讨论路由器的类别。

#### 1. 按结构分类

1）非模块化结构路由器

非模块化结构路由器只能提供固定类型和数量的端口，可扩展性较差，价格比较便宜。低端路由器一般为非模块化结构，图3.72为一台固定配置桌面路由器。

2）模块化结构路由器

模块化结构可以灵活地配置路由器，以适应企业不断增加的业务需求，扩展性好，可以支持多种端口类型（如以太网接口、快速以太网接口、高速串行口等）和多功能模块，可以选择各种类型端口的数量以及各种功能选项。中高端路由器一般为模块化结构。图3.73为一台模块化结构路由器，在图中可以看到背板上安装的各种模块。

图3.72　固定配置桌面路由器　　　　　图3.73　模块化结构路由器

#### 2. 按性能分类

1）低端固定路由器

低端固定路由器的端口及数量是固定的，性能、功能和扩展能力比较有限，且不提供容错功能。此类路由器的作用是将LAN连接到WAN。WAN连接一般可用拨号调制解调器、ISDN（Integrated Services Digital Network，综合业务数字网）、X.25、DSL或Cable Modem等。购买设备时，需要选择WAN连接、以太网端口数，但购买之后不能更改这些选件。WAN连接内置于路由器硬件，在用户要求发生变化时无法更改。这类路由器是针对简单网络设计的，故可管理性有限，升级能力也比较差。低端固定路由器可用于将小型公司接入Internet，或者将小型分支机构连接至中型公司或地区性公司总部。图3.74为Cisco 800系列路由器，支持的接口和相应协议较少，没有模块插卡，适合不超过20个用户的小型办公室。

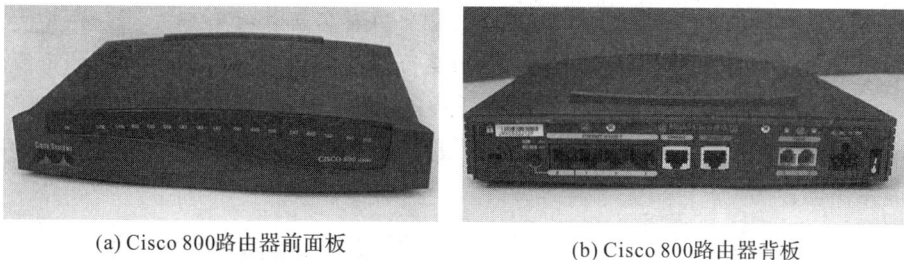

(a) Cisco 800路由器前面板  (b) Cisco 800路由器背板

图3.74 Cisco 800系列路由器

2）低端可变路由器

低端可变路由器提供的功能类似于低端固定路由器，但低端可变路由器的硬件可以升级，允许根据变化而更新选件。通常，低端可变路由器支持不同类型的WAN连接或多个WAN接口。因为可以升级，此类路由器与低端固定路由器相比价格更高。低端可变路由器常常用在预计需求将有增长的小型或分支机构中。尽管可变路由器的初始成本比固定路由器高，但因为可以通过设备升级来满足日后的需求增长，且不必更换路由器，因而长远来看，可变路由器更加经济有效。图3.75为Cisco 1600系列路由器，它能够通过软件或硬件变化，以较小的新增成本迅速灵活地增加、更新或改变广域网服务。如一个小型办事处最初可能选择ISDN的WAN连接方式，而现在想更换为另一种广域网服务，只需安装一个提供相应广域网服务的广域网接口即可，不必更换路由器。这种方案降低了初始投资成本，并保护了投资，延长了设备生命周期。

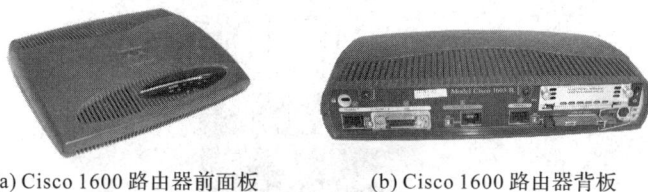

(a) Cisco 1600 路由器前面板  (b) Cisco 1600 路由器背板

图3.75 Cisco1600系列路由器

3）中端路由器

中端路由器提供了更多的电源和硬件扩展功能，提供了多个LAN端口和WAN端口，网络连接速度更快。中端路由器在WAN和LAN连接方面灵活性很高且功能可以随着技术发展而升级，生命周期较长。中端路由器可以用作中型组织或大型分支机构的核心路由器，将大型分支机构连接至总部。图3.76所示为Cisco 3600系列路由器，它属于高性能的模块化结构路由器，有广泛的介质支持，包括异步和同步串行、ISDN、多路T1/E1、以太网、快速以太网、令牌环网、数字调制解调器和ATM。Cisco 3600系列路由器提供70多个模块化接口选项，适合大中型企业和Internet服务供应商。

4）高端路由器

高端路由器提供了高性能、增强的扩展性和卓越的容错性与可用性。在高端路由器中，硬件设计非常灵活。与中端路由器一样高端路由器也提供了多个连接选件，以及多电源、多处理器等其他选件，并提供了可提高设备复原能力的功能。这一类路由器主要用于通过高速链路连接不同的网络，并在各站点之间传输大量数据。高端路由器的用途极其广泛，并支持大量 WAN 与 LAN 协议，以及铜缆和光纤等各种传输介质，适合作为大型网络的高性能核心设备。图 3.77 所示为 Cisco 7600 系列高端路由器，它具有卓越的可靠性、可扩展性、服务能力和其他性能特性，提供了从 DS0 到 OC-48/STM-16 的 WAN 连接以及从 10Mbps 以太网到千兆位以太网的 LAN 接口，是可以部署于运营商网络边缘和企业网核心的高性能路由器。

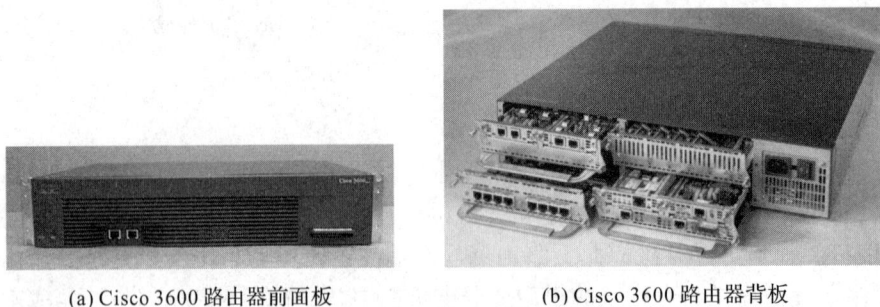

(a) Cisco 3600 路由器前面板　　　　　　(b) Cisco 3600 路由器背板

图3.76　Cisco 3600系列路由器

图3.77　Cisco 7600系列高端路由器

### 3.7.3　路由器的端口与连接

　　路由器的端口主要分为配置端口、局域网端口和广域网端口三类，其中配置端口用于设备的管理配置，局域网端口和广域网端口用于连接网络。路由器可以连接多个网络，若网络类型不同，连接时使用的介质和端口类型也不同。以 Cisco 路由器为例，一般情况下，配置端口和以太网端口是面板上的固定配置；而像串口等广域网端口通常采用模块化设计。购机时路由器面板的标准配置里往往找不到这些端口，用户需根据网络连接需求，另外选购带有特定类型端口的模块，然后将模块安装在网络模块插槽里，从而为路由器增加某种类型的端口。下面分别介绍路由器的常见端口，并结合图示了解它们的外观与标识。

　　**1. 配置端口**

　　路由器内部有CPU、内存、系统总线、输入输出端口等，所以路由器是与普通计算机功能不同的特殊计算机，路由器功能的实现，除了要有硬件支持外，还需要一个操作系

统。通过操作系统可以对路由器进行具体地配置，使得路
由器按特定的方式工作。但是路由器没有键盘、显示器等
外设，只能通过其他终端连接到自身来完成配置。通常，
用安装有虚拟终端的计算机来充当这个配置终端。首先就
是要将计算机连接到路由器的配置端口。配置端口有两个：
分别是Console端口和AUX（Auxiliary）端口，它们都是

图3.78　Console端口和AUX端口

RJ-45端口，如图3.78所示。Console端口主要用于路由器的现场配置，需通过专用线缆直
接连接至计算机，而AUX端口用于路由器的远程配置。

### 1）Console 端口

Console端口，中文译为控制台端口。当使用计
算机配置路由器时，需使用翻转线（rollover cable）将
路由器的Console端口（RJ-45）与计算机的串口（DB-9）
连接在一起，翻转线的两端线序正好相反，如图3.79
所示。翻转线与计算机的串口连接需要通过RJ-45-to-
DB-9转换适配器，如图3.80所示。连接好后，通过
计算机上的终端仿真程序（如Windows下的"超级终
端"）对路由器进行配置。对路由器的初次配置以及
以后的主要配置都是通过Console端口来进行的。

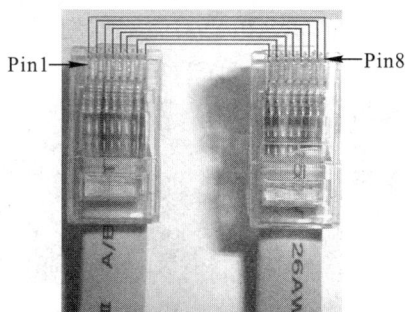

图3.79　翻转线

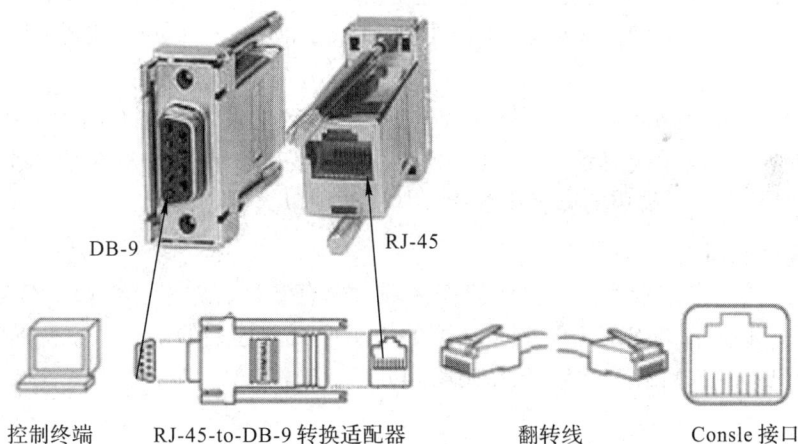

图3.80　计算机与Console 端口的连接

### 2）AUX 端口

AUX端口主要用于路由器的远程配置。路由器通过AUX端口与调制解调器连接后，
用户可以通过拨号方式连接到路由器，对其进行远程配置。连接时，连接电缆的一端是
RJ-45插头，用来插入路由器的AUX端口中；另一端需根据调制解调器的端口情况来选
择使用RJ-45-to-DB-9或RJ-45-to-DB-25转换适配器，然后将DB-9（或者DB-25）一端接入
Modem的串口中。

### 2. 局域网端口

路由器提供的局域网端口是比较丰富的，用户可以根据本地网络的类型来选择端口类

型。早期局域网端口主要包含 AUI、BNC 和 RJ-45 端口等。由于技术的不断更新，现在路由器上提供的局域网端口多为 RJ-45 端口和光纤端口。

1）RJ-45 端口

用于连接以太网的 RJ-45 端口是路由器上最常见的端口，用于连接局域网交换机或另一台路由器。按照传输速率的大小，可以将 RJ-45 端口分为 10BASE-T、100BASE-T 和 1000BASE-T 三种。10BASE-T 端口提供 10Mb/s 的传输速率，一般标注为"Ethernet+序号"，如 Ethernet 0，Ethernet 1 等，如图 3.81 所示。Ethernet 也可以简单标注为 ETH 或者 E；100BASE-T 端口提供 10/100Mb/s 的传输速率，一般标注为"FastEthernet+槽位/序号"，如 FastEthernet0/0，如图 3.82 所示，FastEthernet 也可简单标注为 FE；1000BASE-T 端口提供 10/100/1000Mb/s 的传输速率，一般标注为"GigabitEthernet+槽位/序号"，GigabitEthernet 也可简单标注为 GE 或 GbE。

图3.81 路由器上的Ethernet端口　　　　图3.82 路由器上的FastEthernet端口

路由器通过 Ethernet 端口与局域网交换机连接时，应使用直通线；若两台路由器直接连接，或者路由器与一台主机直接相连（不通过交换机），应使用交叉线。当然，如果路由器的 Ethernet 端口提供端口自动翻转（Auto MDI/MDI-X）功能，使用线缆时可以不遵循以上原则。

2）光纤端口

一些中高端路由器会提供光纤端口，常见的光纤端口有 SC 和 LC 两种。SC 端口和 LC 端口外形相似，但后者较前者尺寸小，具体可以参考 3.6.3 节的相关内容。路由器通常通过光纤端口与具有光纤端口的交换机连接，从而实现以太网的连接。

**3. 广域网端口**

广域网的接入方式有多种，对应的连接端口也有多种，如串行端口、ISDN 端口、帧中继端口等。串行端口（Serial Port）是典型的用于广域网连接的端口，支持的物理层协议主要有 EIA/TIA-232（V.24/V.28）、EIA/TIA-449（V.36）、V.35、X.21、EIA-530。

1）异步串口

异步串口主要是用于连接调制解调器，从而实现远程计算机通过公用电话网拨号入网。异步串口有两种：一种是设置为异步方式的同步/异步串口，一种是专用异步串口。路由器上的异步串口一般标注为"ASYNC+序号"，如图 3.83 所示为 DB-68 异步串口（2 针高，34 针宽）。

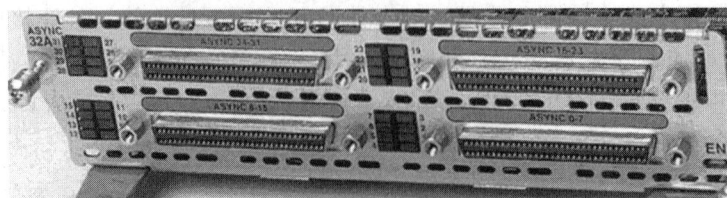

图3.83 DB-68异步串行口

2）同步串口

同步串口可以外接多种类型电缆，支持多种数据链路层协议。路由器上的同步串口一般标注为"SERIAL+序号"，如图3.84(a)所示为DB-60端口（4针高，15针宽），图3.84(b)为Smart Serial端口（即Cisco智能串口，2针高，13针宽）。由于Smart Serial端口较传统的DB-60端口体积小，因此Smart Serial端口能够提供更高的端口密度。

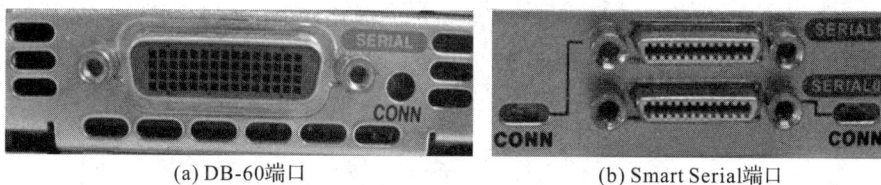

(a) DB-60端口　　　　　　　　　　　　(b) Smart Serial端口

图3.84　同步串行口

路由器通过串口与外部设备相连时，需根据外部设备的端口类型来选配合适的连接电缆，如Smart Serial端口能够通过不同的传输电缆（如CAB-SS-V35、CAB-SS-232、CAB-SS-449、CAB-SS-X21等）与各种类型的电气端口连接，如图3.85所示。

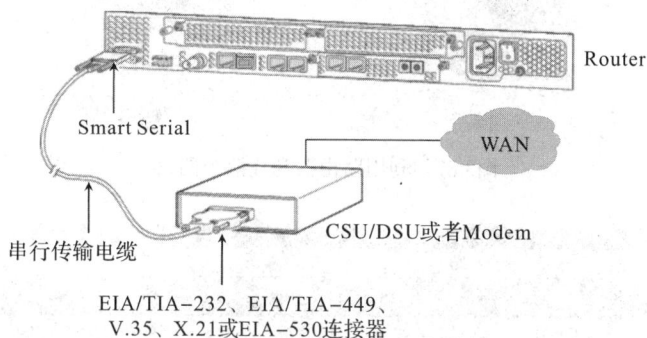

图3.85　路由器串口与外部设备端口连接

图3.86所示为路由器通过串口与广域网连接的示意图，其中WAN若为数字链路，入网设备则使用CSU/DSU（Channel Service Unit/Data Service Unit，通道服务单元/数据服务单元）。CSU是用于连接终端用户和本地数字电话环路的数字接口设备，DSU是用于数字传输的一种设备。如果图3.86中WAN是模拟链路，则入网设备使用Modem。

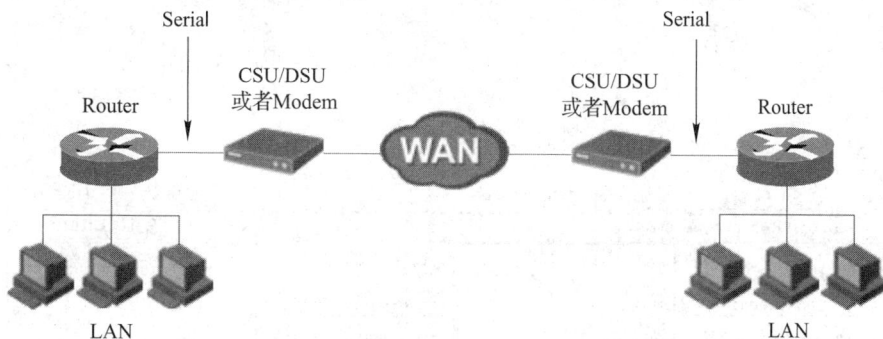

图3.86　路由器通过串口与广域网连接

### 3.7.4 实例：使用路由器实现网络互连

路由器最基本的功能是网络互连，最简单的网络互连范例如图3.87所示，一个路由器连接两个网络，实现网络间的通信。其中交换机不需要配置就可以使所连主机相互通信，但是路由器则不同，路由器必须进行必要的配置才可以正常工作，即连通网络。下面将基于Cisco公司发布的辅助学习工具Packet Tracer，完成路由器的相关配置，实现网络间的连通。Packet Tracer为初学者设计网络、配置设备、排除网络故障提供了网络模拟环境。限于篇幅，有关Packet Tracer的具体使用方法，请读者自行查阅相关资料或书籍，这里不再详述。

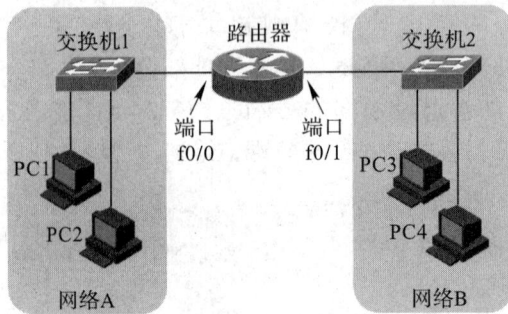

图3.87　利用路由器互连两个网络

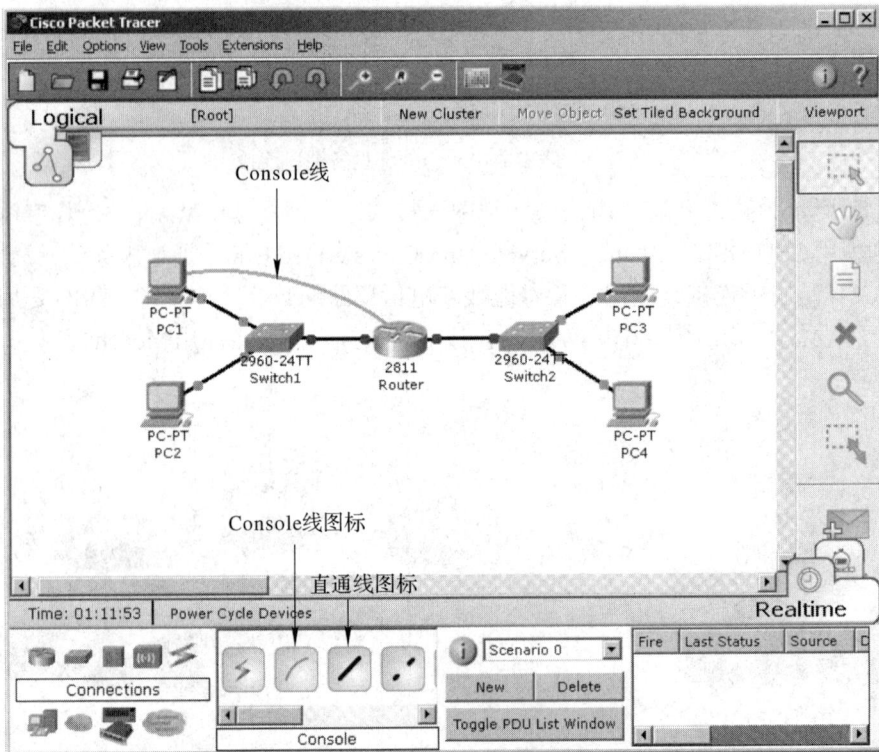

图3.88　Packet Tracer主界面

**1. 网络拓扑搭建**

打开安装好的Packet Tracer软件，如图3.88所示，在主界面下方先后选择适当型号的路由器1台、交换机2台、主机4台，并依次将设备图标拖拽至窗口中间的空白区域，调整其相对位置，然后再重复点选"直通线"图标依次完成各个设备"FastEthernet"端口的连接。根据图3.87所示的拓扑，需将路由器的FastEthernet 0/0端口与左侧网络A的交换机1相连，将路由器的FastEthernet 0/1端口与右侧网络B的交换机2相连。

**2. 主机协议参数配置**

（1）依次完成4台主机的协议参数（参见表3-4）配置。过程如下：在图3.88所示窗口中，单击要配置的PC，打开如图3.89所示的PC设置窗口，点选"Desktop"选项卡，然后点击"IP Configuration"选项，打开IP配置窗口，输入相应参数，关闭窗口即可。

**表3-4 主机的协议参数**

| 主机 | IP地址 | 子网掩码 | 默认网关 |
| --- | --- | --- | --- |
| PC1 | 192.168.0.2 | 255.255.255.0 | 192.168.0.1 |
| PC2 | 192.168.0.3 | 255.255.255.0 | 192.168.0.1 |
| PC3 | 192.168.1.2 | 255.255.255.0 | 192.168.1.1 |
| PC4 | 192.168.1.3 | 255.255.255.0 | 192.168.1.1 |

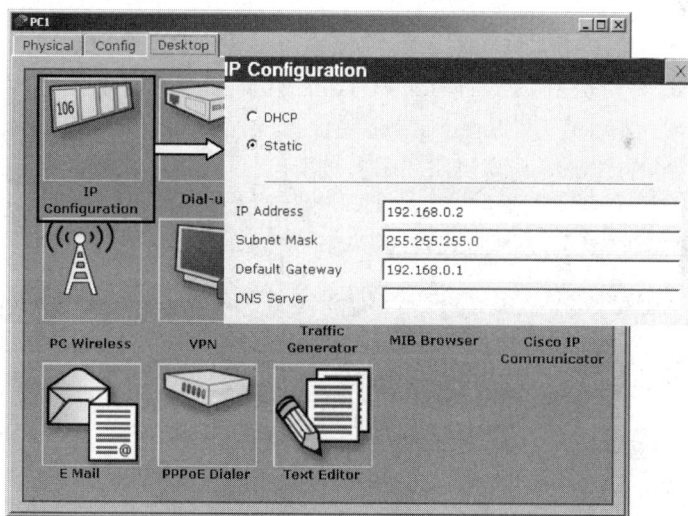

图3.89 PC协议参数设置窗口

（2）在配置路由器之前，利用ping命令测试设备间的连通性。这里以PC1 ping PC3为例，说明在Packet Tracer中ping操作的过程：在图3.88所示窗口中，单击PC1，打开如图3.89所示的PC协议参数设置窗口，点选"Desktop"选项卡，然后点击"Command Prompt"选项，打开命令提示符窗口（如图3.90所示），执行命令ping 192.168.1.2，会显示"Request time out"，表示PC1和PC3不连通。

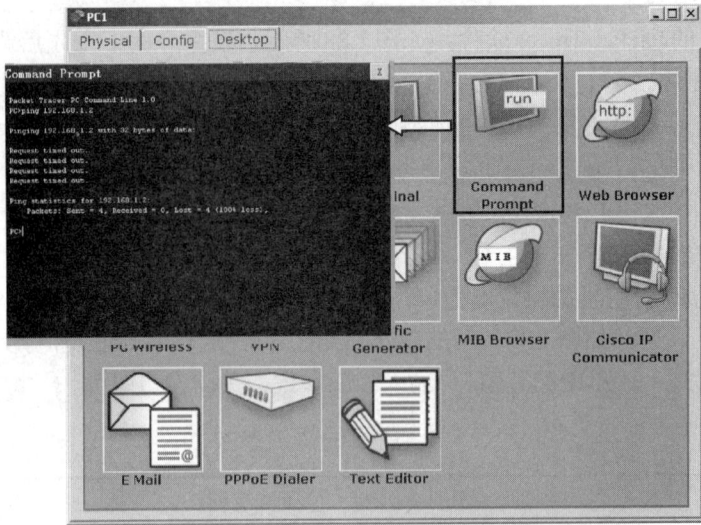

图3.90　ping 操作的过程

（3）重复上一步操作，完成其他主机间的连通性测试。这时，同属于网络A的PC1和PC2可以相互ping通，属于网络B的PC3和PC4也可以相互ping通，但是PC1和PC2无法ping通PC3和PC4，这表明路由器配置之前，网络A与网络B无法连通。

**3. 配置路由器**

（1）如图3.88所示，使用Console线将任意一台PC（例如PC1）的"RS-232"端口与路由器的"Console"端口连接。然后单击PC1，打开如图3.91所示的PC设置窗口，点选"Desktop"选项卡，然后点击"Terminal"选项，打开"Terminal Configuration"窗口，点击"OK"，便打开了PC的超级终端窗口，如图3.92所示。

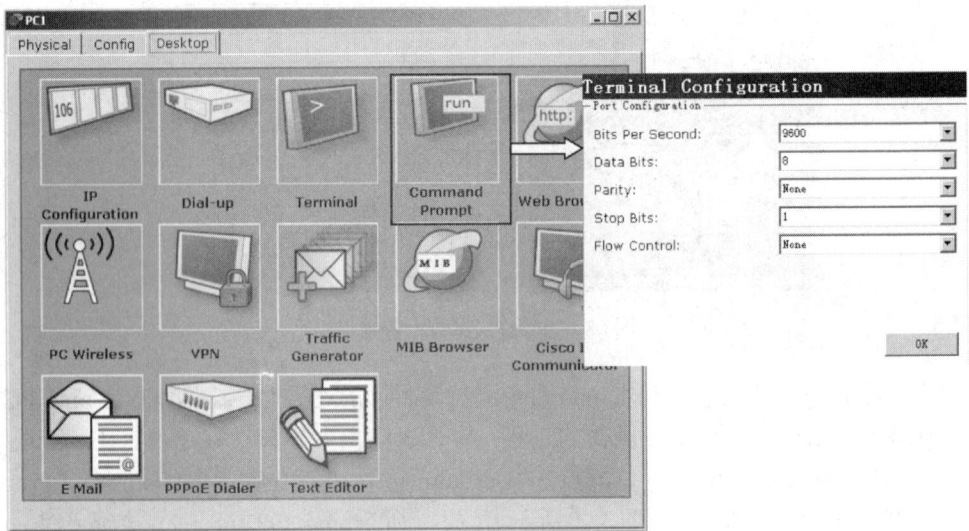

图3.91　PC机设置窗口

（2）在如图3.92所示的超级终端窗口中完成以下配置，其中加粗部分为输入的命令。

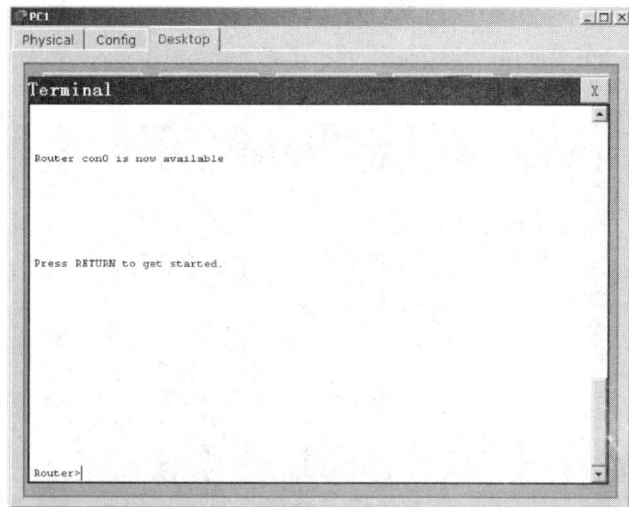

图3.92 PC的超级终端窗口

```
Router>enable                           // 进入特权模式
Router#config terminal                  // 进入配置模式
Enter configuration commands, one per line.  End with CNTL/Z.
Router(config)#interface f0/0           // 指定端口FastEthernet0/0
Router(config-if)#ip address 192.168.0.1 255.255.255.0 // 设置IP地址和子网掩码
Router(config-if)#no shutdown           // 激活端口

%LINK-5-CHANGED: Interface FastEthernet0/0, changed state to up

%LINEPROTO-5-UPDOWN: Line protocol on Interface FastEthernet0/0, changed state to up

Router(config-if)#exit
Router(config)#interface f0/1           // 指定端口FastEthernet0/1
Router(config-if)#ip address 192.168.1.1 255.255.255.0    // 设置IP地址和子网掩码
Router(config-if)#no shutdown           // 激活端口

%LINK-5-CHANGED: Interface FastEthernet0/1, changed state to up

%LINEPROTO-5-UPDOWN: Line protocol on Interface FastEthernet0/1, changed state to up

Router(config-if)#end                   // 返回特权模式

%SYS-5-CONFIG_I: Configured from console by console
Router#copy run start                   // 保存配置信息
Destination filename [startup-config]?
Building configuration...
[OK]
```

**4. 进行网络间连通性测试**

参照前文描述的ping操作的过程，完成网络A中的主机PC1或PC2与网络B中的主机PC3或PC4间连通性的测试。这时两个网络中的主机可以相互ping通了（如图3.93所示为

PC1 ping 通了 PC3），这说明路由器已经开始正常工作，能够正确路由数据包了。

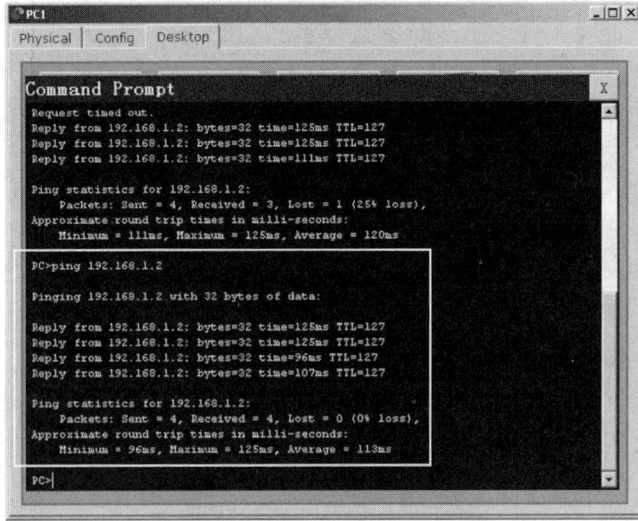

图3.93　主机连通性测试

# 3.8　无 线 设 备

## 3.8.1　无线个域网技术与设备简介

无线个域网（Wireless Personal Area Network，WPAN）是一种满足小范围内网络应用需求的短距离无线通信技术，采用无AP（Access Point，接入点）的组网方式，即自组织网络（ad-hoc network）方式。WPAN主要应用于个人用户工作空间，用于实现同一地点邻近终端之间的短距离（典型距离为1～10 m）通信。IEEE 802.15是IEEE针对WPAN技术成立的工作组，负责WPAN底层标准化工作。IEEE 802.15下设多个任务组，其中TG1（Task Group 1）组制订IEEE 802.15.1标准，即蓝牙（Bluetooth）无线通信标准，适用于手机、PDA等设备的中等速率、短距离通信。TG3组制订IEEE 802.15.3标准，研究高速WPAN，如超宽带（Ultra-wideband，UWB）技术，适用于WPAN中高速率多媒体数据传输。TG4组制订IEEE 802.15.4标准，研究低速WPAN，如ZigBee技术，把低能量消耗、低复杂度、低速率传输、低成本作为重点目标，旨在为个人或者家庭范围内不同设备之间的低速互联提供统一标准。以上三个标准的工作频率与传输速率如表3-5所示。

表3-5　IEEE 802.15标准的工作频率与传输速率对比

| 标准 | IEEE 802.15.1 | IEEE 802.15.3 | IEEE 802.15.4 | | |
|---|---|---|---|---|---|
| 工作频率 | 2.4 GHz | 3.1～10.6 GHz | 868 MHz | 915 MHz | 2.4 GHz |
| 传输速率 | 1 Mb/s | >100 Mb/s | 20 kb/s | 40 kb/s | 250 kb/s |

### 1. 蓝牙

蓝牙技术于1994年由爱立信公司首先提出，当时主要用于移动电话及其附件间的短距离无线连接。1998年，爱立信、IBM、诺基亚和东芝等公司成立了蓝牙特别兴趣组

（Bluetooth Special Interest Group，Bluetooth SIG），也称蓝牙技术联盟，自此，该项技术也开始用于 PC 和其他设备间的短距离无线通信。现在，Bluetooth SIG 负责蓝牙技术规范的发布和蓝牙相关产品的认证，以及"Bluetooth"商标（如图 3.94 所示）的保护和蓝牙技术的宣传推广。蓝牙技术基于 IEEE802.15.1 标准，作为一种电缆替代技术，可以在短距离范围内（如多数蓝牙应用中两点间距约在 10m 以内）方便地实现设备之间的无线连接，具有低成本、低功耗、可靠性高、抗干扰能力强、组网灵活等特点，是实现短距离无线数据传输的理想选择。

目前蓝牙技术已成为 WPAN 的主流技术之一，并在计算机、电话、汽车、医疗、运动健身、家电等领域的相关产品中得到了非常广泛的应用。例如，如图 3.95 所示，支持蓝牙技术的打印机无需借助 PC 和有线连接，便可直接与已开启蓝牙功能的手机建立无线连接，打印手机照片。当然，公司若要在其产品或服务中使用蓝牙技术，则需成为 Bluetooth SIG 会员并交纳蓝牙使用费和产品认证费用。

图3.94 "Bluetooth"商标

图3.95 最小的蓝牙网络

具有蓝牙功能的设备相互连接构成一个微型自组网络，称为 Piconet（微微网），如图 3.96（a）所示。Piconet 的建立过程是自动的，并且是动态的，它允许一个蓝牙设备随时加入或离开其信号范围。Piconet 有 3bit 的地址空间，这使得 Piconet 中的设备数量最多为 8（即 $2^3$）个，包含 1 个主设备（Master）和最多 7 个从设备（Slave）。主设备主要负责提供时钟同步信号和跳频序列。Piconet 的建立过程是设备的发现过程，以及主、从设备配对过程的不断重复。在一个 Piconet 中，所有设备（无论主从）的操作权限是相同的，每一个设备都可以和其他七个设备进行通信。每一个从设备都通过一个物理信道依附于主设备，所有的数据传输都由主设备管理。主设备会持续地询问每台从设备，看它是否需要服务。同时，主设备负责同步所有的从设备，以保证时间相一致。

若干 Piconet 可以彼此互连，组成散射网（Scatternet），或称分散网，以突破单个 Piconet 的设备数量限制（最多 8 个）。换言之，Scatternet 是由两个或更多 Piconet 组成的 ad-hoc 网络。在 Scatternet 中，一个蓝牙设备可能既属于 Piconet A，又属于 Piconet B，如图 3.96（b）所示。需要注意的是，一个蓝牙设备可以同时在几个 Piconet 中充当从设备，例如图 3.96（b）中同时处于 Piconet A 和 Piconet C 的那部手机，但是一个蓝牙设备只能在一个 Piconet 中充当主设备。

蓝牙系统工作在全球绝大多数国家开放使用的 2.4 GHz ISM 频段（参见 2.5.1 节），由于工作在这个频段的产品非常多（如无绳电话、汽车开门器、微波炉等），为了减少相同频段的其他应用带来的干扰，蓝牙系统采用了快速跳频扩频（Frequency-Hopping Spread Spectrum，FHSS）技术，将整个频段划分成 79 个频道，每秒内的频道跳换次数可达 1600 次，抗干扰能力强。目前，蓝牙的数据传输速率最高可达 3 Mb/s，但是随着设备间传输数据容量的不断增加，用户期望得到更高的数据传输速率，而蓝牙在与其他基于 WPAN 标准的较高速率的无线通信技术竞争时，其物理层技术规范在某种程度上限制了其应用范围的发展。

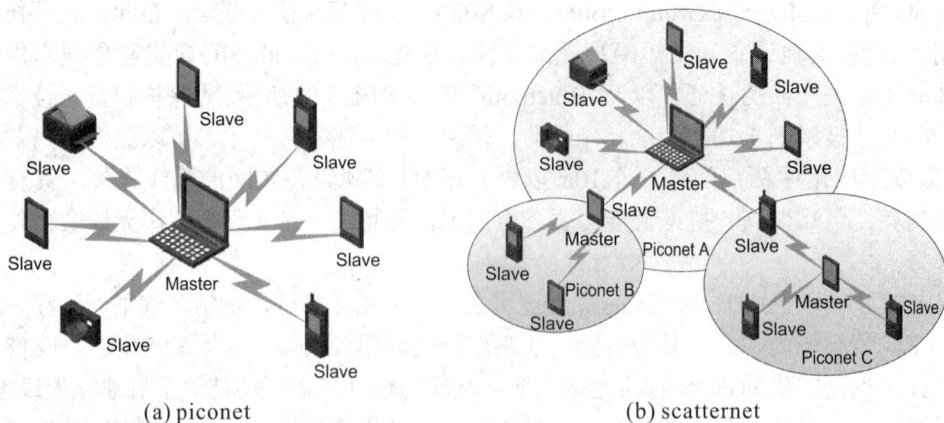

(a) piconet          (b) scatternet

图3.96   蓝牙自组网

### 2. ZigBee

ZigBee是一种低数据速率的短距离无线通信技术，最高传输速率参见表3-5。ZigBee具有低复杂度、低功耗、低成本等优点。ZigBee网络的功耗远低于蓝牙，电池寿命可长达数月甚至数年。

2001年，ZigBee联盟成立，ZigBee联盟致力于无线网络监测和控制领域产品的开放式全球标准的形成与推广。2002年，英国因维斯（Invensys）公司、日本三菱电气（Mitsubishi Electric）公司、美国摩托罗拉（Motorola）公司以及荷兰飞利浦（Philips）半导体公司共同宣布加入ZigBee联盟，拉开了研究名为"ZigBee"的下一代无线通信标准及技术的序幕。至今，该联盟已包括全球几百家成员企业，覆盖了半导体生产商、服务提供商、消费类电子厂商及原始设备制造商（Original Equipment Manufacturer，OEM）等。多年来，ZigBee联盟极大地推动了ZigBee技术的发展与应用普及。ZigBee技术的应用主要包括以下几个方面：

• 家庭控制和楼宇自动化：家用电器的远程控制、煤气计量控制、安全监控、照明控制、门禁控制等；

• 工业控制：过程监控、环境监测与能源控制等；

• 能源管理：需求响应、计量与监测控制和数据采集等；

• 医疗：病情监控与诊断、个人健康情况监控等；

• 农业：农作物监测等。

ZigBee协议规范采用分层结构，主要分为四层：物理层、媒体访问控制层（MAC层）、网络层和应用层。其中物理层和媒体访问控制层直接引用IEEE802.15.4标准，网络层和应用层使用由ZigBee联盟制定的规范，因此可以将ZigBee标准表示为"ZigBee/IEEE 802.15.4"。

根据设备角色和地位的不同，ZigBee标准将网络中的设备分为三种类型：协调器（Coordinator）、路由器（Router）和端设备（End Device）。如图3.97所示，每个ZigBee网络必须有一个协调器，协调器是ZigBee网络中的第一个设备，它负责建立新的网络、发送网络信标、管理网络中的结点以及存储网络信息等，相对于路由器和端设备，它的功能较为强大。路由器是网络的中间结点，运行路由协议，维护路由信息，转发来自网络中其他结点的数据。一个设备需要通过关联某个路由器来加入ZigBee网络。端设备处于网络的边缘部分，没有路由能力，只能进行本结点数据的发送和接收，不能转发其他结点的数据。端设备只能与路由器或协调器连接，端设备之间不能直接连接。

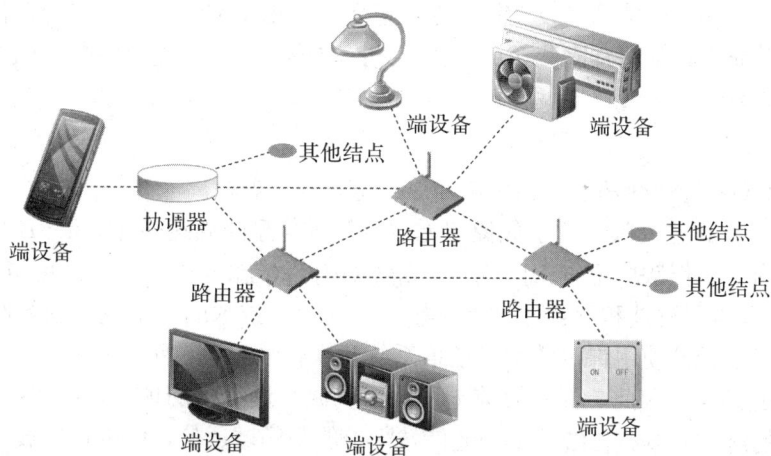

图3.97 ZigBee网络的结点分类

如图3.98所示为ZigBee无线数据传输设备，在实际应用中，可以将其配置为Coordinator或Router两种类型之一，其出厂默认配置通常为Router类型，用户可根据需要自行切换为Coordinator类型。

根据设备的功能差异，ZigBee又将设备归为两种类型：全功能设备（Full-Function Device，FFD）和简化功能设备（Reduced-Function Device，RFD）。FFD可运行全部路由协议，可以与任何结点（FFD或RFD）通信，可充当ZigBee网络中的协调器或路由器。RFD没有路由能力，不能转发数据，因此只能在网络末端充当端设备，而且RFD只能与FFD通信，RFD之间的通信需要通过FFD进行转发。RFD占用资源少，需要的存储容量也小。RFD的应用相对简单，例如在传感器网络中，它们只负责将采集的数据信息发送给协调器。

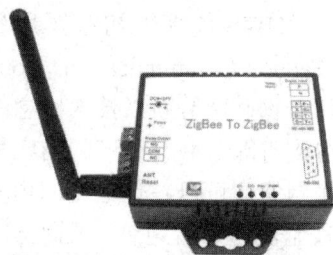

图3.98 ZigBee无线数据传输设备

典型的ZigBee网络的拓扑结构如图3.99所示，FFD与RFD之间构成以FFD为中心的星型结构，FFD之间呈现网状和星型混合的拓扑结构。每个网络有一个FFD充当协调器，每个协调器可以连接多达255个结点，一个网络的协调器还可以与其他ZigBee网络的协调器进行数据交换，从而进一步扩大通信范围。鉴于此，ZigBee非常适合有大量端设备的网络应用，如传感网络、楼宇自动化等。

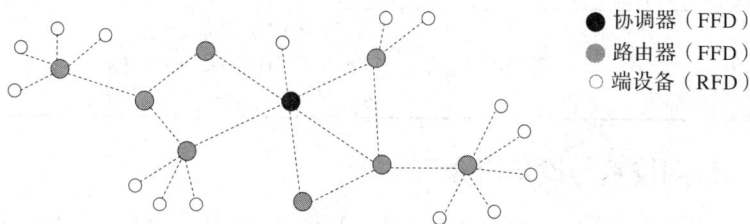

● 协调器（FFD）
● 路由器（FFD）
○ 端设备（RFD）

图3.99 ZigBee网络的拓扑结构示意图

虽然ZigBee和蓝牙技术一样都属于短距离无线通信技术，但是两者有以下诸多区别：ZigBee主要针对控制和自动化方面的应用，而蓝牙更关注笔记本、手机、PDA等设备之间的连通性；ZigBee的数据率及功耗都低于蓝牙；ZigBee网络能够支持的设备数量远大于蓝牙系统，并允许设备间有比蓝牙更大的距离；在控制和自动化应用中，ZigBee系统复杂性远小于蓝牙系统。

**3. UWB**

超宽带UWB是一种基于IEEE802.15.3的超高速、短距离无线通信技术，可用于小范围内的IP语音、高清视频、数字成像和无线定位等信息的高速传输。UWB的传输距离通常在10m以内，工作频段范围3.1 GHz ~ 10.6 GHz，传输速率可达到几百Mb/s。近年来，UWB技术在军事、科技和商业领域受到极大关注，该技术的一个重要创新性特征是它可以与现有申请了频谱使用许可的窄带通信系统共享合法频段，而不是去寻找一个"空白"但可能不适合的频段，因此，面对目前无线频谱资源几近枯竭的现况，UWB技术提供了一种极有前途的解决方案。传统的窄带通信技术一般是频域通信，需要借助载波完成信号的调制，将信号频率搬移到合适的频段，然后发送出去。而UWB技术则不同，它直接发送时间间隔极短（<1ns）的基带脉冲来实现通信，无需载波调制，属于时域通信。

UWB技术最初在军用领域得到关注和应用，2002年2月，美国联邦通信委员会（Federal Communications Commission，FCC）正式准许该技术进入民用领域。在民用领域，随着物联网等新兴技术概念的诞生，UWB技术作为一种理想的短距离无线传输技术日益得到青睐，并具有广阔的应用领域和市场前景。举例来说，若使用UWB技术构建数字家庭网络，可以在住宅空间内实现从机顶盒或DVD播放机到电视机的高清视频流传输。而且无需为每台电视机配置机顶盒，就可以让多台电视机同时接收到高清节目源。另外，UWB也可以应用于各种手持设备和PC之间的高质量、高速率多媒体数据传输。表3-6给出UWB与其他短距离无线通信的简单比较，由此可见，UWB在传输速率、功耗、成本等方面均占有一定优势。

表3-6　三种WPAN技术的对比

| 技术 | 蓝牙 | ZigBee | UWB |
|---|---|---|---|
| 标准 | 802.15.1 | 802.15.4 | 802.15.3 |
| 距离 | 10 m | 10~100m | <10 m |
| 功耗 | 较高 | 低 | 较低 |
| 成本 | 一般 | 低 | 低 |
| 传输速率 | 1Mb/s | 20~250kb/s | >100Mb/s |
| 工作频段 | 2.4 GHz | 868 MHz（欧洲）<br>915 MHz（美国）<br>2.4 GHz（全球） | 3.1~10.6 GHz |

### 3.8.2　无线局域网技术与设备简介

无线局域网（Wireless Local Area Network，WLAN）是基于无线微波通信技术构建的局域网，不使用线缆，能提供传统有线局域网的所有功能。WLAN和LAN的区别主要在物理层和数据链路层。1997年，IEEE制定出WLAN的协议标准IEEE 802.11。1999年，为了推动IEEE 802.11b标准的制定，无线以太网络相容性联盟（Wireless Ethernet Compatibility Alliance，缩写为WECA）成立，并于2000年改名为Wi-Fi联盟（Wi-Fi Alliance）。Wi-Fi联盟致力于改善基于IEEE 802.11标准（包括IEEE 802.11b、IEEE 802.11a、IEEE 802.11g等）的无线网络产品之间的互连互通性能。Wi-Fi联盟定义"Wi-Fi（Wirless Fidelity，无线保真）"为任何基于IEEE 802.11的WLAN（产品）。目前，大多数WLAN都基于IEEE 802.11标准。因此"Wi-Fi"几乎成了WLAN的同义语。

Wi-Fi联盟通过认证的方式来确保市场上各种Wi-Fi产品之间的互操作性。Wi-Fi认证主要针对产品的互操作性、安全性、可靠性等几个方面进行测试。Wi-Fi联盟对通过测试的产品授予Wi-Fi认证标志，如图3.100所示，这意味着该产品与其他同样通过Wi-Fi认证的产品有良好的兼容性和互操作性。支持Wi-Fi技术的设备可以是移动电话、计算机、数码照相机、打印机、PDA等。使用Wi-Fi方式，它们可以简单快速地组建成一个网络，如图3.101所示。换言之，只要是通过Wi-Fi认证的产品，无论它们是否属于同一厂家生产，都可以在住宅、办公室以及酒店、机场等各种公共场所，借助场地现有的基础设施（比如图3.101中的Modem和无线路由器），随时随地连接上网。例如，如图3.101所示，一台无线路由器已接入Internet，一部拥有Wi-Fi功能的手机便可以在该路由器无线信号的有效覆盖范围内，通过Wi-Fi方式进行联网，从而不占用3G/4G流量，节省资费。

图3.100　Wi-Fi认证标志　　　　　　图3.101　Wi-Fi连网

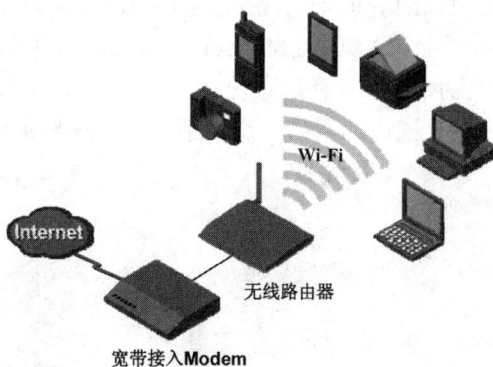

组建WLAN必需的网络设备包括无线网卡和无线AP。无线网卡安装在计算机上，用于计算机之间或计算机与无线AP、路由器之间的无线连接。无线AP分为单纯型AP和扩展型AP两种类型。单纯型AP相当于一个具有无线覆盖能力的交换机，外观如图3.102（a）所示。单纯型AP一般只提供一个RJ-45接口，用于连接有线网络，而处于该AP无线信号覆盖范围内的无线设备组成了一个WLAN，这样一来，如图3.102（b）所示，单纯型AP就完成了有线网络和无线网络之间的桥接，有线设备与无线设备便可以相互通信了。由于无线AP的信号覆盖范围是一个向外扩散的圆形区域，因此，应当尽量把无线AP放置在无线局域网的中心位置，而且各无线设备与无线AP的直线距离最好不要过大，以避免接收到的无线信号过于微弱从而影响通信质量。

单纯型AP本身不具备路由、DHCP（Dynamic Host Configuration Protocol，动态主机配置协议）、防火墙等功能，这些功能必须由独立的计算机或是路由器来完成。单纯型AP

比较适合于有线网络已经比较健全，仅仅需要网络扩展无线功能的情况。

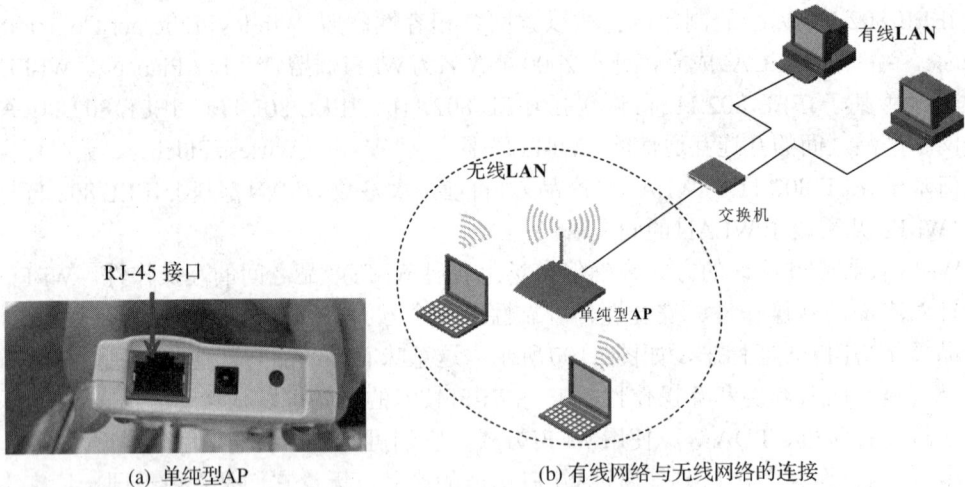

(a) 单纯型AP　　　　　　　　(b) 有线网络与无线网络的连接

图3.102　单纯型AP及其连接

现在市场上销售的无线AP大多属于扩展型AP，又称无线路由器，它是单纯型AP、路由器和交换机的集合体，同时还提供DHCP（Dynamic Host Configuration Protocol，动态主机配置协议）、网络防火墙、NAT（Network Address Translation，网络地址转换）等功能。如图3.103（a）所示，无线路由器一般提供5个RJ-45接口，1个是WAN口，用于上联Internet接入设备（如ADSL Modem等），还有4个LAN口，用于连接内部网络有线设备。如图3.103（b）所示，所有通过无线方式连入的设备，以及通过LAN口有线连入的设备，构成了一个独立的内部网络，换句话说，这些设备同处于一个子网。这样一来，内网的所有站点都可以共享Internet连接。

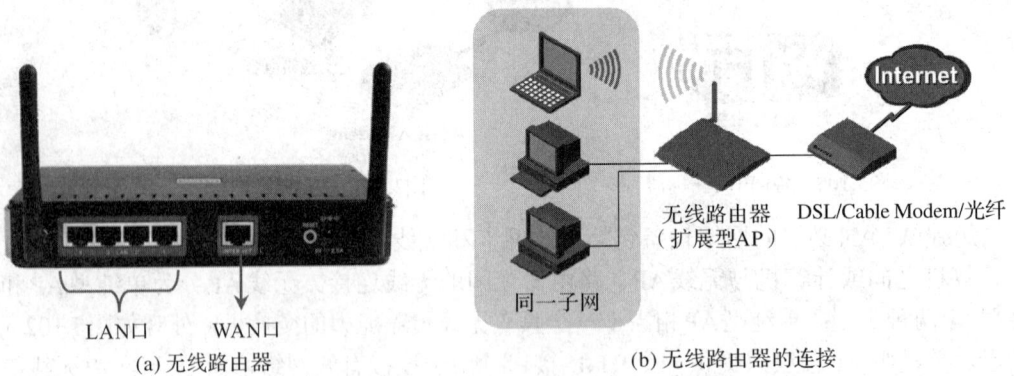

(a) 无线路由器　　　　　　　　(b) 无线路由器的连接

图3.103　无线路由器及其连接

### 3.8.3　无线城域网技术与设备简介

无线城域网（Wireless Metropolitan Area Network，WMAN）能够提供"最后一公里"的宽带无线接入，也就是使用无线的方式开通宽带接入服务，提供数据业务、VoIP语音业务、视频业务等。在有线方式无法覆盖的地区，WMAN可以替代宽带有线接入方案（如xDSL、Cable等）有效解决宽带接入问题。IEEE 802.16委员会作为无线城域网标准的制订者，于2002年发布了IEEE 802.16无线城域网标准，又称为IEEE无线城域网空中接口标准。为推动宽带无线接入技术的发展，早在2001年6月，一些技术领先的厂商便发起成立了一个非营利性组织——WiMAX（Worldwide Interoperability for Microwave Access，全球微波接入互操作性）论坛，与Wi-Fi联盟的角色类似，WiMAX论坛主要负责保证并提高各种基于IEEE 802.16标准的产品的兼容性和互操作性，力争在全球范围内推广该宽带无线接入技术。WiMAX论坛给通过WiMAX的兼容性和互操作性测试的宽带无线接入设备授予"WiMAX Forum Certified"认证标志。换言之，只要选择使用通过WiMAX认证的产品，就能够确保设备间的互操作性，从而可以在宽带无线接入的各个环节(从技术提供商、服务提供商到最终用户)中减少不确定性投资。现在，人们习惯上会直接用WiMAX来表示IEEE 802.16无线城域网，这与人们常用Wi-Fi来表示IEEE 802.11无线局域网类似。

WiMAX可根据接入环节的移动性分为四个应用场景：

• 固定接入(fixed access)：用户端设备地理位置固定，不支持便携式接入或基站切换。

• 游牧接入(nomadic access)：用户端设备可以从不同的接入点接入到一个运营商的WiMAX网络，但不支持基站切换，网络通信期间用户端设备的地理位置需保持不变。

• 便携接入(portable access)：用户端设备能够在以步行速度移动时进行网络通信，并提供有限的基站切换能力。当用户端设备静止时，这种应用模型与固定接入和游牧接入业务相同。

• 全移动接入(full mobility access)：用户端设备可以在以车速移动的状态下，基本无中断地进行网络通信，可以实现漫游和切换。

2010年之前，WiMAX系统的两个主要标准是：IEEE 802.16-2004和IEEE 802.16e。前者是固定宽带无线接入空中接口标准，又称固定WiMAX。后者是在继承前者能力的基础上，支持移动性的宽带无线接入空中接口标准，又称移动WiMAX。IEEE 802.16e向下兼容IEEE 802.16-2004。这两个标准与四个应用场景的对应关系如图3.104所示。2010年，IEEE 802.16m标准发布，IEEE 802.16m支持高速移动接入，而IEEE 802.16e仅支持中低速移动接入。

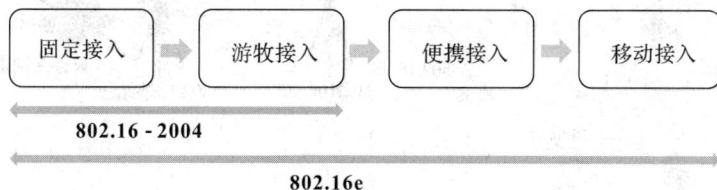

图3.104 802.16标准与四个应用场景的对应关系

基于WiMAX网络的宽带无线接入方式如图3.105所示。与宽带有线接入方式(如xDSL、Cable、光纤接入等)相比，IEEE 802.16标准宽带无线接入具有以下优势：基站的建立简单快速，覆盖范围大，数据传输速率高，较少受距离和社区用户密度的影响。WiMAX宽带无线接入非常适合应用于有线宽带接入资源匮乏的地区，而且它可与Wi-Fi应用相结合，作为Wi-Fi接入点之间的骨干连接。另外，在自然灾害、突发事件或者临时施工现场，WiMAX技术可以用于快速架设临时应急通信系统。

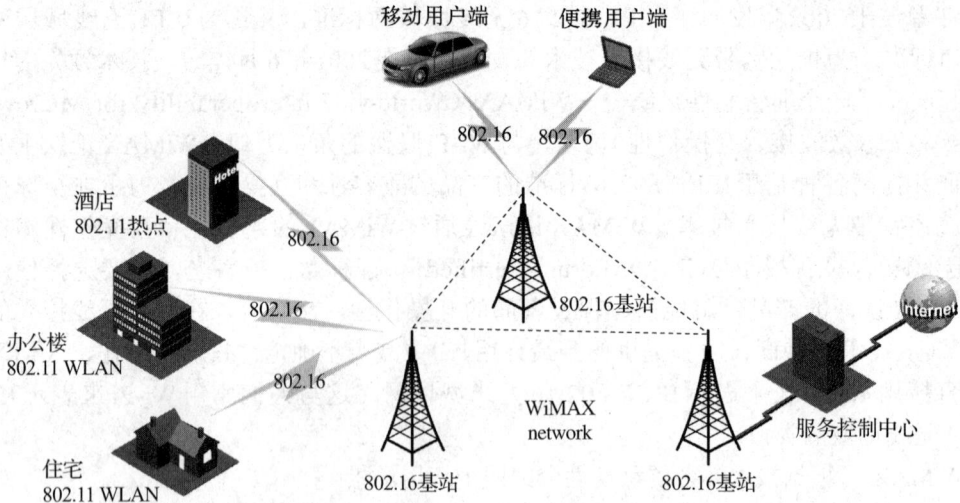

图3.105　基于WiMAX网络的宽带无线接入示意图

WiMAX系统中的两个重要组件是基站（Base Stations，BS）和用户端设备（Customer Premise Equipment，CPE）。如图3.106所示，基站主要提供用户端设备与核心网络（通常为传统交换网或Internet）间的连接。基站有一体化小容量基站与容量可伸缩的大容量基站两种，前者不具备容量扩展能力，后者可以根据用户群体状况不断升级扩展网络。用户端设备提供基站与用户本地设备（如PC）之间的中继连接。如图3.107所示，CPE分为室外型、室内型和移动型。通常情况下，基站之间的通信采用点对点方式，基站与用户端设备之间的通信采用点对多点方式。

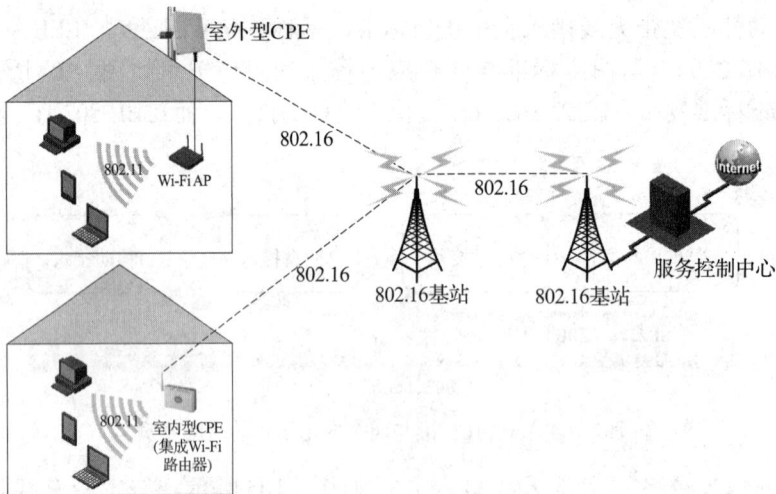

图3.106　基站与CPE通信示意图

对于办公或营业场所相对固定的用户，通常采用室外型CPE和室内型CPE，如图3.107（a）和（b）所示。室外型CPE主要由三个部分组成：室外单元、室内单元以及PoE（Power over Ethernet）网线。室外单元带有天线，安装位置需处于基站网络覆盖区域内，室外单元负责与基站之间信号的调制、解调，以及无线信号的发送和接收；室内单元主要为用户提供网络接入接口（如以太网接口、Wi-Fi接口或POTS语音接口）；PoE电缆除了在室内、室外单元间传输数据外，还负责为室外单元供电。对于个人用户更推荐使用室内型CPE，安装与使用都很简便。室内型CPE将传统的室外、室内单元集成在一起，通过一个模块提供CPE的全部功能（如与基站的通信，以及网络接入接口的提供）。用户可以随意改变室内型CPE在房间内的摆放位置。

(a) 室外型CPE      (b) 室内型CPE      (c) 移动型CPE

图3.107　用户端设备CPE

对于具有移动性的用户，需采用移动型CPE，它可以安装在汽车、火车、船只等移动载体上，多用于运输、部队指挥通信系统、应急通信系统等。

## 3.9　防火墙

如今基于互联网的各种应用已经渗透到社会生活的各个方面，但安全风险也日益突出，为了应对频繁出现的各种形式的网络攻击行为，防火墙技术成为了网络安全领域研究的热点。在计算机网络中，防火墙是控制网络不同区域间流量的一个设备或一套系统，一个防火墙系统可能包含多个组件，它的主要目的之一是控制对资源的访问。一般情况下，防火墙内侧的网络称为"可信赖的网络"，其外侧的网络（如Internet）称为"不可信赖的网络"。防火墙执行两个或多个网络之间的访问控制策略，由外部不可信赖的网络至内部网络的访问必须经过防火墙访问控制策略的过滤，而由内部网络向外的访问则无需过滤。

依实现方式的不同，防火墙可以分为硬件防火墙和软件防火墙。硬件防火墙是通过硬件和软件的组合来达到隔离内外网络的目的，硬件防火墙的硬件和软件都是单独设计的，并采用专用的操作系统平台，如图3.108所示为Cisco PIX 515E防火墙；软件防火墙是安装在计算机通用操作系统平台上的软件产品，通过纯软件的方式实现防御功能。

依组成结构的不同，防火墙可以分为三种：主机防火墙、路由器集成防火墙和分布式防火墙（Distributed Firewalls）。主机防火墙是应用较为广泛的一种，它独立于其他网络设备，功能强大，高效稳定；随着防火墙技术的发展，设备开发商开始将主机防火墙的部分技术加入到路由器的开发设计中，于是产生了路由器集成防火墙，它的价格比主机防火墙便宜得多，但是功能要弱一些，只能应付一般的非法入侵。如图3.109所示为防火墙服务模块（FireWall Serivces Module，FWSM），它可以嵌入到Cisco 7600系列路由器中。单一主机防火墙和路由器集成防火墙通常都处于网络的边界，被称为边界防火墙（Perimeter Firewall），它们只能阻挡来自外部网络的攻击，而分布式防火墙可以实现内外网兼防。分布式防火墙可以在内部与外部网络之间，内部网络各子网之间，同一内部子网的各主机之间起到防护作用，它不是一个独立的硬件实体，而是由多个软、硬件组成的系统。分布式防火墙包含三个部分：网络防火墙、主机防火墙、管理中心。网络防火墙用于内部与外部网络之间和内部网络各子网之间，功能上与边界防火墙类似；主机防火墙用于同一内部子网的各主机之间，对于每个主机而言，内部网络和外部网络（如Internet）同样是"不可信赖的"，各主机需对任何其他主机（无论处于内网还是外网）发来的通信量进行过滤，防火墙可以根据主机上运行的具体应用以及提供的服务来设定针对性很强的安全策略；管理中心是一个防火墙服务器管理软件，负责总体安全策略的部署、管理与分发等。

图3.108　Cisco PIX 515E防火墙　　　　　　图3.109　Cisco FWSM

依采用的技术不同，防火墙可以分为三种：包过滤防火墙、应用网关防火墙和基于状态的包过滤防火墙。

（1）包过滤防火墙。

这是防火墙最简单的形式。采用包过滤技术的防火墙，依据ACL（Access Control List，访问控制列表）来允许或拒绝数据包的访问。一个包过滤防火墙通常是一台有能力过滤数据包某些内容的路由器。包过滤防火墙工作在OSI模型的第三层和第四层，它依据系统事先制定好的过滤逻辑，即静态规则，通过检查流量中的每个数据包的一个或多个信息（如第三层的源和目的地址，第三、四层的协议信息等），以确定是否允许该数据包通过。但是使用包过滤防火墙时，内网和外网用户直接连接，防火墙不提供用户的鉴别机制。

（2）应用网关防火墙。

应用网关防火墙通常也称作代理型防火墙，与包过滤防火墙相比较，它在OSI模型的更高层对数据包进行检查，通常是第四到七层。大多数应用网关防火墙通过软件完成控制和过滤，它比包过滤防火墙提供更多的流量控制。应用网关防火墙好比是一个实现内外连接的中间人：在输出方向上，用户通过运行在网关上的应用程序（代理）连接到外部网络中的服务，用户其实只是连接到网关，而非外部主机，但是用户感觉是自身直接连接到外部主机；在输入方向上，外部用户发起的流量的最终到达点仅为网关，然后由网关与资源所在的内部主机连接。应用网关防火墙通常首先对输入或输出的连接请求进行认证，然后再允许流量到达内网或外网资源。应用网关防火墙的局限性在于它只支持有限数量的应用，如Web、E-Mail、DNS、Telnet、FTP等，运行时需要占用大量的CPU和内存资源，有时会造成吞吐量瓶颈。

（3）基于状态的包过滤防火墙。

基于状态的包过滤防火墙结合了包过滤防火墙和应用网关防火墙的优点。基于状态的包过滤防火墙可以把每个连接或无连接的事务数据记录在会话流表中，参照这些表可以确定数据包是属于已有的连接，还是一个未授权的连接。基于状态的包过滤防火墙能够提供基于无连接协议的应用及基于端口动态分配协议的应用的安全支持，而包过滤防火墙和应用网关防火墙都不支持此类应用。

## 习题

1. 借助互联网搜索，列举出常见的网络设备生产厂商的名称、公司总部以及他们的主要网络产品。

2. 网络适配器的主要功能有哪些？

3. 网络适配器按传输介质接口类型如何分类？按照总线接口类型如何分类？

4. MAC地址长度为_____比特（6字节），其中_____至_____位称为"组织唯一标识符OUI"，由IEEE的注册管理机构RA(Registration Authority)负责分配，其中_____至_____位是由生产厂家在保证地址唯一性的前提下自行分配的，称为"扩展标识符"。

5. 使用粗缆、细缆及双绞线的网络适配器接口名称分别是什么？

6. 简述安装网卡的主要步骤。

7. 调制解调器的作用是什么？

8. 什么是PON？PON的网络组件有哪些？它们的作用是什么？

9. 中继器有什么作用？为什么说"多个站点使用集线器连接相当于连接到一段共享介质上"？

10. 交换机的连接中，级联与堆叠连接方式有什么异同？

11. 交换机是哪一层的设备，它的主要功能是什么？

12. 路由器是哪一层的设备，它的主要功能是什么？

13. 路由器的端口有哪几种，其作用分别是什么？

14. 什么是WPAN，可以用来组建WPAN的技术有哪些？

15. Wi-Fi指什么，为什么一些网络产品要经过Wi-Fi认证？

16. 无线AP如何分类？不同类型的AP有何区别？

17. 用户家中有一个台式机（含有线网卡）、一个笔记本（含无线网卡）、一部电话座机、一台无线路由器，如果宽带接入采用ADSL方式，请画图说明应该如何连接这些设备，以构建家庭网络，并保证所有计算机能够正常访问互联网。

18. 将上题中的接入方式换为FTTH方式（使用G/EPON终端），又该如何连接，请画图说明。

19. 基于WiMAX网络的宽带无线接入方式有何优势？

20. 防火墙的作用是什么？如何分类？

# 第4章 TCP/IP协议基础

在众多的计算机网络协议中，TCP/IP协议应用极为广泛。本章主要讲述TCP/IP协议的基础知识，主要包括IP、ICMP、ARP、TCP、UDP、DHCP等六种协议。实例部分对ping、tracert、arp、ipconfig等基本网络测试命令进行了介绍。为了加深读者对协议的理解，接着阐述了用Wireshark软件对协议进行分析的方法。

## 4.1 网络协议概述

连接到网络上的计算机千差万别，各式各样，它们使用不同的硬件，运行不同的操作系统，可以是巨型机，也可以是小型机。如同不同民族之间交流需要标准语言一样，网络中计算机之间进行通信也需要有相同的"语言"，这就是网络通信协议，简称网络协议。不同的计算机之间必须使用相同的网络通信协议才能进行通信。

网络通信协议是收发双方在通信时共同遵循的规则和约定，是网络中计算机相互交流信息时使用的语言。网络通信协议主要由三个要素组成：

（1）语法：定义了收发双方交互的信息结构或格式；

（2）语义：定义了收发双方交互的信息的含义，即需要发出何种控制信息、完成何种操作以及做出何种响应；

（3）同步：定义了收发双方交互的过程，即事件实现的顺序。

在计算机网络中，用协议数据单元（Protocol Data Unit，PDU）来描述通信协议。协议数据单元是在指定的协议层上传送的数据单元，由控制字段和数据字段组成。一种网络通信协议的具体实现可能是硬件模块，也可能是软件。

TCP/IP是目前网络中应用最为广泛的通信协议，最早由斯坦福大学的两名研究人员提出，它定义了在互联网络中如何传递、管理信息（文件传送、收发电子邮件、远程登录等），并制定了在出错时必须遵循的规则，用以提供可靠的数据传输。

TCP/IP已成为Internet中网络与网络、网络与主机互连的工业标准。Internet的前身ARPANet最终采用了TCP/IP协议，随着ARPANet逐渐发展成为Internet，TCP/IP协议就成为Internet事实上的标准连接协议。

TCP/IP是包含上百个具有各种功能的协议的集合，是Internet网络互联的基础。TCP（Transmission Control Protocol，传输控制协议）、IP（Internet Protocol，网际协议）是TCP/IP协议集中最基本和最重要的两个协议，因此通常用TCP/IP代表整个Internet协议的集合。

TCP/IP具有很强的灵活性，可以支持任意规模的网络，不仅应用于局域网，同时也是Internet的基础通信协议。使用TCP/IP，不仅可以组建对等网，而且可以非常方便地接入其他服务器。它还支持路由选择，支持异种网络的互连，具有跨平台特性，能够为不同操作系统和不同硬件体系之间的互连提供支持。

按照TCP/IP网络体系结构，网络可以划分成四个层次，分别是网络接口层、网际层、传输层和应用层。图4.1给出了TCP/IP协议集中常见协议的层次关系。本章将对网际层、传输层协议作详细介绍。

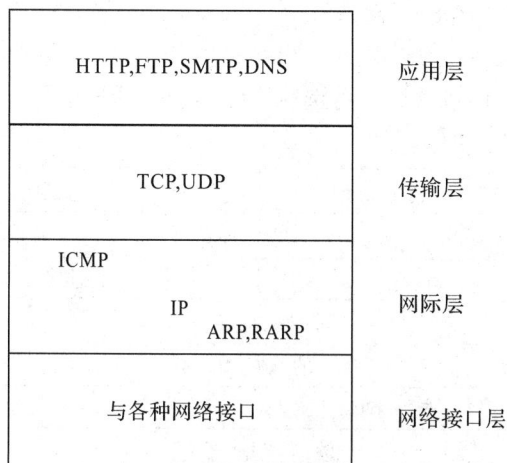

```
┌─────────────────────────────┐
│                             │
│   HTTP,FTP,SMTP,DNS         │    应用层
│                             │
├─────────────────────────────┤
│                             │
│   TCP,UDP                   │    传输层
│                             │
├─────────────────────────────┤
│  ICMP                       │
│                             │
│        IP                   │    网际层
│          ARP,RARP           │
├─────────────────────────────┤
│                             │
│   与各种网络接口             │    网络接口层
│                             │
└─────────────────────────────┘
```

图4.1 TCP/IP协议层次关系

## 4.2 IP协议

### 4.2.1 IP协议概述

IP（Internet Protocol，网际协议）是TCP/IP体系结构中网络层最核心的协议，是一种用于网络之间互连的协议，主要为计算机网络的相互连接而设计。任何厂家生产的计算机系统，只要遵循IP协议就可以与Internet互连互通。正是因为有了IP协议，Internet才得以迅速发展成为世界上最大的、开放的计算机通信网络。

IP协议的基本功能是按照协议规定的IP包格式组织IP包，并且负责把该IP包传送到目的主机，实现了主机到主机的透明传输。在发送方，IP协议从传输层获取数据后组织IP包，然后根据指定的默认网关地址将IP包发送到最近的路由器。路由器接收并分析IP包后，利用IP包中的目的地址查找路由表，确定转发路径，将该IP包转发出去。IP包经过网络中多个路由器的不断转发，最终到达接收主机，接收方去除IP包头后把数据部分向上层传送。

IP协议实现"尽最大努力"传输，是不可靠的，因为它没有做任何事情来保证数据包在网络传输过程中按顺序发送、不被破坏或者不被丢失。IP协议把数据包传输的可靠性交付给传输层来完成。

目前第四版的IP协议（IPv4）仍然在Internet中被广泛使用。随着Internet技术的迅速发展和规模的不断扩大，IPv4已经暴露出了许多问题，而其中最重要的一个问题就是IP地址资源的短缺。目前IPv4地址已基本耗尽、即将枯竭的形势非常严峻。为了彻底解决IPv4存在的问题，1995年就开始着手研究开发了下一代IP协议，即IPv6。如今，IPv6作为下一代Internet使用的协议已经在一些网络上得到使用，但仍处在不断发展和完善的过程中，IPv6将逐步得到广泛应用。

## 4.2.2 IP数据报格式

IP数据报（IP包）包含首部和数据两部分，对首部的分析是分析IP数据报的主要内容之一。图4.2给出了一个完整的IPv4数据报包含的各字段。首部的前一部分是一些固定长度的字段，如"版本"、"首部长度"等共20字节，这些字段是所有IP数据报必须具有的。首部中除了固定长度字段外，还包含一些可选字段（选项），其长度是可变的。

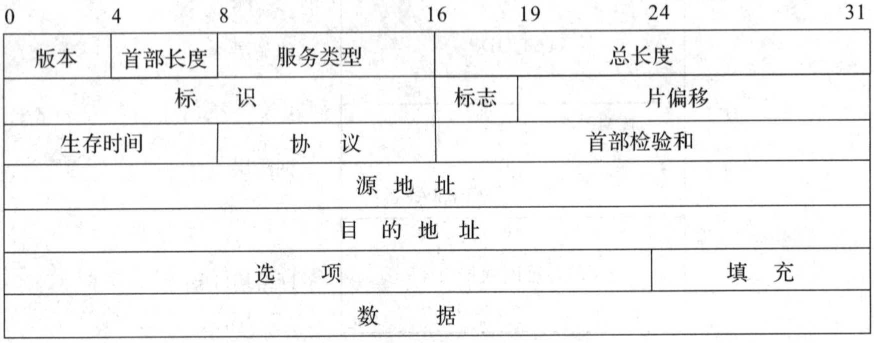

图4.2　IPv4数据报的格式

现对首部中固定长度的各字段解释如下：

（1）版本：占4 bit，指定IP协议的版本号。通信双方使用的IP协议的版本必须一致，目前Internet上广泛使用的IP协议版本取值为4。

（2）首部长度：占4 bit，可表示的最大数值为15个单位，每个单位为4个字节。IP包的首部必须是4字节的整数倍，不足部分需要填充。首部长度包括固定部分和可变部分（含选项和填充），其最大长度为60字节，即可变部分最大长度为40字节。

（3）服务类型：占8 bit，该字段用于定义IP包所要求的服务类型，例如可以用这一字段定义该IP包要求有较高的优先级、更低的时延、更高的吞吐量、更高的可靠性、更低廉的路由等，在中间路由器转发IP包时可根据该字段对IP包进行不同的处理。

（4）总长度：占16 bit，包括首部（含固定部分和可变部分）和数据部分的长度，单位为字节。因此，IP数据报的最大长度为65 535字节。

（5）标识：占16 bit，用于标识IP数据报。在IP层下面，不同网络（如以太网、令牌环网等）的数据链路层的帧结构将有所不同，如果IP包的长度大于帧中数据部分所能容纳的最大长度，这时需要对IP包进行分片传输。对IP包分片时，该标识被复制到所有的分片中，可以作为IP分片重装的一个依据。

（6）标志：占3 bit，目前只定义了其中的低2比特。当一个IP包分片传输时，最低位MF（More Fragment）用来表示在一个分片的后面是否还有分片，MF=1表示后面还有分片，MF=0表示后面没有分片，即该分片是最后一个。中间位为DF（Don't Fragment），用来表示一个IP包是否允许分片，DF=1表示不允许分片，DF=0允许分片。

（7）片偏移：占13 bit，表示在分片时，某个分片的数据部分在原IP包的数据部分中的相对位置。即相对于原IP包数据部分的起点，该分片从何处开始。片偏移以8个字节为单位，也就是说，除了最后一个分片外，每个分片的数据部分的长度一定是8字节的整数倍。

（8）生存时间：占8 bit，记为TTL（Time To Live），表示一个IP包在网络中可以存在多长时间。该字段的单位原为秒，但现已将TTL改为"数据报在网络中可通过的路由器的最大数量"。每一个路由器在收到并处理一个IP包时，TTL值减1，如果TTL字段为0，则丢弃该包，并向发送该包的主机报告。

（9）协议：占8 bit，指明IP包的数据部分是哪种高层协议的协议数据单元（PDU），以便目的主机的IP层知道将该IP包的数据部分交付给哪一个高层协议处理。常用的一些高层协议对应的协议字段的值为：TCP为6，UDP为17，ICMP为1。

（10）首部检验和：占16 bit，是指根据一定的计算方法生成的首部检错码，用来判断IP包传输过程中首部是否出现差错。IP数据报每经过一个路由器，都需要重新计算首部检验和，因此为了减少计算工作量，此字段只检验IP数据报的首部而不包括数据部分。

（11）源地址：占32 bit，指明了发送该IP数据报的主机的IP地址。

（12）目的地址：占32 bit，指明了接收该IP数据报的主机的IP地址。

### 4.2.3  IP地址

#### 1. IPv4中的IP地址

我们可以把整个Internet抽象地看作一个单一的网络，为了实现网络中每台主机（或路由器）之间的通信，需要分别为它们分配一个唯一的标识。IP地址就是给每个连接在Internet上的主机（或路由器）分配的一个在全世界范围内唯一的32bit的标识符。IP地址用来区别并定位连接在网络中的主机，从而保证了信息的正确传递。

根据IPv4协议的规定，IP地址是一个4字节（即32bit）的二进制数字，例如Internet上某台计算机的IP地址为：11001010 01110101 10000001 01101100。在实际使用中，为了便于记忆和书写，可以采用"点分十进制"的形式来表示IP地址。具体做法为：将组成IP地址的32位二进制数字分成四段，每段8位，中间用小数点隔开，然后分别将四段8位的二进制数转换成十进制数，这样上述的IP地址就可以记为：202.117.129.108。

IP地址由因特网名字和号码指派公司ICANN（Internet Corporation for Assigned Names and Numbers）进行分配。一个单位如果需要连接到Internet上，应该向相应的地址管理机构申请IP地址，或者由ISP（Internet服务提供商）提供IP地址。

1）分类的IP地址

Internet可以看成是许多网络互连在一起形成的网络的网络。因此，在标识连接到Internet上的主机时，可以先标识主机所在的网络，再标识在该网络中的某个主机。基于这种思想，可以将IP地址分成两个部分：一个部分用来标识所在的网络，称为网络号（Network Identification，net-id），另一部分用来标识在某个网络中的特定主机，称为主机号（Host Identification，host-id）。

将IP地址分成网络号和主机号两个部分的优点在于：当需要把IP包从一个网络中的主机通过Internet传送到另一个网络中的一台主机时，可以基于目的主机的网络号进行选路，把该IP包传送到目的网络，再传送到对应的主机。这样，在路由器的路由表中，只需存储目的网络的信息而不是目的主机的IP地址，大大简化了路由表，提高了路由查找的速度，加快了IP包的转发速率。

从Internet的观点来看，具有相同net-id的主机属于同一个网络，同一个网络中不同的主机具有不同的host-id。不同的网络通过路由器进行互连，路由器的每一个端口分别属于不同的网络，具有不同的net-id。

当一个单位申请IP地址时，地址管理机构将分配一个（或几个）net-id给这个单位，不同net-id对应于不同的网络。在一个网络内部，各个主机的host-id由该单位的网络管理人员自行分配，只要在该网络范围内没有重复的主机号即可。

根据IP地址结构的不同，可以将IP地址分为A、B、C、D、E五类，如图4.3所示。其中，A类、B类和C类地址最常用，D类地址是多播地址，用于多目的信息的传输，E类地址保留作为Internet的实验开发使用。常用的三类地址都由网络号（net-id）和主机号（host-id）两部分组成。考虑到Internet中各种网络的规模差异较大，有的网络拥有很多主机，而有的网络的主机很少，因此将IP地址划分为A类、B类和C类可更好地满足不同网络的需求。

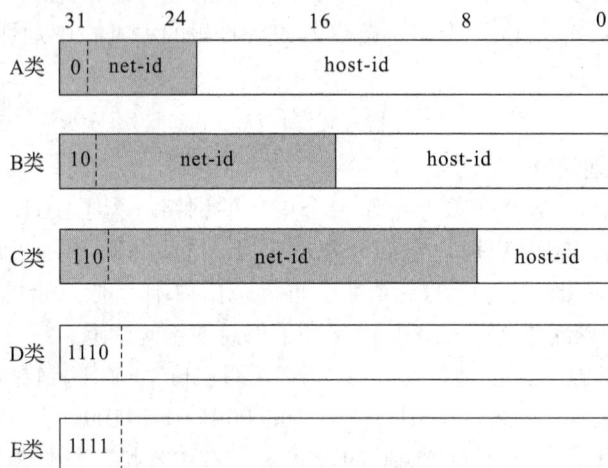

图4.3　IP地址的分类

从图4.3中可以看出，A类地址网络号字段net-id长度为1个字节，其中最高位为类别特征0，主机号字段host-id长度为3个字节；B类地址的net-id长度为2个字节，其中最高2位为类别特征10，host-id长度为2个字节；C类地址的net-id长度为3个字节，其中最高3位为类别特征110，host-id长度为1个字节；D类地址的最高4位为类别特征1110；E类地址的最高4位为类别特征1111。

通常情况下，分配给设备使用的IP地址的net-id、host-id部分不能全为0或全为1，这些地址具有特殊的含义。

对于A类地址，net-id字段占用1个字节，最高位为0，可用的net-id范围为二进制00000001到01111111（即对应于十进制的1到127），但由于net-id是127的IP地址保留作为环回测试之用，因此，A类地址net-id的范围是1到126。A类地址的主机号host-id字段长度为3个字节，因此可用的范围是点分十进制的0.0.1到255.255.254。

对于B类地址，net-id占2个字节，最高2位为10，net-id字段不可能出现全0或全1的情况，因此可用的net-id的范围为二进制10000000 00000000到10111111 11111111，用点分十进制表示为128.0到191.255。B类地址的主机号host-id字段占用2个字节，因此host-id

可用的范围是点分十进制的0.1到255.254。

对于C类地址，net-id占3个字节，最高3位为110，net-id字段也不可能出现全0或全1的情况，因此可用的net-id的范围为二进制11000000 00000000 00000000到11011111 11111111 11111111，用点分十进制表示为192.0.0到223.255.255。C类地址的主机号host-id字段占用1个字节，因此host-id可用的范围为1到254。

综合以上分析，可以得到可用的IP地址范围如表4-1所示。

**表4-1　可用的IP地址范围**

| 地址类别 | net-id可用范围 | host-id可用范围 |
|---|---|---|
| A | 1～126 | 0.0.1～255.255.254 |
| B | 128.0～191.255 | 0.1～255.254 |
| C | 192.0.0～223.255.255 | 1～254 |

在分配、使用IP地址的时候，有一些IP地址具有特殊的含义，这些地址只能在特殊的情况下使用，如表4-2所示。

**表4-2　具有特殊含义的IP地址**

| net-id | host-id | 作为源地址 | 作为目的地址 | 含义 |
|---|---|---|---|---|
| 全0 | 全0 | 可以 | 不可 | 代表本网络上的本主机 |
| 全0 | host-id | 可以 | 不可 | 代表本网络上的某个主机 |
| 全1 | 全1 | 不可 | 可以 | 对本网络上所有主机广播（路由器不转发） |
| net-id | 全1 | 不可 | 可以 | 对net-id上所有主机广播 |
| 127 | 非全0/1 | 可以 | 可以 | 本地软件环回测试使用 |

（1）通常net-id字段全为0的IP地址是一个保留地址，表示的是"本网络"。如果对应的host-id字段也全为0，则代表本网络上的本主机；如果对应的host-id字段不全为0或全为1，则代表本网络上的某个主机。

（2）使用net-id和host-id全为1的地址（即地址255.255.255.255）作为IP包目的地址时，可以表示该IP包在本网络中进行广播，而不会通过路由器转发到其他网络；使用host-id全为1，net-id不为全0或全1的IP地址作为目的地址的IP包，可以通过路由器将该IP包转发到该net-id所表示的网络中进行广播，例如要对一个网络号为202.117.129.0的C类网络中的所有主机进行广播，应该使用202.117.129.255作为目的IP地址。

（3）将net-id为127（即二进制01111111）的IP地址保留作为本地软件环回测试（loopback test）使用，此时对应的host-id字段不能取全0或全1，即可用的环回测试地址范围为：127.0.0.1～127.255.255.254。当向环回测试地址发送一个IP包时，该包会再回送到本机协议软件，从而测试本机的TCP/IP协议安装是否正确。

（4）对于net-id不为全0或全1，而host-id字段全为0的地址，表示一个网络地址。例如，一台主机的IP地址为202.117.129.108，那么该主机所在的网络为202.117.129.0，即网络的地址为202.117.129.0。

2）划分子网

随着Internet应用的不断扩大，早期分类IP地址的弊端也逐渐暴露出来。我们知道，每一个B类地址网络可以连接的主机数目为65534（$2^{16}-2$）台，然而有些网络对连接在网络上的主机数有所限制，根本达不到这样的数值，剩余的IP地址也无法分配给其他单位用户，造成了IP地址资源的极大浪费。另外，从提高网络的吞吐量考虑，同一个网络内连接的主机数目也不能超过一定的数量，否则就可能发生网络拥塞，从而导致网络性能急剧下降。

再比如，一个单位有一些网络已经连接到Internet，现在急需在一个新地点马上开通一个新的网络。由于原来网络主机数量的限制，无法将新网络直接连接到已有网络，因此需要为新网络内的主机重新申请IP地址。这样，新增加网络在IP地址申请成功之前是不可能连接到Internet上工作的。

为了解决这些问题，人们从1985年起采用了"划分子网"的办法。划分子网的方法是：将一个单位的网络划分为多个子网络，用单位自行分配的主机号（host-id）字段的部分高位作为子网号（subnet-id），用来标识不同的子网，余下的部分作为子网中的主机号字段。经过划分子网，IP地址变成了三级的结构，由网络号、子网号和主机号三部分组成，如图4.4所示。

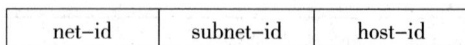

| net-id | subnet-id | host-id |
|---|---|---|

图4.4　三级结构的IP地址

当一个单位的主机很多而且分布在很大的地理范围时，为了便于管理，常常需要对单位内部的主机号进一步划分，形成多个子网。需要注意的是，子网的划分纯属某个单位内部的事，在本单位以外是看不见划分操作的。从外部看，这个单位只有一个网络号。

对于三级结构的IP地址，根据其类型能够判断出网络号（net-id）字段的长度，但是无法识别子网号（subnet-id）的长度。子网掩码被用来界定IP地址的哪些部分是网络号和子网号，哪些部分是主机号。子网掩码单独存在没有意义，它必须结合IP地址一起使用。

与IP地址相同，子网掩码的长度也是32位。通常情况下，子网掩码的部分高位为一串1，对应IP地址中的网络号和子网号；余下部分为一串0，对应IP地址中的主机号。在划分子网的情况下，网络地址可以通过把IP地址的主机号host-id字段置为全0得到，也就是子网掩码与IP地址进行按位"与（AND）"操作的结果，如图4.5所示。

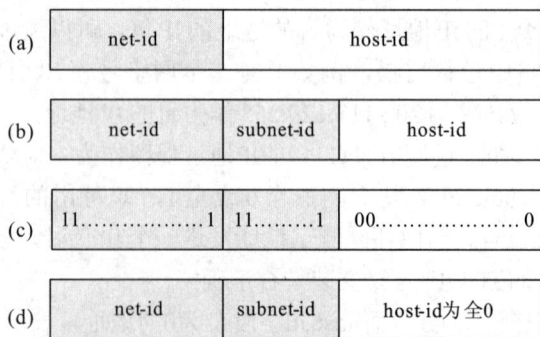

(a) 分类IP地址；(b) 划分子网；(c) 子网掩码；(d) 划分子网时的网络地址

图4.5　IP地址与子网掩码

为了统一起见，Internet的标准规定所有网络都必须有一个子网掩码。一个网络不进行子网划分时，该网络可以使用默认子网掩码。默认子网掩码高位部分的一串1对应于IP地址中的网络号(net-id)，余下的一串0对应于IP地址中的主机号(host-id)。A类地址的默认子网掩码为255.0.0.0；B类地址的默认子网掩码为255.255.0.0；C类地址的默认子网掩码为255.255.255.0。

假设IP地址202.117.129.108对应的子网掩码为：255.255.255.0，则该IP地址为两级结构，其中网络号为高24位，主机号为余下的8位；如果对应的子网掩码为255.255.255.192，则该IP地址为三级结构，其中网络号为高24位，子网号为紧接的2位，主机号为余下的6位。

下面举例来进一步说明划分子网问题。一个单位有三个不同的网络，每个网络中有60台主机，三个网络通过路由器互连并连接到Internet。按照IP协议的观点，三个不同的网络，应该有三个不同的net-id，因此，为了连接到Internet，该单位需要申请三个不同的net-id。

假设地址管理机构给该单位分配了三个C类地址，分别用于三个网络。这样，每个网络中可用的地址为254个，实际使用的地址为60个，地址的利用率不到25%。这对于本来就很紧张的IP地址空间来说是很大的浪费。

引入子网划分及子网掩码的概念以后，IP地址的分配就可以更加灵活，且地址的利用率得到提高。假设该单位申请了一个C类地址为202.117.129.0。因该单位有三个不同的网络，每个网络有60台主机，故可以将该地址中的8位主机号host-id的前2位作为子网号subnet-id。这样，子网掩码为：255.255.255.192，有四个子网地址可以使用，分别对应于子网号subnet-id的二进制00、01、10、11，每个子网中的主机号host-id为6位，去掉全0和全1的地址，可用的地址为十进制的1到62，即二进制的000001到111110。四个子网的网络地址、子网掩码、可分配的IP地址范围如表4-3所示。

表4-3 子网划分及地址分配

| 网络地址 | 子网掩码 | 可分配的IP地址范围 |
| --- | --- | --- |
| 202.117.129.0 | 255.255.255.192 | 202.117.129.1～202.117.129.62 |
| 202.117.129.64 | 255.255.255.192 | 202.117.129.65～202.117.129.126 |
| 202.117.129.128 | 255.255.255.192 | 202.117.129.129～202.117.129.190 |
| 202.117.129.192 | 255.255.255.192 | 202.117.129.193～202.117.129.254 |

三个网络的网络地址可选用四个可用的网络地址中的任三个，其中的主机地址可以分配相应可用的IP地址。例如，一个网络可选用网络地址202.117.129.64，其中的60台主机的IP地址可以是202.117.129.65到202.117.129.124，子网掩码为255.255.255.192。采用上述划分子网方法，最多可以连接的主机数为：4×62=248个。既能适用于不同的网络连接，又能提高地址的利用率。

虽然划分子网在一定程度上缓解了Internet地址的使用等问题，但也存在着很大的局限，如对于同一个网络划分子网时，子网号subnet-id的长度是相同的，如果网络中的主机数目差别较大，则子网的划分还是会造成较大的地址浪费。

为了解决这个问题，1987年，在RFC1009中指明了在一个网络进行子网划分时可以同时使用几个不同的子网掩码，即可变长度子网掩码 VLSM（Variable Length Subnet Mask），可以进一步提高 IP 地址资源的利用率。在 VLSM 的基础上又研究出无分类编址方法，即无分类域间路由选择 CIDR（Classless Inter-Domain Routing）。从长远考虑，这些方法均不能彻底解决 IPv4 存在的地址资源短缺等问题，治本的方法应该是采用具有更大地址空间的下一代 IP 协议，即 IPv6。

**2. IPv6 中的 IP 地址**

IPv6（Internet Protocol Version 6）是 IETF（Internet Engineering Task Force，Internet 工程任务组）设计的用于替代现行 IPv4 协议的下一代 IP 协议，可以彻底解决 IPv4 地址不足的问题。

IPv6 具有更大的地址空间，它将地址从 IPv4 的 32 位增大到了 128 位，使得地址空间约含有 $2^{128}$ 个 IP 地址，其数量是 IPv4 的 $2^{96}$ 倍。IPv6 的地址空间要比 IPv4 丰富得多，足够用来标识地球上的每一粒沙子，这样大的地址空间在可预见的将来是不会用完的。

为了便于阅读和记忆，RFC1884 规定的标准语法建议采用"冒号十六进制记法"，即把 IPv6 地址的 128 位（16 个字节）写成 8 个 16 位的无符号整数，每个整数用 4 个十六进制数表示，这些数之间用冒号（:）分开。其书写格式为 x:x:x:x:x:x:x:x，其中每一个 x 代表四位十六进制数。例如：

3ffe:3201:1401:1:280:c8ff:fe4d:db39

这里将 0001 前的三个 0 省略了。为了简化 IPv6 地址的表示，只要不改变数值，就可以将前面的 0 省略，还可以用 0 代替 0000。冒号十六进制记法允许零压缩，即一连串连续的零可以用一对冒号代替，如：AB05:0:0:0:0:0:0:F4 可以简写成：AB05::F4。

为了保证零压缩不会产生混淆，规定在一个 IP 地址中只能使用一次零压缩。

# 4.3　ICMP 协议

## 4.3.1　ICMP 协议概述

ICMP（Internet Control Message Protocol，Internet 控制报文协议）是 TCP/IP 协议集中的一个协议，用于在主机、路由器之间传递控制消息。网络本身是不可靠的，在 IP 数据报传输过程中，难免会发生许多突发事件并导致数据传输失败。IP 协议是一个无连接协议，它不会处理网络层传输中的差错与异常，而位于网络层中的 ICMP 协议一定程度上弥补了 IP 协议的缺陷。例如，当路由器接收到一个 TTL（生存时间）值为 0 的 IP 数据报时，路由器将会丢弃该数据报，同时通过 ICMP 协议向 IP 数据报的发送者发送一个"时间超过"的差错报告报文。此时，如果没有 ICMP 协议，发送方就不会知道 IP 数据报在传送过程中被丢弃的情况。

IP 数据报的发送方可以根据收到的 ICMP 报文判断发生错误的类型，并确定下一步如何才能更好地改进数据报的发送方式。ICMP 协议唯一的功能是报告错误而不是纠正错误，纠正错误的任务由发送方完成。

在网络应用中，我们经常会使用 ICMP 协议，例如测试网络连通性的 ping 命令以及跟踪每一跳路由的 tracert 命令都是基于 ICMP 协议的。

### 4.3.2 ICMP报文

ICMP协议位于网络层，也是一个无连接协议，使用IP协议进行信息传递，向数据报中的源端提供发生在网络层的错误信息反馈。ICMP报文结构及其与IP数据报的关系如图4.6所示，每个ICMP报文都是放在IP数据报的数据部分后，进一步通过网络传递。

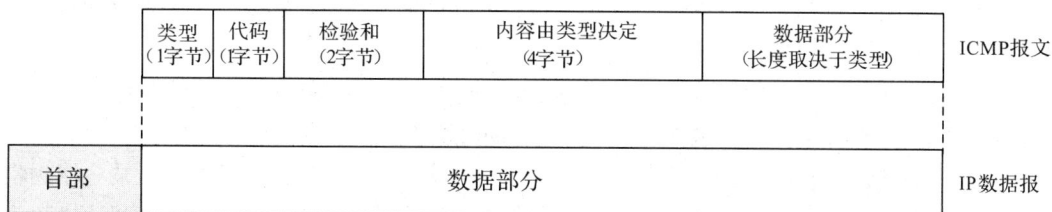

图4.6 ICMP报文结构及其与IP数据报的关系

ICMP报文的前4个字节是固定的，包含类型、代码、检验和三个字段，接着4个字节与ICMP报文的类型有关，再后面是报文的数据部分。前三个字段的具体含义如下：

（1）类型：区分报文的不同类型，例如终点不可达、源站抑制等。

（2）代码：进一步区分某种类型中的几种不同的情况，例如，终点不可达还可以进一步分为网络不可达、主机不可达等多种情况。

（3）检验和：用于检验整个ICMP报文。IP数据报首部有一个"首部检验和"字段，只能检验IP数据报的首部，它不可以检验IP数据报的数据部分，这里IP数据报的数据部分即为ICMP报文，因此在ICMP报文中仍然需要一个检验和字段。

总体来说，ICMP报文可以分为两大类，即差错报告报文和询问报文。这两类报文还可细分为多个类型，如图4.7所示，图中括号内的数值表示每个类型的类型号，对应ICMP报文的"类型"字段。

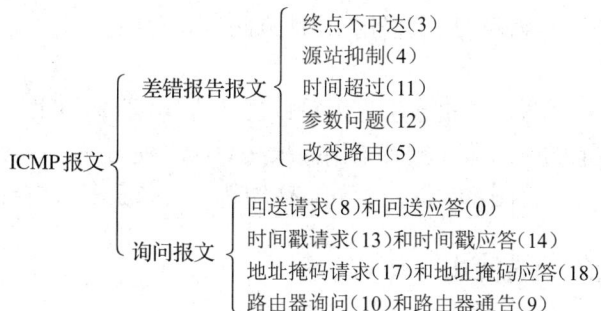

图4.7 ICMP报文分类

ICMP差错报告报文分为5类，即终点不可达、源站抑制、时间超过、参数问题以及改变路由。

（1）终点不可达：当路由器检测到数据报无法传递到目的地时，向创建数据报的源主机发出"终点不可达"报文。终点不可达可细分为网络不可达、主机不可达、协议不可达、端口不可达、需要分片时但DF比特已置为1，以及源路由失败等16种情况，相应报文的"代码"字段从0开始，依次为1、2、3、4、5、…、15。

（2）源站抑制：当路由器收到太多的 IP 数据报导致内存不够时，在丢弃所收数据报的同时，向创建数据报的源主机发送"源站抑制"报文，使得源站知道需要降低数据报的发送速率。

（3）时间超过：有两种情况需要发送"时间超过"报文。一种是路由器收到 TTL 值为 0 的 IP 数据报时，将丢弃该数据报，并向源主机发送"时间超过"报文；另一种是目的主机在预先设定的时间内不能收到一个数据报的全部分片时，将丢弃已经收到的分片，并向源主机发送"时间超过"报文。

（4）参数问题：当路由器或主机收到的 IP 数据报的首部中有不正确的字段值时，该路由器或主机将丢弃该数据报，并利用 ICMP 协议向源站发送"参数问题"报文。

（5）改变路由：也称为路由重定向。当一个源主机创建的 IP 数据报发送至某个路由器时，该路由器如果发现数据报应该选择其他路由，则利用 ICMP 协议向源主机发送"改变路由"报文。改变路由报文能指出网络或特定主机的变化，一般发生在一个网络连接多个路由器的情况。

ICMP 询问报文分为 4 类，即回送请求和应答、时间戳请求和应答、地址掩码请求和应答以及路由器询问和通告。

（1）回送请求和应答：当源主机向某个目的主机发送"回送请求"报文时，目的主机收到该报文后，应该向源主机发送一个"回送应答"报文。回送请求和应答报文可以用来测试目的主机是否工作正常，以及网络的连接是否畅通。网络中经常使用的 ping 命令就是使用了回送请求和应答报文来测试两个主机之间的连通性。

（2）时间戳请求和应答：发送主机发送"时间戳请求"报文时，在请求报文中填充原始时间戳，接收主机收到请求报文后，向发送方回应"时间戳应答"报文，在应答报文中填充接收端时间戳。发送方主机可以计算请求报文和应答报文中的时间差，用于测试两台主机之间数据报往返传输一次花费的时间。

（3）地址掩码请求和应答：主机可以向子网掩码服务器发送"地址掩码请求"报文为自身某个网络接口申请子网掩码，服务器用"地址掩码应答"报文回应。该类报文主要用于无盘系统启动时获取子网掩码。

（4）路由器询问和通告：主机在引导后可以创建"路由器询问"报文，并通过广播或多播发送出去，当网络上的路由器接收到该询问报文后，将使用"路由器通告"报文广播其路由信息。这样，主机可以检测路由器是否处于活动状态，并获取路由器的信息。

### 4.3.3 实例：ping 命令的使用

**1. ping 命令介绍**

ping 命令主要用于测试网络的连通性，是一个使用频率极高的网络测试命令。它可以用来检测网卡、Modem、电缆、交换机、路由器等硬件存在的故障，还可以用来推断 TCP/IP 协议参数配置是否正确以及 TCP/IP 协议运行是否正常。

ping 命令利用 ICMP 协议的"回送请求"报文和"回送应答"报文来测试目标系统是否可达。ICMP "回送请求"报文和 ICMP "回送应答"报文是配合工作的。当源主机向目标主机发送 ICMP "回送请求"报文后，它期待着目标主机的应答。目标主机在收到一个 ICMP "回送请求"报文后，它将收到的报文中的数据部分原封不动地封装在自己的 ICMP

回送应答报文中，然后发回给发送ICMP回送请求报文的源主机。如果校验正确，源主机便认为目标主机的回应正常，也就说明了源主机到目的主机的物理连接是畅通的。

按照缺省设置，每执行一次ping命令就向对方发送4个ICMP"回送请求"报文，其中数据部分长度为32字节。如果网络连接正常，发送方应该能得到目的主机发来的4个"回送应答"报文，否则两者之间的网络存在连通性故障。ping命令发出后，能够计算出以毫秒或毫微秒为单位的应答时间，这个时间越短就表示网络连接越畅通，反之则说明网络连接不够畅通。

通过ping命令显示的TTL（Time To Live，生存时间）值，可以推算出数据包在网络中经过的路由器的个数，即数据包中起始TTL值与返回的数据包中TTL值之差。起始TTL值是一个比返回的数据包中TTL值略大的2的乘方数。TTL的单位是跳（hop），每经过一个中间路由器其值减1。

ping命令常用参数格式：

ping [-t] [-a] [-n count] [-l size] [-4] [-6] target_name

参数说明：

-t　　　　　持续不断地向目的主机发送ICMP报文，按下组合键Control+Break中断发送并显示统计信息，或按下组合键Control+C显示所有统计信息并退出ping命令。

-a　　　　　对目的主机的IP地址进行反向名称解析。如果解析成功，ping命令将显示相应的主机名。

-n count　　指定向目的主机发送ICMP报文的次数，具体值用count表示，其默认值为4。

-l size　　　指定发送到目的主机的ICMP报文中"数据"字段的长度，单位为字节，具体值用size表示，默认值为32。

-4　　　　　强制使用IPv4。

-6　　　　　强制使用IPv6。

target_name　目的主机的IP地址或主机名。

如果需要了解ping命令更多参数的含义，可以在命令提示符下直接输入"ping"即可。

**2. Windows 7系统( 专业版 )下的使用示例**

（1）回环测试，即"ping 127.0.0.1"，如图4.8所示。该命令可以用来检测本机中TCP/IP协议安装是否正确。

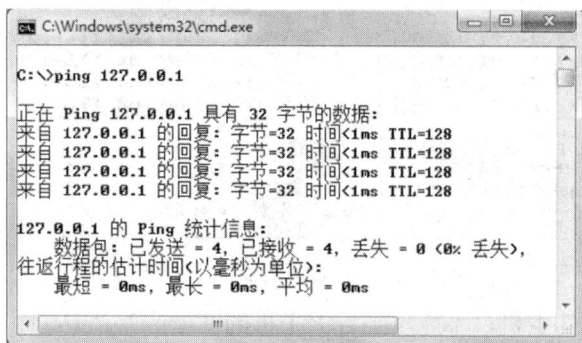

图4.8　利用IP地址进行回环测试

（2）"localhost"是127.0.0.1的别名，因此也可以用"ping localhost"来进行回环测试，如图4.9所示。每台计算机都应该能够将名称localhost转换成地址127.0.0.1，如果不能做到这一点，则表示主机文件（hosts）存在问题。

```
C:\>ping -4 localhost

正在 Ping PC_A [127.0.0.1] 具有 32 字节的数据:
来自 127.0.0.1 的回复: 字节=32 时间<1ms TTL=128
来自 127.0.0.1 的回复: 字节=32 时间<1ms TTL=128
来自 127.0.0.1 的回复: 字节=32 时间<1ms TTL=128
来自 127.0.0.1 的回复: 字节=32 时间<1ms TTL=128

127.0.0.1 的 Ping 统计信息:
    数据包: 已发送 = 4, 已接收 = 4, 丢失 = 0 <0% 丢失>,
往返行程的估计时间<以毫秒为单位>:
    最短 = 0ms, 最长 = 0ms, 平均 = 0ms
```

图4.9 利用localhost进行回环测试

（3）ping本机IP地址，如图4.10所示，该命令可以用来检测本机中网卡安装以及TCP/IP协议配置是否正确。

```
C:\>ping 222.24.21.73

正在 Ping 222.24.21.73 具有 32 字节的数据:
来自 222.24.21.73 的回复: 字节=32 时间<1ms TTL=128
来自 222.24.21.73 的回复: 字节=32 时间<1ms TTL=128
来自 222.24.21.73 的回复: 字节=32 时间<1ms TTL=128
来自 222.24.21.73 的回复: 字节=32 时间<1ms TTL=128

222.24.21.73 的 Ping 统计信息:
    数据包: 已发送 = 4, 已接收 = 4, 丢失 = 0 <0% 丢失>,
往返行程的估计时间<以毫秒为单位>:
    最短 = 0ms, 最长 = 0ms, 平均 = 0ms
```

图4.10 ping本机IP地址

（4）ping局域网内其他主机IP地址，如图4.11所示，该命令对局域网内的其他主机发送ICMP回送请求信息。如果能够收到对方主机的回送应答信息，表明本机与目的主机连通正常，即说明本地网络中的网络互连设备、传输介质工作正常。

```
C:\>ping 222.24.21.52

正在 Ping 222.24.21.52 具有 32 字节的数据:
来自 222.24.21.52 的回复: 字节=32 时间<1ms TTL=128
来自 222.24.21.52 的回复: 字节=32 时间<1ms TTL=128
来自 222.24.21.52 的回复: 字节=32 时间<1ms TTL=128
来自 222.24.21.52 的回复: 字节=32 时间<1ms TTL=128

222.24.21.52 的 Ping 统计信息:
    数据包: 已发送 = 4, 已接收 = 4, 丢失 = 0 <0% 丢失>,
往返行程的估计时间<以毫秒为单位>:
    最短 = 0ms, 最长 = 0ms, 平均 = 0ms
```

图4.11 ping局域网内其他主机IP地址

如果无法访问目的主机，不能收到目的主机的回送应答信息（如图4.12所示），一般情况下表明局域网的连通性存在问题，原因可能是协议配置不一致、传输介质工作不正常等。

```
C:\>ping 222.24.21.52

正在 Ping 222.24.21.52 具有 32 字节的数据：
请求超时。
请求超时。
请求超时。
请求超时。

222.24.21.52 的 Ping 统计信息：
    数据包：已发送 = 4，已接收 = 0，丢失 = 4 (100% 丢失)，
```

图4.12　显示请求超时信息

注意：某些目的主机安装有防火墙，其规则禁止其他计算机用ping命令来测试，此时ping命令测试不通，并不能说明目的主机在网络中一定不连通。

（5）ping网关，如图4.13所示，如果能够收到应答信息，表明网关路由器运行正常。否则，应该检查本机与网关路由器之间传输介质是否连通、本机的默认网关配置是否正确。

```
C:\>ping 222.24.21.1

正在 Ping 222.24.21.1 具有 32 字节的数据：
来自 222.24.21.1 的回复：字节=32 时间<1ms TTL=255
来自 222.24.21.1 的回复：字节=32 时间<1ms TTL=255
来自 222.24.21.1 的回复：字节=32 时间<1ms TTL=255
来自 222.24.21.1 的回复：字节=32 时间<1ms TTL=255

222.24.21.1 的 Ping 统计信息：
    数据包：已发送 = 4，已接收 = 4，丢失 = 0 (0% 丢失)，
往返行程的估计时间(以毫秒为单位)：
    最短 = 0ms，最长 = 0ms，平均 = 0ms
```

图4.13　ping网关

（6）ping域名服务器，如图4.14所示，如果能够收到应答信息，表明本机与网络中的域名服务器连通正常。

```
C:\>ping 202.117.128.2

正在 Ping 202.117.128.2 具有 32 字节的数据：
来自 202.117.128.2 的回复：字节=32 时间=1ms TTL=252
来自 202.117.128.2 的回复：字节=32 时间=1ms TTL=252
来自 202.117.128.2 的回复：字节=32 时间<1ms TTL=252
来自 202.117.128.2 的回复：字节=32 时间=1ms TTL=252

202.117.128.2 的 Ping 统计信息：
    数据包：已发送 = 4，已接收 = 4，丢失 = 0 (0% 丢失)，
往返行程的估计时间(以毫秒为单位)：
    最短 = 0ms，最长 = 1ms，平均 = 0ms
```

图4.14　ping域名服务器

（7）ping远程IP地址，如图4.15所示，西安邮电大学E-mail服务器的IP地址为202.117.128.6，如果能够收到应答信息，表明本机与E-mail服务器连通正常。

（8）ping域名，如图4.16所示，如果这里不能够收到应答信息，很可能是因为DNS服务器工作不正常，也可能因为本机配置的DNS服务器的IP地址不正确。

```
C:\>ping 202.117.128.6

正在 Ping 202.117.128.6 具有 32 字节的数据:
来自 202.117.128.6 的回复: 字节=32 时间=1ms TTL=61
来自 202.117.128.6 的回复: 字节=32 时间=1ms TTL=61
来自 202.117.128.6 的回复: 字节=32 时间<1ms TTL=61
来自 202.117.128.6 的回复: 字节=32 时间=1ms TTL=61

202.117.128.6 的 Ping 统计信息:
    数据包: 已发送 = 4, 已接收 = 4, 丢失 = 0 (0% 丢失),
往返行程的估计时间<以毫秒为单位):
    最短 = 0ms, 最长 = 1ms, 平均 = 0ms
```

图4.15　ping远程IP地址

```
C:\>ping webmail.xupt.edu.cn

正在 Ping webmail.xupt.edu.cn [202.117.128.6] 具有 32 字节的数据:
来自 202.117.128.6 的回复: 字节=32 时间=1ms TTL=61
来自 202.117.128.6 的回复: 字节=32 时间=1ms TTL=61
来自 202.117.128.6 的回复: 字节=32 时间=1ms TTL=61
来自 202.117.128.6 的回复: 字节=32 时间<1ms TTL=61

202.117.128.6 的 Ping 统计信息:
    数据包: 已发送 = 4, 已接收 = 4, 丢失 = 0 (0% 丢失),
往返行程的估计时间<以毫秒为单位):
    最短 = 0ms, 最长 = 1ms, 平均 = 0ms
```

图4.16　ping域名

至此，如果上述的各个步骤中的ping命令都能够收到应答信息，那么本地计算机基本上具备了进行本地和远程通信的功能。但是，这些命令的成功并不表示本地主机的所有网络配置都没有问题，例如某些子网掩码错误可能无法用这些方法检测到。

（9）如果需要持续不断地向目的主机发送回送请求信息，可以使用带参数"-t"的ping命令，如图4.17所示，图中只给出了5次回送应答信息。按下"Control+C"组合键显示所有统计信息并退出ping命令。

```
C:\>ping -t 222.24.21.52

正在 Ping 222.24.21.52 具有 32 字节的数据:
来自 222.24.21.52 的回复: 字节=32 时间<1ms TTL=128
来自 222.24.21.52 的回复: 字节=32 时间<1ms TTL=128
来自 222.24.21.52 的回复: 字节=32 时间<1ms TTL=128
来自 222.24.21.52 的回复: 字节=32 时间<1ms TTL=128
来自 222.24.21.52 的回复: 字节=32 时间<1ms TTL=128
```

图4.17　带参数"-t"的ping命令

（10）在已知目的主机IP地址的情况下，可以使用带参数"-a"的ping命令进行反向名称解析，如图4.18所示。如果解析成功，将在结果中同时显示该主机的域名。

（11）默认情况下，本地主机向目的主机发送4次回送请求信息，我们还可以使用参数"-n count"指定发送回送请求信息的次数，如图4.19所示，这里指定的值为2。

（12）有时为了检测网络故障，需要改变ping命令使用的ICMP报文中"数据"字段的长度，这可以通过使用参数"-l size"来实现，如图4.20所示。

```
C:\>ping -a 202.117.128.6

正在 Ping webmail.xiyou.edu.cn [202.117.128.6] 具有 32 字节的数据:
来自 202.117.128.6 的回复: 字节=32 时间<1ms TTL=61
来自 202.117.128.6 的回复: 字节=32 时间<1ms TTL=61
来自 202.117.128.6 的回复: 字节=32 时间=2ms TTL=61
来自 202.117.128.6 的回复: 字节=32 时间=1ms TTL=61

202.117.128.6 的 Ping 统计信息:
    数据包: 已发送 = 4, 已接收 = 4, 丢失 = 0 (0% 丢失),
往返行程的估计时间(以毫秒为单位):
    最短 = 0ms, 最长 = 2ms, 平均 = 1ms
```

图4.18　带参数 "-a" 的ping命令

```
C:\>ping -n 2 222.24.21.52

正在 Ping 222.24.21.52 具有 32 字节的数据:
来自 222.24.21.52 的回复: 字节=32 时间<1ms TTL=128
来自 222.24.21.52 的回复: 字节=32 时间<1ms TTL=128

222.24.21.52 的 Ping 统计信息:
    数据包: 已发送 = 2, 已接收 = 2, 丢失 = 0 (0% 丢失),
往返行程的估计时间(以毫秒为单位):
    最短 = 0ms, 最长 = 0ms, 平均 = 0ms
```

图4.19　指定发送回送请求信息的次数

```
C:\>ping -l 1000 222.24.21.52

正在 Ping 222.24.21.52 具有 1000 字节的数据:
来自 222.24.21.52 的回复: 字节=1000 时间<1ms TTL=128
来自 222.24.21.52 的回复: 字节=1000 时间<1ms TTL=128
来自 222.24.21.52 的回复: 字节=1000 时间<1ms TTL=128
来自 222.24.21.52 的回复: 字节=1000 时间<1ms TTL=128

222.24.21.52 的 Ping 统计信息:
    数据包: 已发送 = 4, 已接收 = 4, 丢失 = 0 (0% 丢失),
往返行程的估计时间(以毫秒为单位):
    最短 = 0ms, 最长 = 0ms, 平均 = 0ms
```

图4.20　改变ICMP报文中数据字段的长度

### 4.3.4　实例：tracert命令的使用

**1. tracert命令介绍**

从本地计算机到目的计算机的访问往往要经过许多路由器，为了跟踪从本地计算机到目的计算机的路径，可以用tracert命令。该命令是一个实用的路由跟踪程序，可以用来确定网络故障发生的位置。tracert命令可以显示数据包到达目标主机所经过的路径，并显示到达每个节点的时间，适用于大型网络。

tracert命令通过递增"生存时间（TTL）"字段的值将ICMP回送请求报文发送给目标主机，从而确定到达目标主机的路径。tracert命令先发送TTL值为1的回送请求报文，并在随后的发送过程中将TTL值每次递增1，直到到达目标主机或TTL值达到最大。路由器收到TTL为零的数据包时，除了丢弃该数据包外，还要向源站发送"时间超过"报文，本地主机通过检查中间路由器发回的"时间超过"报文来确定路由。使用tracert命令所显示的路径是源主机与目标主机间路由器的近侧接口列表，近侧接口是路径中距离发送主机最近的路由器接口。

用tracert命令可以检测从本地计算机到目的计算机的路径上的哪段网络出现了故障，但是不能判断出故障原因。一般情况下，用tracert命令可以显示每一个路由器的反应时间、IP地址以及站点名称。如果在某一跳出现了"*"或"请求超时"，则可能是对应的网段出现了故障，或路由器拒绝tracert操作。

tracert命令常用参数格式：

tracert [-d] [-h maximum_hops] [-w timeout] [-4] [-6] target_name

参数说明：

| | |
|---|---|
| -d | 防止试图将中间节点的IP地址反向解析为它们的名称，可加速显示跟踪的结果。 |
| -h maximum_hops | 指定在搜索路径中最大的跃点数，具体值用maximum_hops表示，其默认值为30。 |
| -w timeout | 指定等待每个回复的超时时间，具体值用timeout表示，单位为毫秒。如果在timeout时间内未收到返回的信息，则显示星号(*)。 |
| -4 | 强制使用IPv4。 |
| -6 | 强制使用IPv6。 |
| target_name | 目的主机的IP地址或主机名。 |

如果需要了解tracert命令更多参数的含义，在命令提示符下直接输入"tracert"即可。

### 2. Windows 7系统（专业版）下的使用示例

（1）如果要跟踪到达西安邮电大学FTP服务器的路径，可以使用只带参数target_name的tracert命令，如图4.21所示。

```
C:\>tracert ftp.xupt.edu.cn

通过最多 30 个跃点跟踪
到 ftp.xupt.edu.cn [222.24.19.20] 的路由：

  1    <1 毫秒    <1 毫秒    <1 毫秒 222.24.21.1
  2     1 ms     <1 毫秒    <1 毫秒 222.24.63.65
  3    <1 毫秒    <1 毫秒    <1 毫秒 STARCRAF-PL7YLW [222.24.19.20]

跟踪完成。
```

图4.21　跟踪到达ftp.xupt.edu.cn的路径

（2）在跟踪过程中，为了加快显示速度而防止将每个IP地址反向解析为域名，可以在tracert命令中使用参数"-d"，如图4.22所示。

```
C:\>tracert -d ftp.xupt.edu.cn

通过最多 30 个跃点跟踪
到 ftp.xupt.edu.cn [222.24.19.20] 的路由：

  1    <1 毫秒    <1 毫秒    <1 毫秒 222.24.21.1
  2     1 ms     <1 毫秒    <1 毫秒 222.24.63.65
  3    <1 毫秒    <1 毫秒    <1 毫秒 222.24.19.20

跟踪完成。
```

图4.22　带参数"-d"的tracert命令

（3）有时没有必要知道到达目标主机的路径中的所有节点，可以使用参数"-h maximum_hops"来指定路径中的最大跃点数，如图4.23所示，指定最大跃点数为3，即显示到达清华大学Web服务器的路径中较近的3个节点。这里强制使用了IPv4。

```
C:\>tracert -d -h 3 -4 www.tsinghua.edu.cn

通过最多 3 个跃点跟踪
到 www.d.tsinghua.edu.cn [166.111.4.100] 的路由:

  1    <1 毫秒    <1 毫秒    <1 毫秒 222.24.21.1
  2    <1 毫秒     1 ms     <1 毫秒 222.24.63.65
  3     1 ms      1 ms      1 ms  222.24.63.1

跟踪完成。
```

图4.23　指定路径中的最大跃点数

（4）在tracert命令中使用"-w timeout"参数，可以指定等待应答信息的时间，单位为毫秒，如图4.24所示，图中指定了等待应答信息的时间为60毫秒。如果在指定时间内未收到应答信息，则显示星号（*）。

```
C:\>tracert -w 60 webmail.xupt.edu.cn

通过最多 30 个跃点跟踪
到 webmail.xupt.edu.cn [202.117.128.6] 的路由:

  1    <1 毫秒    <1 毫秒    <1 毫秒 222.24.21.1
  2     1 ms      1 ms     <1 毫秒 222.24.63.65
  3     1 ms      1 ms      2 ms  222.24.63.1
  4     *         *         *     请求超时。
  5     *         *         *     请求超时。
  6     1 ms      1 ms      1 ms  stu.xiyou.edu.cn [202.117.128.6]

跟踪完成。
```

图4.24　指定等待应答信息的时间

## 4.4　ARP协议

### 4.4.1　ARP协议概述

IP地址在网络中用于唯一标识一台主机，它是一种逻辑地址。在局域网中，一台主机要和另一台主机直接通信，必须要知道目标主机的MAC地址。在TCP/IP协议栈中，网络层和传输层只关心目标主机的IP地址，而在数据链路层，网络中传输的数据单元（PDU，协议数据单元）是"帧"，帧头中含有目标主机的MAC地址。ARP（Address Resolution Protocol，地址解析协议）用来根据目标主机的IP地址，查询目标主机的MAC地址，以保证通信的顺利进行。所谓"地址解析"是将目标主机的IP地址转换成目标主机MAC地址的过程。一般情况下，ARP自动寻求IP地址到MAC地址的解析，无需管理员的介入。

网络中的每台计算机都维护着一个ARP高速缓存，其中记录着它所在局域网中的各主机的IP地址与MAC地址的一一对应关系。如图4.25所示，如果主机A（192.168.1.1）需要向主机D（192.168.1.2）发送数据，此时主机A只知道主机D的IP地址，并不知道主机D的MAC地址，它们按如下步骤进行通信。

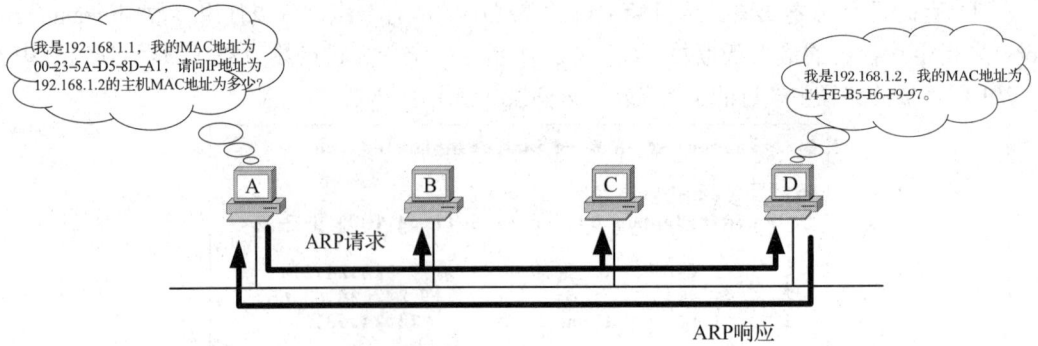

图4.25　ARP工作原理

（1）主机A利用主机D的IP地址查找本地的ARP高速缓存，如果查找成功，即可知道主机D的MAC地址，然后直接将其写入帧中的目的MAC地址字段并且发送该帧；否则，主机A启用ARP协议，在本局域网上以广播形式发送一个ARP请求分组，向局域网中的所有主机发出询问"我是192.168.1.1，我的MAC地址为00-23-5A-D5-8D-A1，请问IP地址为192.168.1.2的主机MAC地址为多少？"。

（2）本局域网上的所有主机（B、C、D）都能接收到该ARP请求，但只有主机D做出回应，其他主机（B、C）直接丢弃该ARP请求分组。主机D此时已经知道主机A的IP地址以及MAC地址，因此直接向主机A发送ARP响应分组，告诉主机A："我是192.168.1.2，我的MAC地址为14-FE-B5-E6-F9-97"。同时，主机D更新自己的ARP高速缓存，把主机A的IP地址与MAC地址的对应关系记录下来，下次向主机A发送数据时直接查找就可以了。

（3）主机A收到主机D发来的ARP响应分组后，就在其ARP高速缓存中写入主机D的IP地址与MAC地址的对应关系，并利用获得的主机D的MAC地址构造帧然后发送出去。

分析以上通信过程可以看出，如果没有ARP高速缓存，任何主机每进行一次通信都需要用广播方式发送一个ARP请求分组，这必然大大增加网络上的通信量。ARP协议将已经得到的地址对应关系保存在高速缓存中，这样该主机下次和具有相同目的IP地址的主机通信时，可以直接从高速缓存中找到对应的MAC地址而不必再用广播方式发送ARP请求报文。

ARP高速缓存采用了老化机制，即为记录的每一个对应关系设置了生存时间（例如15～20分钟）。在规定的时间内，如果某个对应关系没有使用，就会被自动删除。设置生存时间是必须的。假设主机D的网卡坏了，重新更换网卡后，其MAC地址也就改变了。如果主机A仍然采用原来记录的MAC地址与主机D通信，将无法正确找到主机D。但是，为ARP高速缓存设置了生存时间后，过了一段时间，主机A中保存的主机D的地址对应关系会被删除。主机A再向主机D发送数据时，首先启用ARP，从而可以正确获取主机D的IP地址与新的MAC地址的对应关系，保证了通信的正常进行。另外，设置生存时间，还可以大大减少ARP高速缓存保存的内容，加快查找速度。

在进行地址转换时，有时还需要使用RARP（Reverse Address Resolution Protocol，反向地址解析协议），完成MAC地址到IP地址的转换。RARP广泛用于无盘工作站获取自己的IP地址。无盘工作站上没有配置硬盘，需要从网络中获取IP地址后才能进行网络通信。系统启动时，无盘工作站只有自己的MAC地址而没有IP地址，它可以通过RARP协议，广播RARP请求分组，请求获得IP地址，这一过程中RARP服务器负责应答。无盘工作站通过RARP获得的IP地址，在系统重新启动前一直有效，不用连续广播请求。

## 4.4.2　ARP分组格式

ARP协议位于网络层，ARP分组直接交付到数据链路层，封装为以太网帧后发送出去。ARP分组格式及其与帧的关系如图4.26所示，包含硬件类型、协议类型、硬件地址长度、IP地址长度等9个字段(图中括号内的数字表示字段所占的字节数)。

| 硬件类型(2) | 协议类型(2) | 硬件地址长度(1) | IP地址长度(1) | 操作类型(2) | 源MAC地址(6) | 源IP地址(4) | 目的MAC地址(6) | 目的IP地址(4) | ARP分组 |
|---|---|---|---|---|---|---|---|---|---|

| 首部 | 数据部分 | 尾部 | 帧 |
|---|---|---|---|

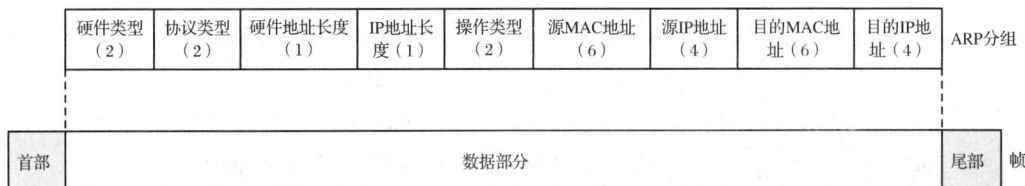

图4.26　ARP分组格式

现对ARP分组的各字段解释如下：

(1) 硬件类型：占2字节，指明了硬件类型，取值为1时表示以太网。

(2) 协议类型：占2字节，指明了网络协议地址的类型，取值为0800时表示IP地址。

(3) 硬件地址长度：占1字节，指明了硬件地址的长度，以太网MAC地址长度为6。

(4) IP地址长度：占1字节，指明了IP地址的长度，取值应为4。

(5) 操作类型：占2字节，表示不同的操作。ARP请求对应取值1，ARP响应对应取值2，RARP请求对应取值3，RARP响应对应取值4。

(6) 源MAC地址：占6字节，指明了发送方的MAC地址。

(7) 源IP地址：占4字节，指明了发送方的IP地址。

(8) 目的MAC地址：占6字节，指明了接收方的MAC地址。

(9) 目的IP地址：占4字节，指明了接收方的IP地址。

## 4.4.3　实例：arp命令的使用

### 1. arp命令介绍

TCP/IP协议中，ARP协议是一个重要的组成部分，用于确定某个IP地址对应的物理地址。arp命令用于显示和修改ARP高速缓存中保存的地址转换表。ARP高速缓存中可以包含一个或多个表，表中记录着IP地址到物理地址的映射关系。如果计算机上安装有多块网卡，则每一块网卡都有自己独立的表。

通过arp命令，可以静态指定IP地址到物理地址的映射关系，使用这种方式为默认网关或本地服务器等常用主机进行设置，有助于减少网络上的ARP信息量。静态指定的映射关系将一直存在，除非手工删除或重新启动计算机。

参数格式：

arp -a [inet_addr] [-N if_addr] [-v]

arp -d inet_addr [if_addr]

arp -s inet_addr eth_addr [if_addr]

参数说明：

-a 显示当前ARP表包含的ARP项，即IP地址和物理地址的映射关系。如果指定inet_addr，则只显示与该参数指定的主机相关的ARP项。同一台计算机上的不同网络接口对应的ARP表内容不同，可以使用参数"-N if_addr"指定显示某个网络接口的ARP表项。"-a"也可以用"-g"代替。

inet_addr 指定一个IP地址。

-N if_addr 指定一个网络接口，if_addr表示某个网络接口的IP地址。

-v 在详细模式下显示当前ARP项，所有无效项和环回接口上的项都显示。

-d 删除与inet_addr指定的主机相关的ARP项，可以用通配符"*"代替inet_addr，表示所有主机。

-s 添加静态映射关系，参数inet_addr、eth_addr分别表示IP地址、物理地址。

eth_addr 表示一个物理地址，占48 bit，用连字符"-"分割的6个十六进制数。

如果需要了解arp命令的帮助信息，在命令提示符下直接输入"arp"即可。

**2. Windows 7系统（专业版）下的使用示例**

（1）使用带参数"-a"的arp命令查看本地ARP缓存，如图4.27所示，图中显示所有网络接口对应的ARP表项。

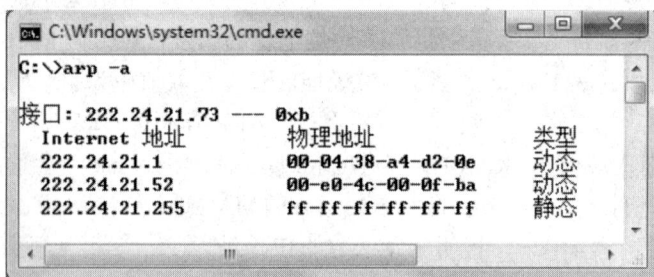

图4.27　查看ARP高速缓存

（2）查看本地ARP缓存中与某个IP地址相关的ARP项，如图4.28所示，图中显示了与IP地址222.24.21.52相关的ARP表项。

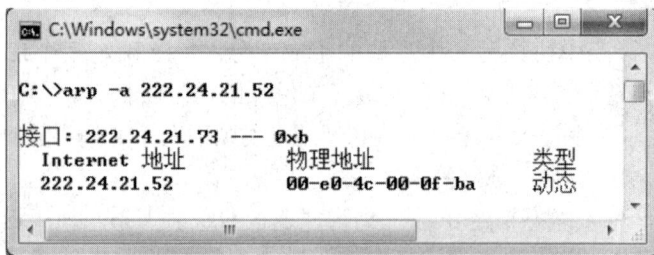

图4.28　查看与某个IP地址相关的ARP表项

（3）清空本地ARP缓存，如图4.29所示，这里必须具有管理员权限才能运行，否则提示"ARP项删除失败：请求的操作需要提升。"

（4）在本地ARP缓存中添加静态ARP项，如图4.30所示，这里必须具有管理员权限才能运行，否则提示"ARP项添加失败：请求的操作需要提升。"

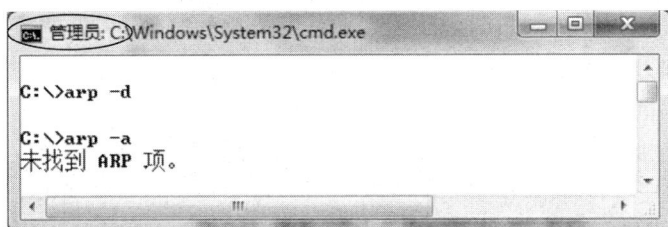

图4.29 清空本地ARP缓存

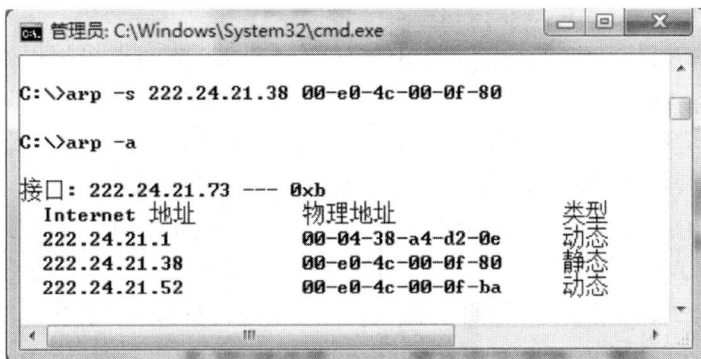

图4.30 添加静态ARP项

# 4.5 TCP与UDP协议

通过IP协议可以把IP包从源主机经过Internet传送到目的主机，但还不能传送到目的主机的应用进程。也就是说，网络层只能实现主机到主机的数据传输。然而，网络中的数据通信是在分别位于源主机和目的主机中的两个应用进程之间进行，因此还需要传输层提供的功能。传输层负责在源主机和目的主机的应用进程间提供端到端的数据传输服务。传输层可以为应用层的应用进程提供两种不同类型的服务，即面向连接服务和无连接服务。这两种服务分别对应于传输层的两个主要协议，即面向连接的TCP协议和无连接的UDP协议。

**1. 面向连接服务**

面向连接服务是指通信双方在正式通信前需要建立起连接。所谓连接，是两个对等实体为进行数据通信而进行的一种结合。面向连接服务具有建立连接、数据传输和释放连接三个阶段。数据传输前，通信双方需要建立连接；数据传输结束，需要断开连接；数据传输过程中，通常采取一些方法和手段来保证信息按序、正确传输。面向连接服务与打电话的情形非常类似，必须等线路接通，对方拿起话筒才能相互通话。

面向连接服务的传输连接类似于一个通信管道，发送者在一端放入数据，接收者从另一端取出数据。面向连接数据传输的收发数据顺序不变，因此传输的可靠性高，但需通信开始前建立连接的开销，协议复杂，通信效率不高。面向连接服务适合在一定时期内，向同一目的地发送许多报文的情况。

**2. 无连接服务**

无连接服务就是在正式通信前不必与对方建立连接，不管对方状态如何就直接发送。这与手机短信很相似，发短信时，只要输入对方手机号码，不管对方是否开机，直接发送出去就可以了。采用无连接服务时，不需要通信双方同时是活跃的。发送方在发送时才必须是活跃的；接收方在接收时才必须是活跃的。通常，无连接服务的收发双方也不需要采用一定的方法来保证信息按序、可靠的传输。

相对于面向连接服务来说，无连接服务的优点是通信比较迅速，使用灵活方便，连接开销小，但可靠性低，不能防止报文的丢失、重复或失序。因此无连接服务适用于传送少量报文的场合。

### 4.5.1 端口

一般情况下，一台主机只配置一个IP地址，但是这台主机可以提供许多服务，例如Web服务、FTP服务、SMTP服务等。这些服务如果只靠IP地址来区分是不够的，因为IP地址与网络服务之间是一对多的关系。我们可以采用端口来区分同一主机上的不同服务，例如Web服务对应的TCP端口号为80，DNS服务对应的UDP端口号为53，图4.31描述了端口的概念。传输层使用与应用层接口处的端口与上层的应用进程进行信息交互，应用层各种用户进程通过相应的端口与传输实体进行交互。端口的作用就是让应用层的各种应用进程都能将其数据通过端口向下交互给传输层，以及让传输层知道应当将其数据向上通过端口交付给应用层的哪个进程。因此，也可以说端口用来标识应用层的不同进程。

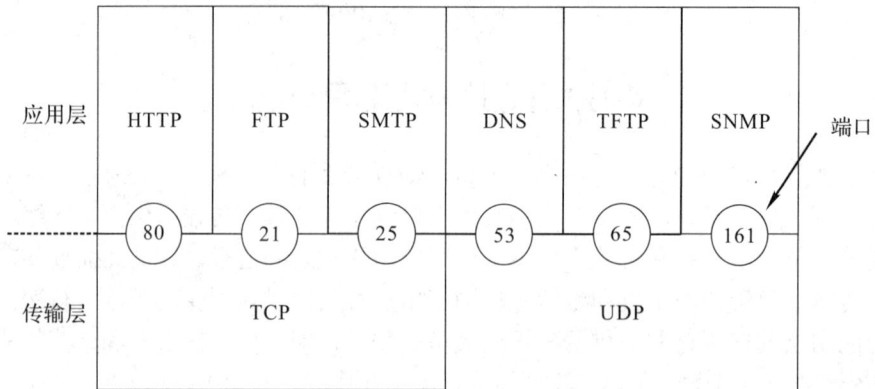

图4.31　端口的概念

端口是用端口号来标记的，端口号长度为16bit，其范围为0～65535，因此端口号的个数为64K。端口号只具有本地意义，只是为了标识本地计算机上的不同应用进程，网络中不同计算机上的相同端口之间是没有联系的。

从传输层的协议来看，端口有TCP端口和UDP端口之分。由于TCP和UDP两种协议是相互独立的，因此各自的端口号也相互独立。比如，TCP有端口235，UDP也可以有端口235，两者并不冲突。

从端口号分布的范围来看，可以分为熟知端口（well-known port）和一般端口。

**1. 熟知端口**

熟知端口由ICANN（因特网名字和号码指派公司）负责固定分配给一些常用的服务，其范围为0～1023，例如端口80、21分别分配给HTTP服务和FTP服务。常用的服务只有使用熟知端口，才能方便客户端应用进程访问它，否则客户端应用进程可能因为不知道该服务的端口号而无法与它交互。常用服务的端口号见表4-4。

表4-4 常用服务的端口号

| 服务 | 协议 | 端口号 | 描 述 |
|---|---|---|---|
| HTTP | TCP | 80 | 超文本传输协议 |
| FTP（Control） | TCP | 21 | 文件传输协议（控制连接） |
| FTP（Data） | TCP | 20 | 文件传输协议（数据连接） |
| SMTP | TCP | 25 | 简单邮件传送协议 |
| POP3 | TCP | 110 | 邮局协议 |
| Telnet | TCP | 23 | 远程终端 |
| DNS | UDP | 53 | 域名系统 |
| TFTP | UDP | 65 | 简单文件传输协议 |
| SNMP | UDP | 161 | 简单网络管理协议 |
| SNMP（Trap） | UDP | 162 | 简单网络管理协议（Trap报文） |

**2. 一般端口**

一般端口的范围为1024～65535，用于随时分配给主动请求通信的客户进程。只要用户进程向系统提出访问网络的申请，系统就可以分配一个一般端口供该进程使用。用户进程结束后，会自动释放所占用的端口号。

客户端通常对它所使用的端口号并不关心，只需保证该端口号在本机上是唯一的就可以。客户端口号又称作临时端口号，存在时间很短，这是因为它通常只是在用户运行该客户程序时才存在。在服务器端，应用层中的各种应用进程不断监测分配给它们的端口，以便发现是否有某个客户端进程要与它通信，因此服务器端需要一直提供服务，即一直占用分配的端口号。

## 4.5.2 TCP协议

TCP（Transmission Control Protocol，传输控制协议）协议是一种面向连接的、可靠的、基于字节流的传输层通信协议。TCP协议位于IP层之上、应用层之下，完成传输层指定的功能。不同主机的应用层之间经常需要可靠的、像管道一样的连接，但是IP层不提供这样的机制，而是提供不可靠的包交换。这一可靠机制可以通过传输层的TCP协议来实现。

TCP是面向连接的协议。在数据传输之前必须先建立连接，即在两个通信的TCP进程之间相互确认对方是存在的并且处于活动状态，同时为两个进程之间的通信协商一些参数并且预留资源（如缓冲区等）。在数据传输结束后要释放连接，即释放资源并且断开双方的联系。TCP连接建立后，通信双方可以同时进行数据的传输。在数据传输过程中，TCP采用了许多方法和手段，如编号与确认、流量控制、计时器等，来保证在连接上提供可靠的传输服务，因此也增加了协议的开销。

TCP协议把应用层报文分解为多个TCP报文段进行传输，在目的站再重新装配这些段，必要时需要重新发送没有收到的段。例如Web服务采用了面向连接的TCP协议，因此它保证了Internet上两台主机之间信息的无差错传输。TCP协议还进行了流量控制，以避免发送方发送过快而发生网络拥塞。

与IP数据报相似，一个TCP报文段也分为首部和数据两部分，如图4.32所示。TCP的全部功能都体现在首部包含的各字段。TCP报文段首部的前20个字节是固定的，后面有4N（N是整数)字节是根据需要而增加的选项。

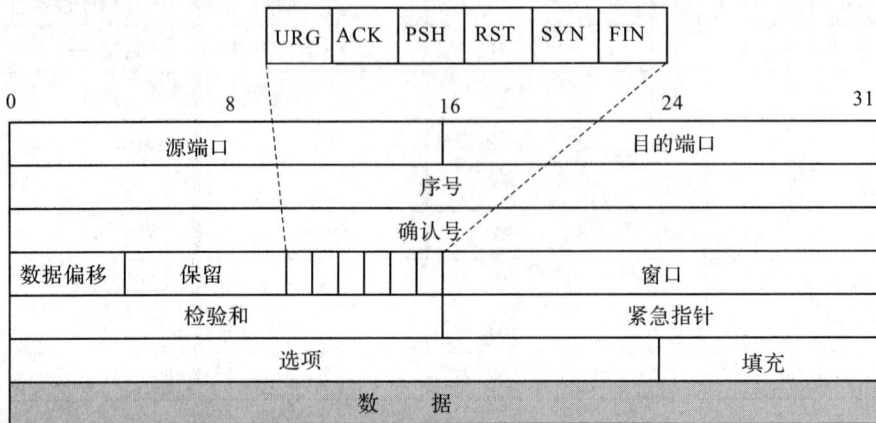

图4.32　TCP报文段的格式

现对TCP报文段首部中固定部分包含的各字段作如下解释。

（1）源端口：占16bit，即2个字节，表示发送方的端口号。源IP地址和源端口同时使用，能够标识发送方的应用进程，便于报文的返回。

（2）目的端口：占16bit，即2个字节，表示接收方的端口号。目的IP地址和目的端口同时使用，能够用来标识接收方的应用进程。

（3）序号：占4个字节。TCP协议把一个TCP连接中传送的字节流中的每一个字节都编上一个序号。首部中的序号字段表示该TCP报文段中第一字节数据的编号。

（4）确认号：占4个字节。表示期望收到对方的下一个报文段中第一个字节数据的序号，也就是期望收到的下一个报文段首部的序号字段的值。

（5）数据偏移：占4bit，以4字节长为计算单位。该字段指出TCP报文段中数据部分相对于起始处的距离，即TCP报文段的首部长度。可以看出，TCP报文段首部最大长度为60字节。

（6）保留：占6bit，保留为今后使用，但目前应置为0。

（7）控制比特：包含以下6个比特，用于说明本报文段的性质。

• 紧急比特URG（URGent）：当URG=1时，发送端将需要紧急传送的数据插入到报文段数据部分的最前端。只有URG取值为1时，"紧急指针"字段才有效。

• 确认比特ACK（ACKnowlegment）：只有当ACK=1时，"确认号"字段才有效。

• 推送比特PSH（PuSH）：接收方收到PSH=1的报文段时，就将本报文段尽快交付给应用进程处理，而不再等到整个缓存都填满后再向上交付。

• 复位比特RST（ReSeT）：当RST=1时，表示TCP连接中出现严重差错，必须释放连接，然后再重新建立连接。

• 同步比特SYN：在连接建立时用来同步序号。

• 终止比特FIN（FINal）：用来释放一个连接。

（8）窗口：占2个字节。窗口字段用来控制对方发送的数据量，单位为字节。

（9）检验和：占2个字节。检验的范围包括首部和数据两个部分。

（10）紧急指针：占2个字节。当URG=1时，该字段用于表示本报文段中紧急数据的最后一个字节的序号，即说明了紧急数据占了多少个字节。

### 4.5.3　UDP协议

UDP（User Datagram Protocol，用户数据报协议）协议是一种与TCP相对应的传输层协议。UDP协议为应用层的应用进程提供无连接的数据报服务。在传送数据之前不需要建立连接，发送方需要发送的时候就可以发送，接收方接收以后也不需要给出应答信息。UDP协议尽力传送数据报，但如果由于某种原因传送失败，数据报则被丢弃并且不重传。UDP协议对传输的数据提供不可靠的服务，这意味着它不保证用户数据报的到达，也不保证所传送数据及其顺序是否正确。UDP协议是面向报文的。发送方的UDP对应用层交下来的报文，在添加首部后就向下交付给IP层，既不拆分也不合并，而是保留这些报文的边界，因此应用层需要选择合适的报文大小。

尽管UDP协议只能提供不可靠的传输服务，但是由于它不需要建立连接，而且不需要控制传输过程，因此协议简单且开销较小。通常适用于对可靠性要求不高、对实时性要求较高的应用，例如SNMP（简单网络管理协议）、DNS（域名系统）等协议在传输层均采用UDP协议。

UDP协议只在网络层提供的IP数据报服务基础上，增加了端口功能和差错检测功能。用户数据报包含首部和数据两个部分，如图4.33所示。用户数据报首部很简单，仅仅包含4个字段。现对用户数据报首部各字段解释如下：

（1）源端口：占16bit。UDP数据报不需要应答，因此"源端口"是可选字段，使用时用来表示发送方使用的端口号。如果不使用，设置为0。

（2）目的端口：占16bit，表示接收方使用的端口号。

（3）长度：UDP用户数据报的总长度，包含首部和数据两个部分。长度最小值为8。

（4）检验和：防止UDP用户数据报在传输中出错，将首部和数据部分一起检验。

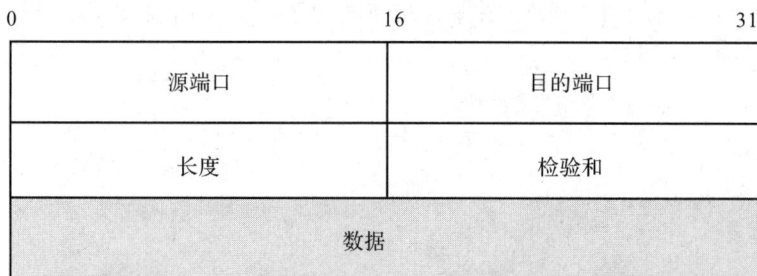

| 0 | 16 | 31 |
|---|---|---|
| 源端口 | 目的端口 | |
| 长度 | 检验和 | |
| 数据 | | |

图4.33　UDP用户数据报格式

TCP协议和UDP协议各有优缺点。面向连接的TCP协议可靠，但是效率较低，通信过程中传送了很多与数据无关的信息，降低了信道的利用率，TCP常用于一些对数据可靠性要求较高的应用；无连接的UDP不可靠，但因为不用传输许多与数据本身无关的信息，所以速度快，常用于一些实时业务，也用于一些对差错不敏感的应用。

# 4.6 TCP/IP协议配置

TCP/IP协议是Internet事实上的标准协议，计算机要进行Internet访问，必须安装并正确配置TCP/IP协议。当然，TCP/IP协议也支持局域网中计算机之间的通信。在如今流行的操作系统中，都默认安装了TCP/IP协议。对TCP/IP协议的配置可以根据计算机所处的不同网络环境选择不同的配置方式，即静态配置或动态配置。

一台计算机通常需要正确配置IP地址、子网掩码、默认网关和DNS服务器等四个网络连接参数，才能实现局域网内的资源共享(文件夹共享、打印机共享等)以及Internet访问。

- IP地址：长度为4字节(32位)的二进制数字，用来唯一标识网络中的计算机。
- 子网掩码：用于界定IP地址的哪些部分是网络号和子网号，哪些部分是主机号。与IP地址相同，子网掩码也是32位。通常情况下，子网掩码的部分高位为一串1，对应IP地址中的网络号和子网号；余下部分为一串0，对应IP地址中的主机号。
- 默认网关：默认网关常常是指默认路由器，其地址就是与本网络直接连接的路由器近侧端口的IP地址。不同网络之间通信时，才有必要配置默认网关。网络中的数据包必须通过网关才能转发到其他网络，只有设置好默认网关的地址，TCP/IP协议才能实现不同网络之间的相互通信。
- DNS服务器：DNS（域名系统)主要用于TCP/IP网络的域名解析，即实现主机名称和IP地址之间的相互转换。在使用域名访问Internet时，需要配置用于域名解析的DNS服务器地址。

以上参数由本地网络的管理员统一规划，一般用户必要时需要向网络管理员咨询。静态配置时，网络连接参数由用户手工填写，而动态配置时，这些参数由DHCP服务器统一分配。

## 4.6.1 实例：TCP/IP协议静态配置

静态配置TCP/IP协议后，将一直使用配置的参数进行通信，除非手工做出修改。Windows 7系统(专业版)下的配置可以按如下步骤进行：

（1）右键单击桌面上的"网络"图标，在弹出的菜单中单击"属性"项，打开"网络和共享中心"窗口，如图4.34所示。

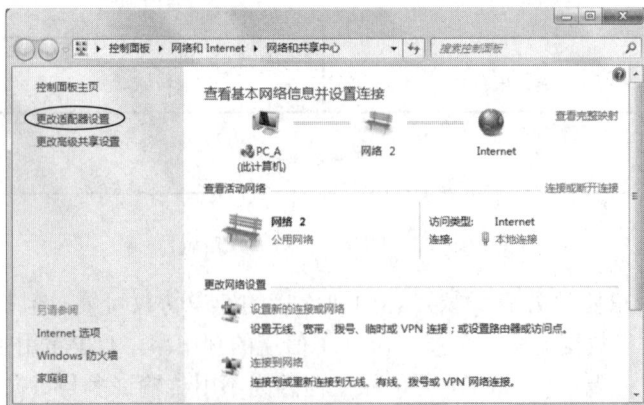

图4.34 "网络和共享中心"窗口

（2）单击左侧的"更改适配器设置"菜单，打开"网络连接"窗口，如图4.35所示。

图4.35　"网络连接"窗口

（3）右键单击"本地连接"图标，在弹出的菜单中单击"属性"项，打开"本地连接 属性"窗口，如图4.36所示。

（4）在"此连接使用下列项目"列表中选择"Internet协议版本4（TCP/IPv4）"项，单击"属性"按钮。弹出"Internet协议版本4（TCP/IPv4）属性"窗口，如图4.37所示，正确填写TCP/IP协议的网络连接参数后，单击"确定"按钮。这些参数的具体值与主机所处的网络环境有关，必要时可以咨询网络管理员。

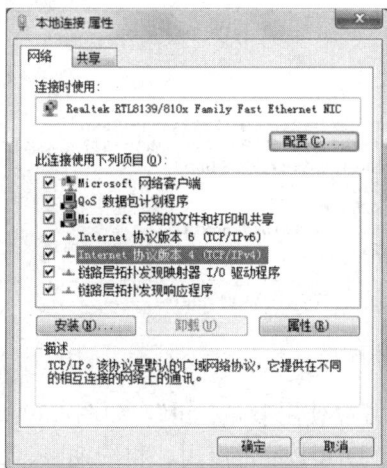

图4.36　"本地连接 属性"窗口

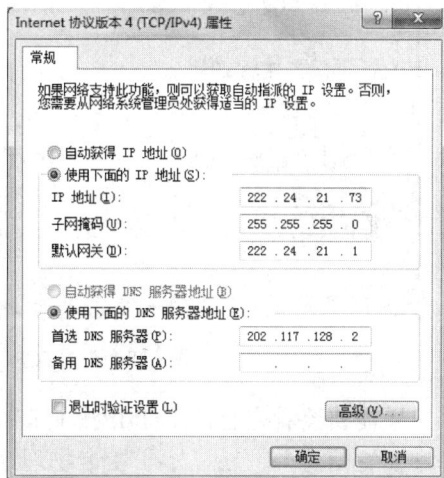

图4.37　TCP/IPv4属性

## 4.6.2　实例：ipconfig命令的使用

### 1. ipconfig命令介绍

ipconfig命令用于显示TCP/IP配置信息（IP地址、子网掩码等），这些信息可以用来检查当前配置的TCP/IP属性是否正确。如果计算机的IP地址被设置为从DHCP服务器动态获取，该命令能够检验客户机是否成功租用到一个IP地址。还可以使用ipconfig命令显示或清理DNS缓存的内容。不带任何参数的情况下，ipconfig命令只显示各个适配器的IP地址、子网掩码和默认网关。ipconfig命令是了解系统网络配置的主要命令。

ipconfig命令常用参数格式：

ipconfig [/all | /renew [Adapter] | /release [Adapter] | /displaydns | /flushdns]

参数说明：

| | |
|---|---|
| /all | 显示所有网络适配器的完整TCP/IP配置信息。 |
| /renew [Adapter] | 更新所有适配器（不带Adapter参数）或特定适配器（带有Adapter参数）从DHCP服务器获得的网络配置信息，该参数仅在配置为动态获取IP地址的计算机上使用。Adapter参数代表的适配器名称可以使用不带参数的ipconfig命令来查看。 |
| /release [Adapter] | 释放所有适配器（不带Adapter参数）或特定适配器（带有Adapter参数）从DHCP服务器获得的网络配置信息。 |
| /displaydns | 显示DNS缓存的内容。 |
| /flushdns | 清理DNS缓存的内容。 |

如果需要了解ipconfig命令更多参数的含义，在命令提示符下直接输入"ipconfig /?"即可。

**2. Windows 7系统（专业版）下的使用示例**

（1）查看TCP/IP基本配置，ipconfig命令可以不带参数，如图4.38所示。

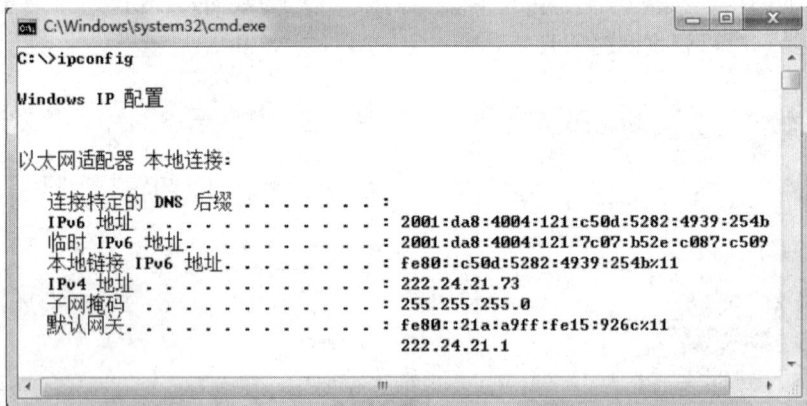

图4.38　查看TCP/IP基本配置

（2）如果需要查看完整的TCP/IP配置信息，可以使用参数"/all"，如图4.39所示。除了显示基本配置信息外，还显示了网卡物理地址、DHCP是否启用、租约期限、DHCP服务器地址、DNS服务器地址等其他信息。

（3）重新向DHCP服务器申请IP地址，可以在ipconfig命令中使用参数"/renew"，如图4.40所示。不难看出，DHCP服务器分配给本机的IP地址为：222.24.21.73。

注意：如果运行带"/renew"参数的ipconfig命令，除了需要在网络中正确配置DHCP服务器之外，还必须把本机"本地连接"的TCP/IP属性设置为自动获取的形式。否则，这一命令将会显示出错信息。

（4）释放本机从DHCP服务器租用的IP地址，可以在ipconfig命令中使用参数"/release"，如图4.41所示。

注意：如果运行带"/release"参数的ipconfig命令，本机"本地连接"的TCP/IP属性必须设置为自动获取的形式，否则将会显示出错信息。

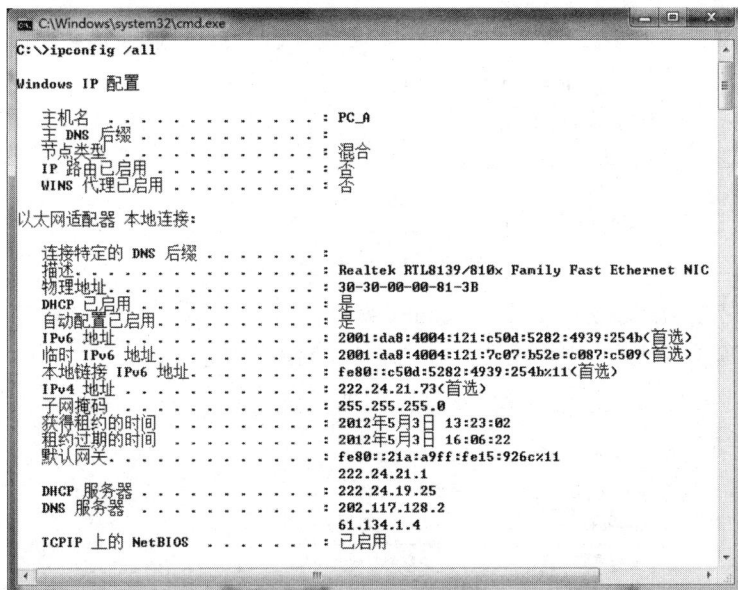

图4.39　查看完整的TCP/IP配置信息

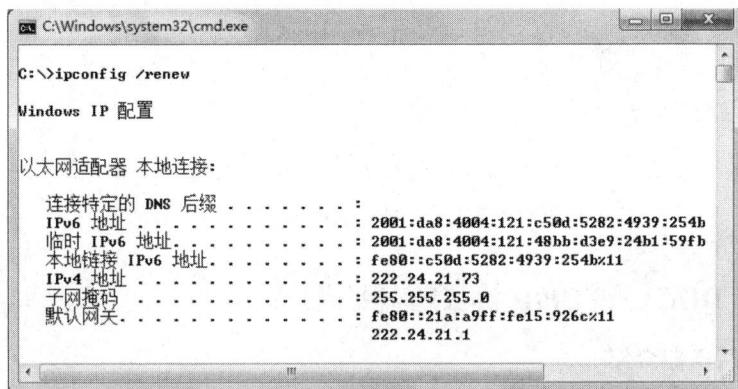

图4.40　申请动态IP地址

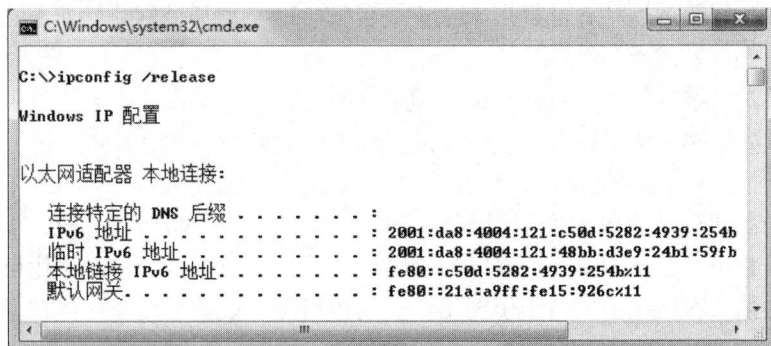

图4.41　释放租用的IP地址

（5）使用域名访问网络资源时，经常会在本机缓存中自动存放一些域名与IP地址的映射关系。可以使用带参数"/flushdns"的ipconfig命令来清理DNS缓存，如图4.42所示。

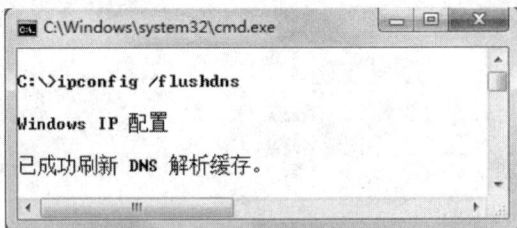

图4.42　清理DNS缓存

（6）使用带参数"/displaydns"的ipconfig命令，可以显示DNS缓存的内容，如图4.43所示。如果DNS缓存为空，则提示"无法显示DNS解析缓存。"

图4.43　显示DNS缓存

### 4.6.3　实例：DHCP及TCP/IP协议动态配置

**1. DHCP服务器介绍**

静态配置TCP/IP协议时，由网络管理员手工指定主机的网络参数（IP地址、子网掩码、默认网关、DNS服务器地址），并且在以后会一直使用这样的参数进行通信，除非由网络管理员做出修改，这种方法适用于主机数目较少的小型局域网。不难看出，静态配置TCP/IP协议存在一些缺点：

（1）需要对网络中的每一台计算机分别进行配置，并且要保证不同计算机使用的IP地址不能相同。如果网络中主机数目较多，配置过程比较麻烦。

（2）如果把计算机移动到一个不同的网络，需要重新配置。

（3）不能保证较高的IP地址利用率。设想一个网络中有300台计算机，但同时连接网络的计算机经常不会超过200台。如果为该网络申请C类网络地址，且采用静态地址分配方法，就必须把该网络划分成两个子网络，分别申请一个C类地址，这样许多IP地址就被浪费了。

动态主机配置协议DHCP（Dynamic Host Configuration Protocol）是一种简化主机IP地址分配管理的TCP/IP标准，提供了一种动态配置TCP/IP协议的机制，可以为网络内的客户机自动分配TCP/IP配置信息。图4.44给出了一个支持DHCP的网络实例。在使用DHCP

协议的网络中，需要有一台DHCP服务器，用来管理该网络中可以使用的IP地址空间，客户机的TCP/IP配置选择"自动获得IP地址"。客户机启动时，主动向DHCP服务器发出申请，从DHCP服务器租用IP地址，DHCP服务器会从没有使用的IP地址空间中，选择一个分配给该客户机使用，这种方式也称为动态配置。

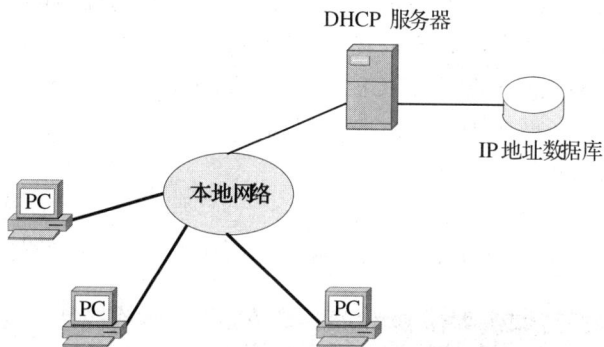

图4.44　支持DHCP的网络实例

　　使用DHCP服务器动态配置TCP/IP协议时，可以免除网络管理员手工分配IP地址的麻烦，同时可以确保分配给不同计算机的IP地址不重复。当计算机退出网络时，会将IP地址释放，交还给DHCP服务器进行管理，该IP地址又可以分配给其他计算机申请使用，提高了IP地址的利用率。

　　DHCP采用客户/服务器的工作模式，其工作过程主要包括四个步骤，如图4.45所示。

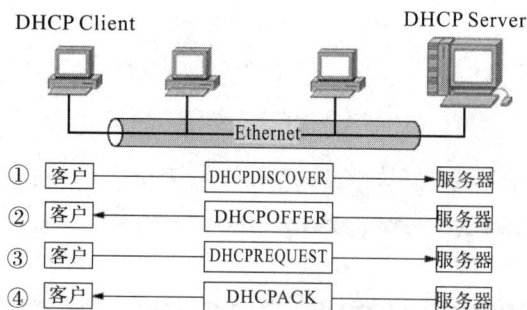

图4.45　DHCP的工作过程

　　（1）申请地址租用：DHCP客户机启动后，以广播的方式发送DHCPDISCOVER报文，向DHCP服务器发出IP地址租用的申请。

　　（2）提供地址租用：网络内所有收到DHCPDISCOVER报文的DHCP服务器都发出DHCPOFFER报文，为客户机分配一个合适的IP地址。网络内可能有多台DHCP服务器，因此客户机可能收到多个DHCPOFFER报文。

　　（3）选择地址租用：默认情况下，客户机收到第一个DHCPOFFER报文后，将以广播的方式向网络内发送DHCPREQUEST报文，通知DHCP服务器接受提供的IP地址。如果网络内还有其他DHCP服务器也向客户机提供了DHCPOFFER报文，则它们收到DHCPREQUEST报文后将收回向客户机分配的IP地址。

（4）确认地址租用：为客户机提供地址租用的DHCP服务器收到DHCPREQUEST报文后，向客户机发送DHCPACK报文，对客户机申请的地址租约进行确认。

**2. DHCP服务器配置**

默认情况下，Windows Server 2008系统（标准版）中没有安装DHCP服务器，因此管理员需要手动进行DHCP服务器的安装操作。下面详细介绍如何在Windows Server 2008系统（标准版）中配置DHCP服务器，客户机安装了Windows 7系统（专业版）。

需要说明的是，必须静态配置DHCP服务器的TCP/IP属性，这里指定DHCP服务器的IP地址为192.168.1.1，子网掩码为255.255.255.0。

1）安装DHCP服务器

（1）依次单击"开始"→"管理工具"→"服务器管理器"菜单，打开"服务器管理器"窗口，如图4.46所示。双击左侧节点"角色"后，单击右侧"添加角色"图标。

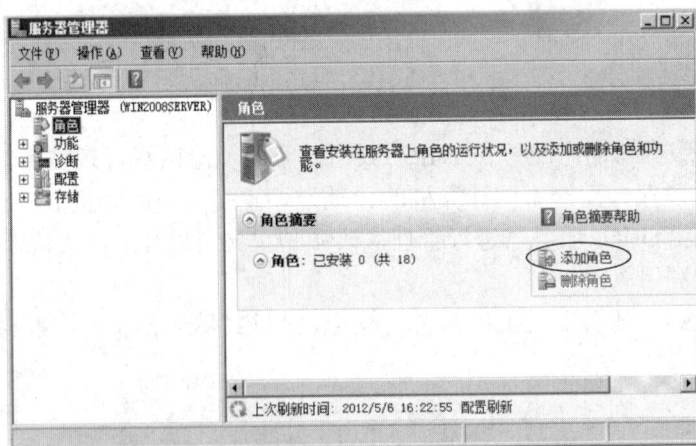

图4.46　"服务器管理器"窗口

（2）弹出"开始之前"窗口，如图4.47所示，单击"下一步"按钮。

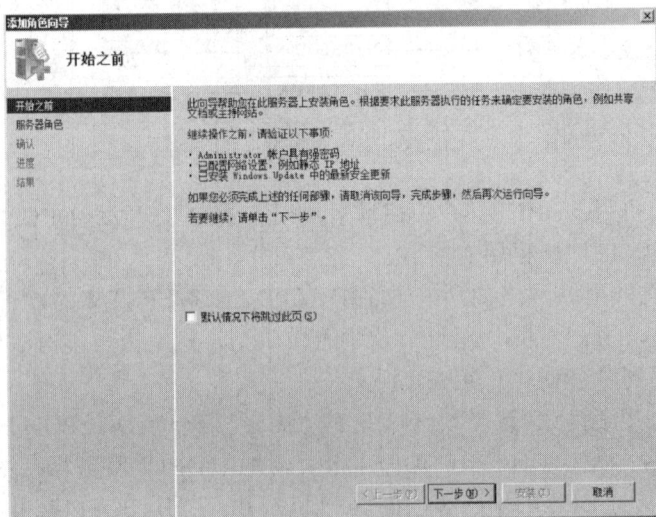

图4.47　"开始之前"窗口

（3）弹出"选择服务器角色"窗口，如图4.48所示，单击选中"DHCP服务器"复选框，单击"下一步"按钮。

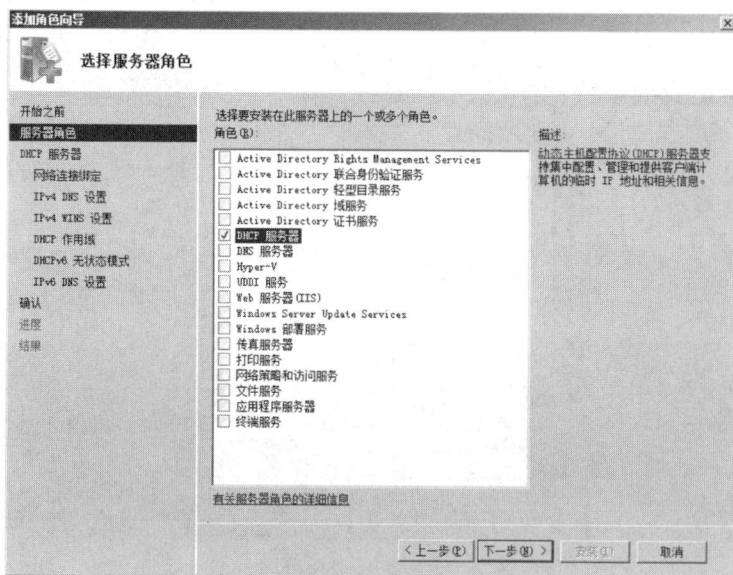

图4.48 "选择服务器角色"窗口

（4）弹出"DHCP服务器"窗口，如图4.49所示，查看DHCP服务器简介，单击"下一步"按钮。

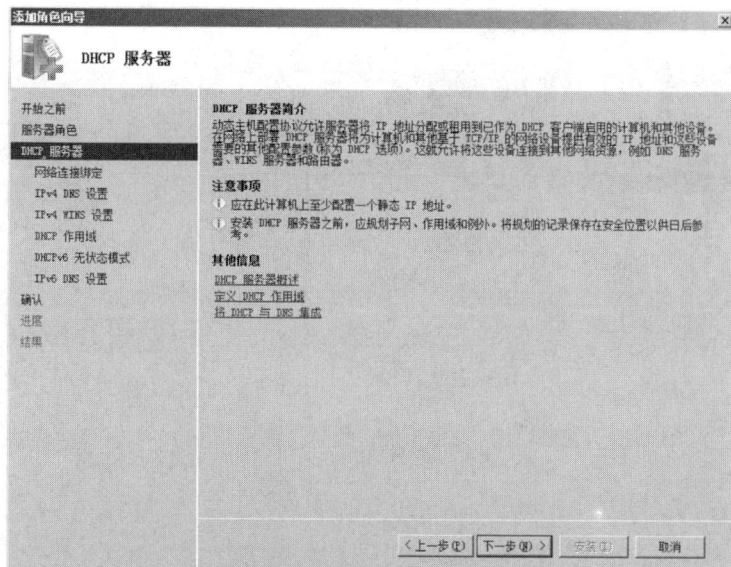

图4.49 "DHCP服务器"窗口

（5）弹出"选择网络连接绑定"窗口，如图4.50所示，系统自动检测具有静态IP地址的网络连接。如果有多个网络连接，每个网络连接都可以用于为单独子网上的DHCP客户端提供服务。选中需要提供服务的网络连接，单击"下一步"按钮。

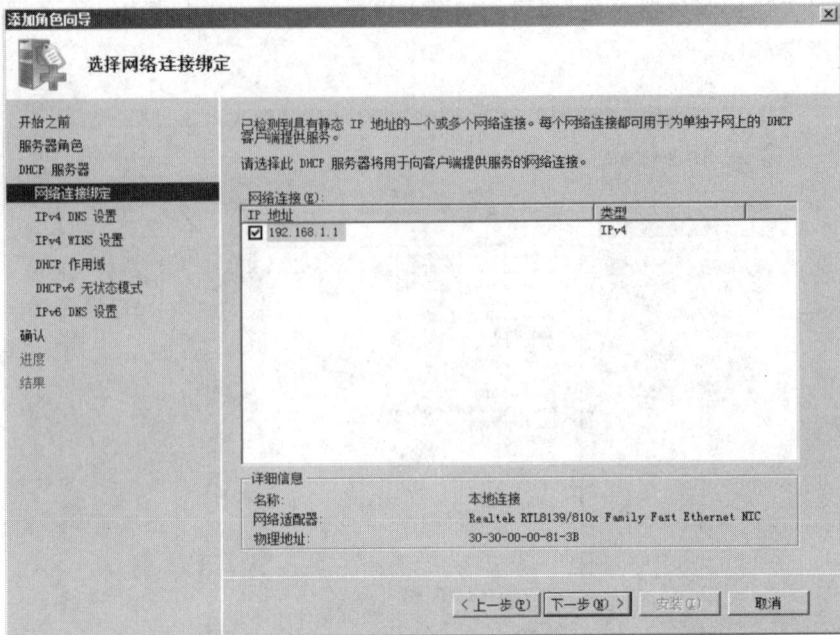

图4.50 "选择网络连接绑定"窗口

（6）弹出"指定IPv4 DNS服务器设置"窗口，如图4.51所示，填写父域（如"netlab. com"）、客户端使用的DNS服务器地址（如"192.168.1.1"），单击"下一步"按钮。

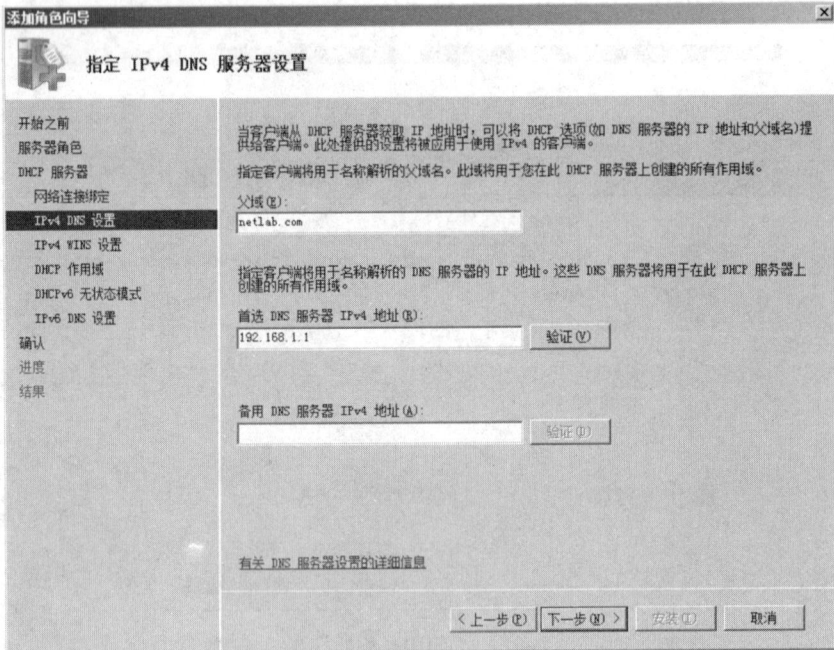

图4.51 指定IPv4 DNS服务器设置

（7）弹出"指定IPv4 WINS服务器设置"窗口，如图4.52所示，选择"此网络上的应用程序不需要WINS"项，单击"下一步"按钮。

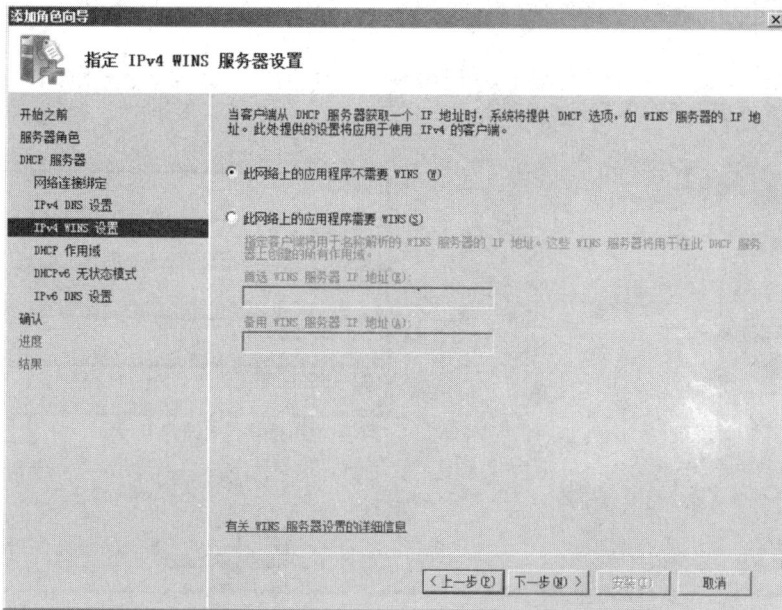

图4.52　指定IPv4 WINS服务器设置

（8）弹出"添加或编辑DHCP作用域"窗口，如图4.53所示，单击"添加"按钮。

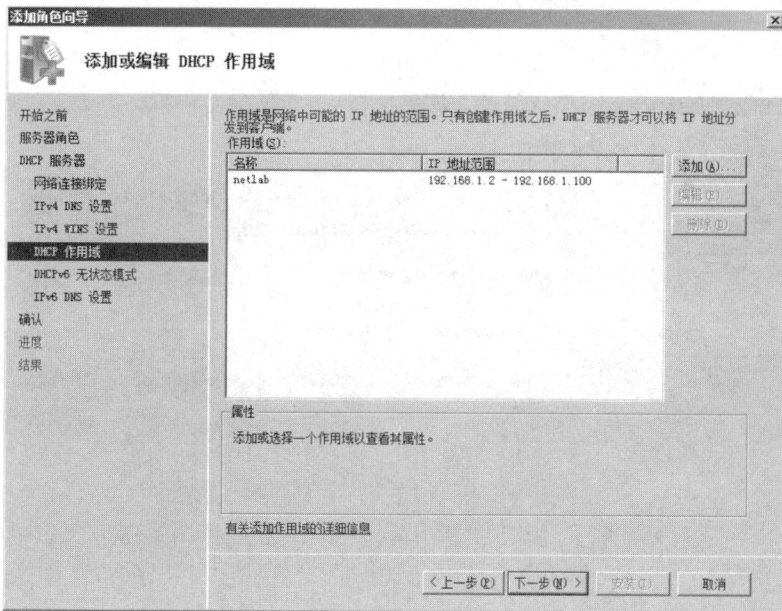

图4.53　添加或编辑DHCP作用域

（9）弹出"添加作用域"窗口，如图4.54所示，填写作用域名称、起始IP地址、结束IP地址、子网掩码、默认网关，并选择子网类型，单击"确定"按钮，回到"添加或编辑DHCP作用域"窗口。这里客户机可以使用的IP地址范围为：192.168.1.2 ～ 192.168.1.100，子网掩码为：255.255.255.0，默认网关为：192.168.1.1。

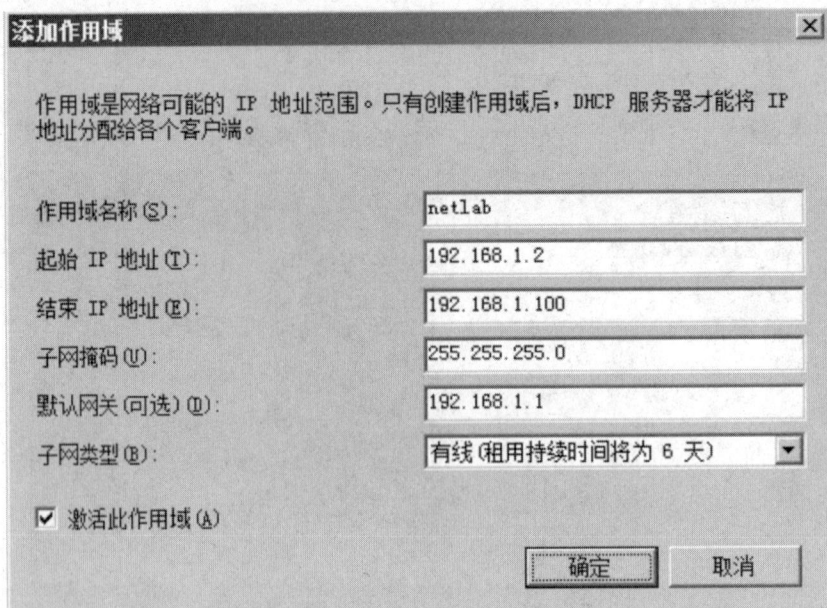

图4.54 添加作用域

（10）单击"下一步"按钮，弹出"配置DHCPv6无状态模式"窗口，如图4.55所示，单击"下一步"按钮。Windows Server 2008的DHCP服务器支持用于服务IPv6客户端的DHCPv6协议，这里选择"对此服务器启用DHCPv6无状态模式"项，即不使用DHCP服务器配置IPv6客户端。

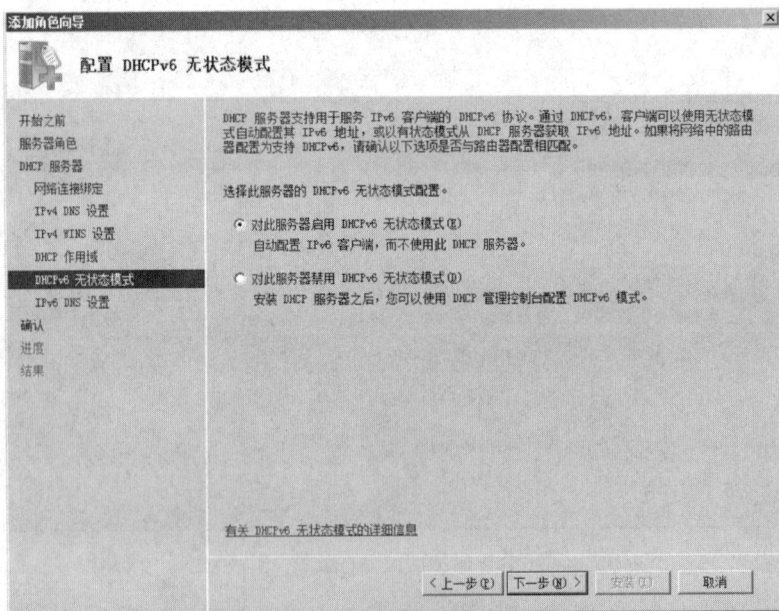

图4.55 配置DHCPv6无状态模式

（11）弹出"指定IPv6 DNS服务器设置"窗口，如图4.56所示，父域及DNS服务器地址均不填写，单击"下一步"按钮。

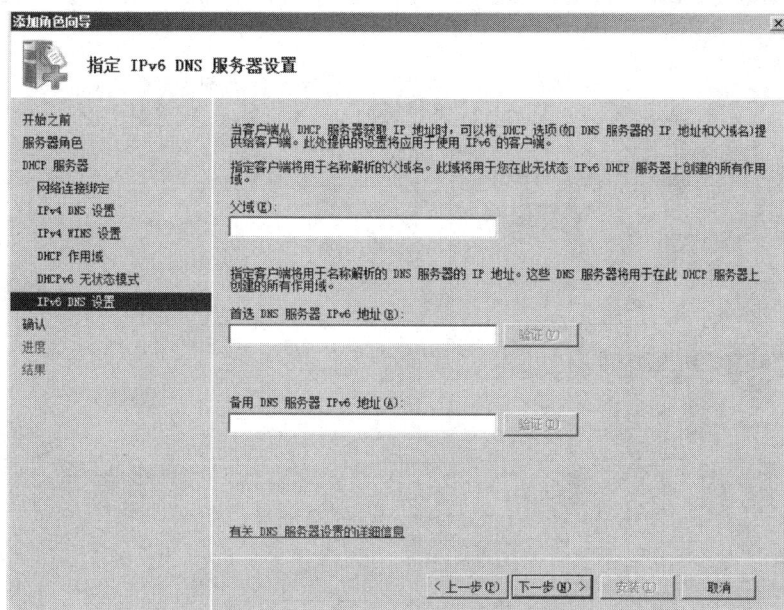

图4.56　指定IPv6 DNS服务器设置

（12）弹出"确认安装选择"窗口，如图4.57所示，显示了DHCP服务器的配置信息，单击"安装"按钮，开始安装。

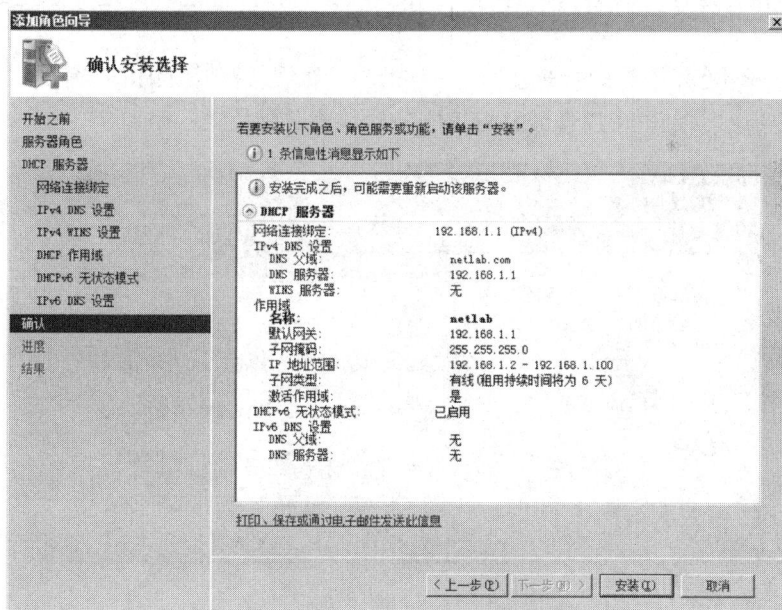

图4.57　"确认安装选择"窗口

（13）安装完成后，弹出"安装结果"窗口，如图4.58所示，单击"关闭"按钮结束安装向导。

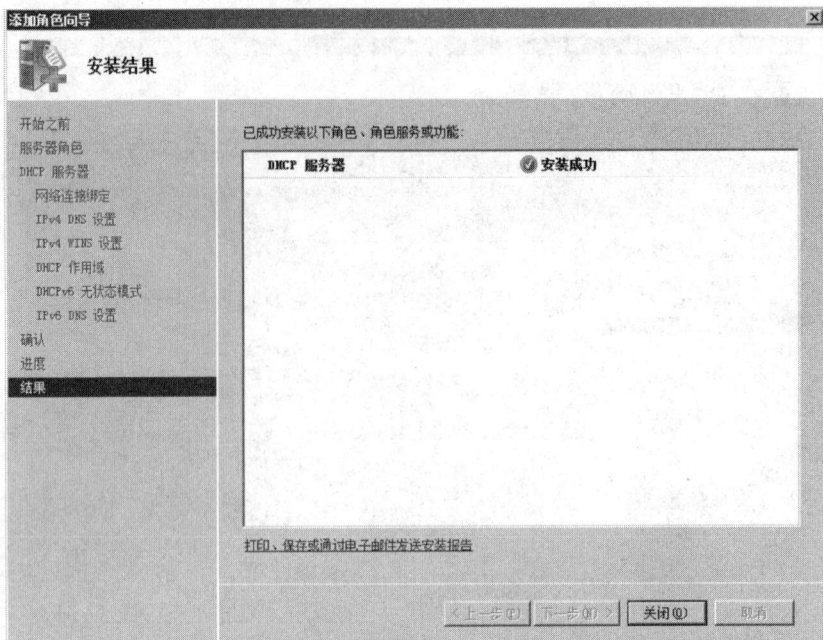

图4.58 "安装结果"窗口

**2）新建保留**

有时需要将DHCP服务器地址池中的特定IP地址分配给固定的客户端，该客户端向DHCP服务器租用IP地址或更新租约时，DHCP服务器将把特定的IP地址分配给该客户端。具体操作步骤为：

（1）依次单击"开始"→"管理工具"→"DHCP"菜单，打开"DHCP"窗口，依次展开节点，如图4.59所示。这里可以修改DHCP服务器的相关配置。

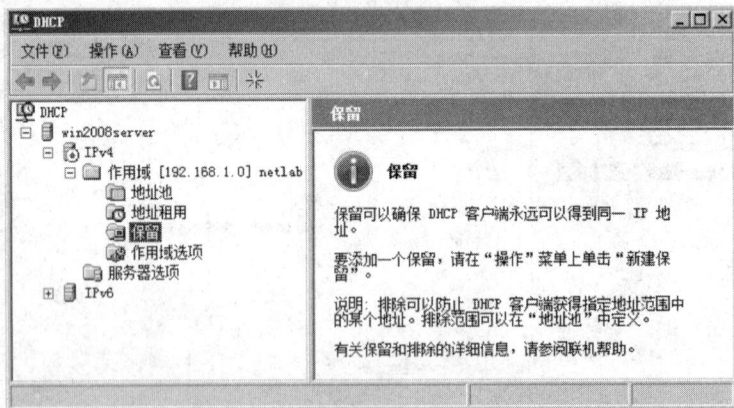

图4.59 "DHCP"窗口

（2）右键单击节点"保留"，在弹出的菜单中单击"新建保留"项，弹出"新建保留"窗口，正确填写各项信息，如图4.60所示，单击"添加"按钮。其中，"IP地址"栏中填写的IP地址将被分配给指定的DHCP客户端使用，该地址必须包含在相应作用域的可租用地址范围内；"MAC地址"栏中填写的物理地址用来指定DHCP客户端。

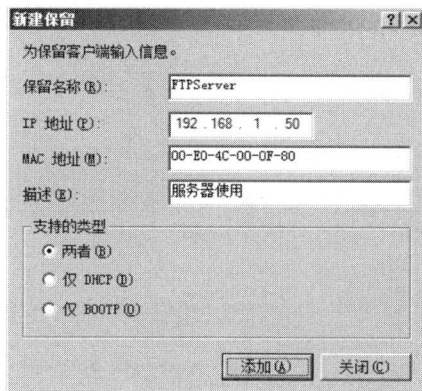

图4.60　"新建保留"窗口

（3）单击"关闭"按钮，回到"DHCP"窗口，可以在节点"地址租用"中看到保留的IP地址信息，如图4.61所示。

注意：正确配置DHCP客户端后，还可以在这里看到已经被租用的IP地址信息。

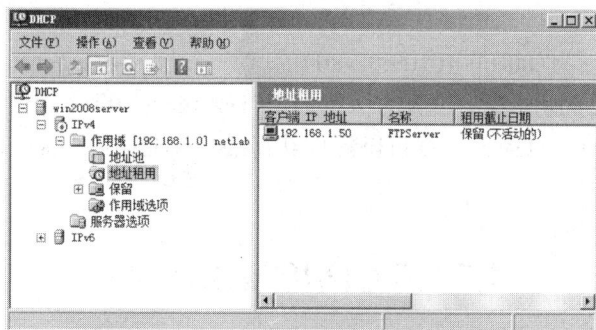

图4.61　地址租用

### 3. 客户机配置

客户机的配置比较简单，可以按如下步骤进行：

（1）在TCP/IP属性窗口中，分别选择"自动获得IP地址"和"自动获得DNS服务器地址"单选框，如图4.62所示。

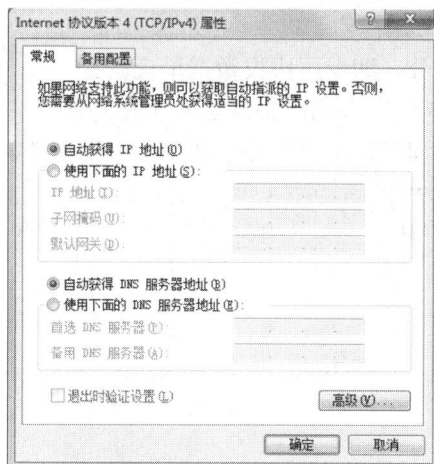

图4.62　客户机的TCP/IP属性

（2）在客户机上，可以用"ipconfig /all"命令查看获得的TCP/IP配置信息，如图4.63所示。

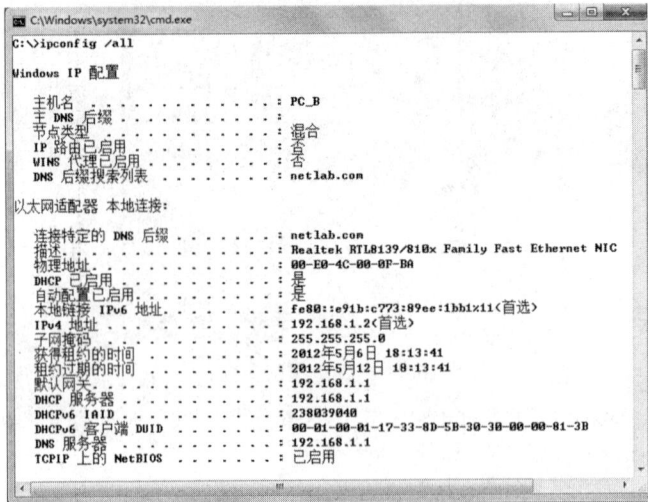

图4.63　查看客户机TCP/IP配置信息

（3）在MAC地址为"00-E0-4C-00-0F-80"的客户机上，用"ipconfig /all"命令查看获得的IP地址正是在DHCP服务器中设置的保留地址（192.168.1.50）。

注意：用"ipconfig /release"命令可以释放获得的IP地址，用"ipconfig /renew"命令可以重新申请IP地址。

# 4.7　TCP/IP协议分析

## 4.7.1　以太网帧结构

数据链路层的协议数据单元（PDU）为帧，以太网（DIX Ethernet V2）的帧格式如图4.64所示，包含以下几个字段：

（1）目的地址：占6个字节，共48bit，表示目的主机的物理地址（MAC地址）。

（2）源地址：占6个字节，表示源主机的MAC地址。

（3）帧类型：占2个字节，标明了以太网帧的类型，即数据字段包含的协议类型。

（4）数据：帧的数据部分，即上层协议数据单元。

（5）CRC校验和：占4字节，采用CRC-32多项式生成。

网卡驱动程序接收到数据后，将取走校验和字段，发送数据时负责计算校验和。

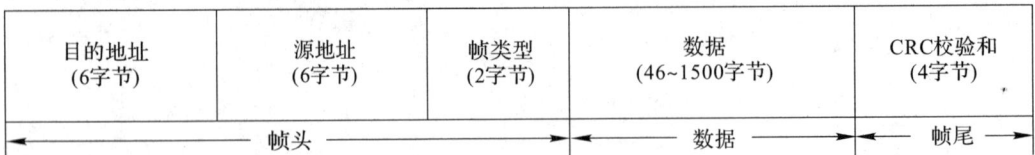

| 目的地址<br>（6字节） | 源地址<br>（6字节） | 帧类型<br>（2字节） | 数据<br>（46~1500字节） | CRC校验和<br>（4字节） |
|---|---|---|---|---|
| ←——————————————帧头——————————————→ | | | ←————数据————→ | ←—帧尾—→ |

图4.64　以太网帧格式

## 4.7.2　嗅探器工作原理

嗅探器（Sniffer）是一种常用的收集有用数据的网络协议分析工具。使用这种工具，可以监视网络的状态、数据流动情况以及网络上传输的信息。系统管理员可以使用Sniffer诊断出通过常规工具难以解决的网络疑难问题。例如，如果网络的某一段运行异常，数据包的发送比较慢，此时可以用Sniffer对问题做出精确的判断。通过Sniffer捕获的数据，可以为系统管理员在网络管理和网络维护过程中提供详细的信息。

网络中的每个网络接口都有一个硬件地址（MAC地址），该硬件地址不同于网络中存在的其他网络接口的硬件地址，同时，每个网段有一个广播地址（这里指MAC地址，不是IP地址），该广播地址可以代表同一个网段中所有的网络接口。在正常情况下，网络接口只响应两种数据帧：

（1）帧的目标地址与本地网络接口MAC地址相匹配；

（2）帧的目标地址为广播地址。

在接收到这两种情况的数据帧时，网卡通过CPU产生一个硬件中断，引起操作系统的注意，然后将帧中包含的数据传送给系统进一步处理。

通过Sniffer工具，可以将本地网络接口设置为"混杂"（promiscuous）模式（绝大多数的网卡都可以设置成"混杂"模式）。在这种模式下，网络接口对遇到的每一个帧都产生一个硬件中断，提醒操作系统处理到达该网络接口的数据帧。

在HUB（集线器）连接的共享式局域网中，同一个网段内的所有网络接口都有访问在物理媒体上传输的所有数据的能力。而用交换机连接的交换式局域网环境中，转发数据时并不是像共享网络那样发往所有的网络接口。当然，广播数据还是发往所有的网络接口。当Sniffer工作在交换式网络时，由于交换机只根据目标地址转发数据帧，所以Sniffer只能捕获目标地址是本机地址或广播地址的数据帧。

Sniffer可以分为软件和硬件两种：软件Sniffer有Wireshark、Sniffer Portable、NetXRay、Microsoft Network Monitor等，硬件Sniffer通常称为网络协议分析仪。Wireshark是一个网络协议分析软件，它的前身为Ethereal。Wireshark的主要功能是捕获网络中传输的数据包，并尽可能详细地显示出协议的封装过程。它不会向网络上发送数据，也不会对网络上传输的数据进行修改，只会反映出目前网络上传输的数据信息。Wireshark是一种开源软件，能够运行在所有流行的操作系统上，正被广泛地用于网络测试、网络故障的诊断和分析以及网络协议的开发与研究。

### 4.7.3　实例：Wireshark软件的使用

Wireshark启动后，主窗口如图4.65所示。本节将讲解如何利用Wireshark 1.6.6对数据包进行捕获分析，接下来的操作步骤均在Windows 7系统（专业版）下进行。

**1. 报文捕获**

（1）依次单击"Capture"→"Options"菜单，弹出"Wireshark: Capture Options"窗口，如图4.66所示。

（2）在窗口右上角下拉列表中，选择正确的网卡。默认情况下，已经勾选"Capture packets in promiscuous mode"复选框，即把网卡设为"混杂"模式。

（3）单击"Start"按钮，开始捕获经过选定网络接口的所有数据包。

（4）打开浏览器，登录Web服务器（如www.xupt.edu.cn），同时在主窗口观察数据捕获情况。如果网络连接畅通，将迅速捕获到大量数据包。

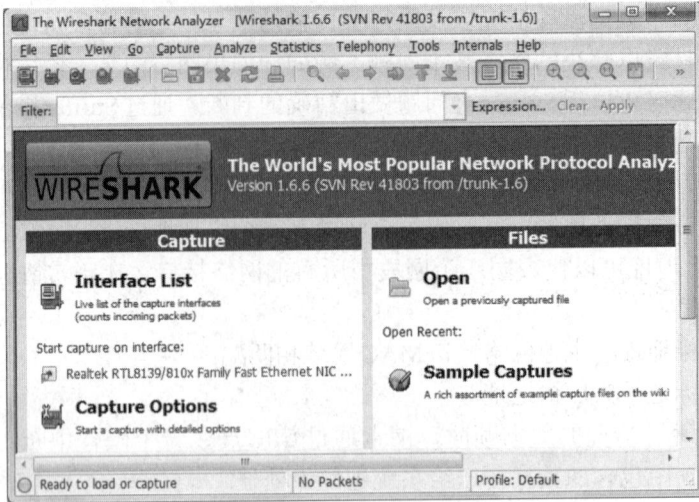

图4.65　Wireshark主窗口

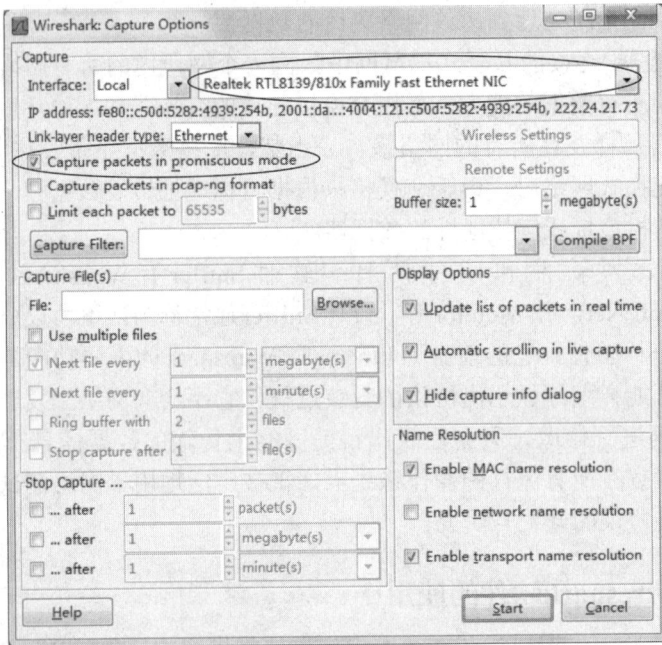

图4.66　"Wireshark: Capture Options"窗口

（5）依次单击主窗口中"Capture"→"Stop"菜单或直接单击工具栏中按钮■，停止捕获，此时可以对捕获结果进行分析。

（6）由于数据包数量非常多，可以设置显示过滤器"Display Filter"来查看特定的数据包。在主窗口中，单击"Filter"按钮 Filter: ，弹出"Display Filter"窗口，如图4.67所示。在列表中，选择"HTTP"项，单击"OK"按钮。

（7）此时在主窗口中只显示HTTP协议数据，如图4.68所示。在主窗口上侧的窗格中，选中向Web服务器（IP地址为202.117.128.8）请求网页的HTTP报文，在中间的窗格中选中一项，在下方的窗格将有相应的十六进制和ASCII码的数据与之相对应。

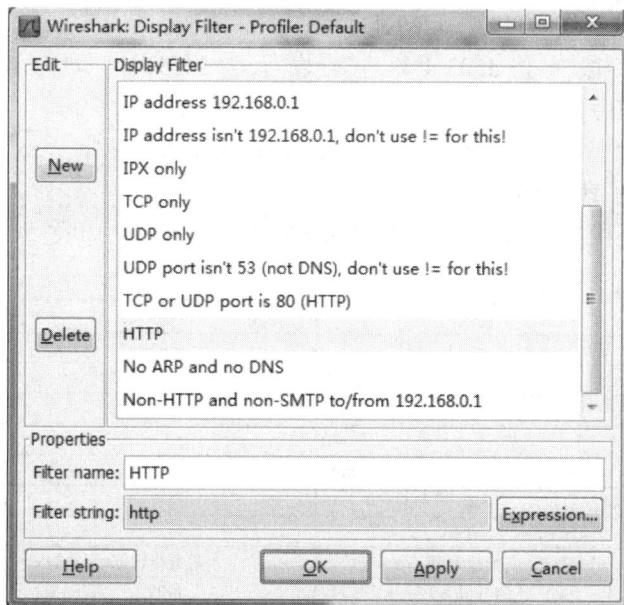

图4.67 "Display Filter"窗口

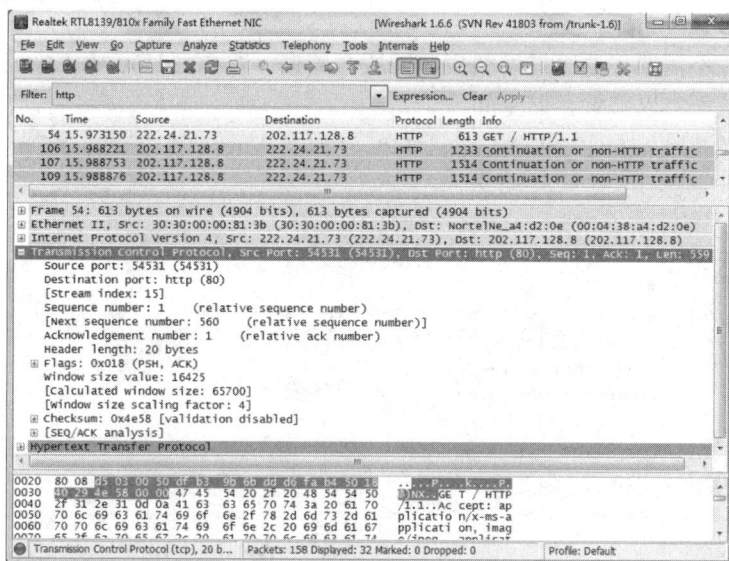

图4.68 只显示HTTP协议数据

在"Filter"按钮右侧的列表框中，可以直接填入更复杂的过滤条件，列表框右侧的"Expression..."按钮也可以帮助用户构造过滤条件。例如：

- snmp or dns or icmp：显示SNMP、DNS、ICMP报文信息；
- ip.addr==10.1.1.1：显示源或目的IP地址为10.1.1.1的数据包；
- tcp.port ==25：显示源或目的TCP端口号为25的数据包；
- tcp.dstport ==25：显示目的TCP端口号为25的数据包。

（8）从图4.68中间窗格的TCP报文段描述中可以看出，数据偏移为20字节，即TCP报文段的首部长度为20字节。对照图4.32所示的TCP报文段的格式，可以清楚地分析捕获的报文段的十六进制代码，如图4.69所示。

● "源端口"字段的值d503（十进制表示为54531），即为客户端（IP地址为222.24.21.73）进程使用的端口号；

● "目的端口"字段的值0050（十进制表示为80），表示Web服务器（IP地址为202.117.128.8）使用了HTTP的默认端口；

● "数据偏移"字段的值5，指出了TCP报文段首部的长度为20字节。

| 0 | 8 | 16 | 24 | 31 |
|---|---|---|---|---|
| 源端口 | | 目的端口 | | |
| d503 | | 0050 | | |
| 序号 | | | | |
| dfb39b6b | | | | |
| 确认号 | | | | |
| ddd6fab4 | | | | |
| 数据偏移 | 保留 | 窗口 | | |
| 5018 | | 4029 | | |
| 检验和 | | 紧急指针 | | |
| 4e58 | | 0000 | | |

图4.69  TCP报文段首部与十六进制代码对照

### 2. ICMP报文分析

有时用户并不需要关心经过网络接口的所有数据，可以通过定义捕获过滤器来捕获指定的数据包，从而可以节省存储空间。

（1）依次单击"Capture"→"Options"菜单，弹出"Wireshark: Capture Options"窗口，如图4.70所示。

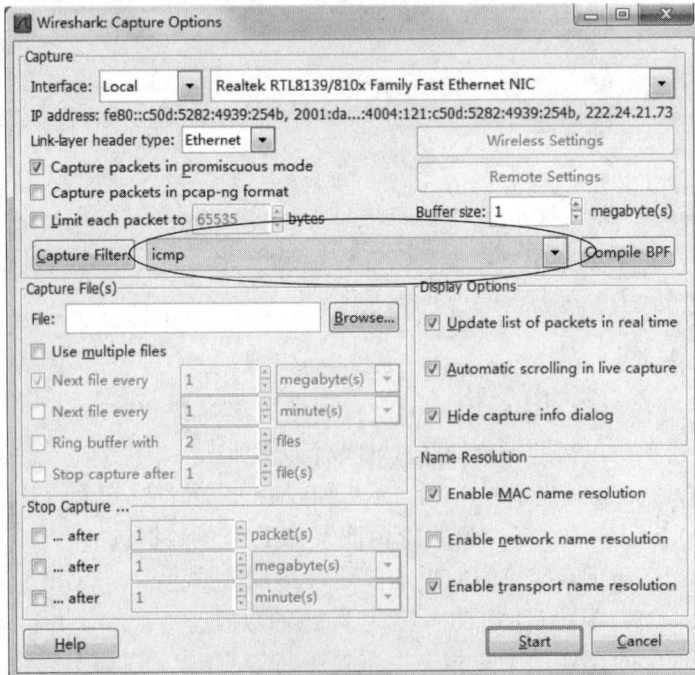

图4.70  设置捕获过滤器

（2）可以在"Capture Filter："按钮右侧的列表框中直接填写捕获条件；也可以单击该按钮，在弹出的"Capture Filter"窗口（如图4.71所示）中，选择或添加捕获过滤条件，然后单击"OK"按钮。

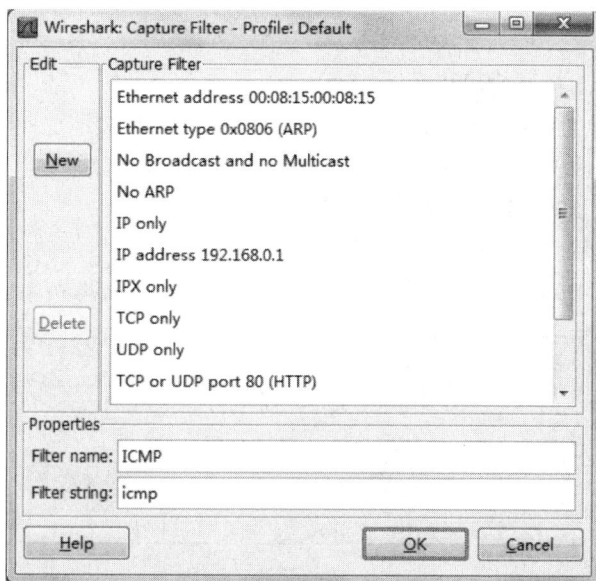

图4.71　"Capture Filter"窗口

需要注意的是，捕获过滤器和显示过滤器使用的语法是完全不同的。例如：

● icmp：捕获所有ICMP报文信息；

● tcp dst port 3128：捕获目的TCP端口为3128的数据包；

● tcp port 23 and host 192.168.0.1：只捕获与主机192.168.0.1通信的telnet（端口号为23）信息；

● tcp port 23 and  not src host 192.168.0.1：捕获所有telnet信息（来自主机192.168.0.1的信息除外）。

（3）在图4.70所示的"Wireshark: Capture Options"窗口中，单击"Start"按钮开始捕获。

（4）在命令行中执行命令"ping 222.24.21.52"，捕获结果如图4.72所示。

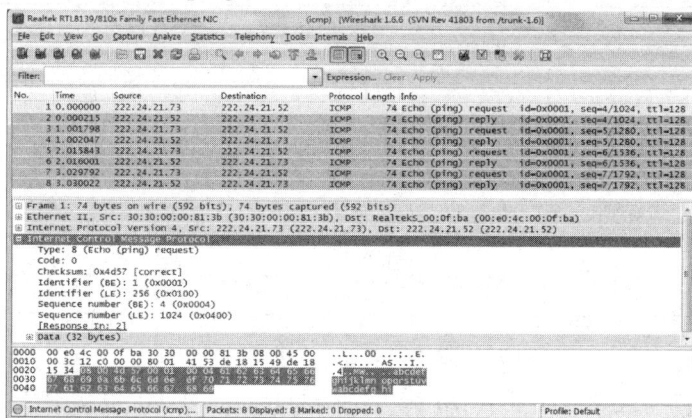

图4.72　捕获ICMP报文

（5）图4.72所示中间窗格中，对于帧的描述如图4.73所示。

```
□ Ethernet II, Src: 30:30:00:00:81:3b (30:30:00:00:81:3b), Dst: RealtekS_00:0f:ba (00:e0:4c:00:0f:ba)
⊞ Destination: RealtekS_00:0f:ba (00:e0:4c:00:0f:ba)
⊞ Source: 30:30:00:00:81:3b (30:30:00:00:81:3b)
  Type: IP (0x0800)
```

图4.73　帧的描述

对照图4.64所示的帧结构可以分析：

- 目的MAC地址为：00e04c000fba，即目的计算机的MAC地址；
- 源MAC地址为：30300000813b，即本机的MAC地址；
- 帧类型字段为0800，即帧中数据为一个IP数据报。

这些信息也可以从下方窗格的十六进制代码中读出。

（6）图4.72所示中间窗格中，对于IP数据报的描述如图4.74所示。

```
□ Internet Protocol Version 4, Src: 222.24.21.73 (222.24.21.73), Dst: 222.24.21.52 (222.24.21.52)
    Version: 4
    Header length: 20 bytes
⊞ Differentiated Services Field: 0x00 (DSCP 0x00: Default; ECN: 0x00: Not-ECT (Not ECN-Capable Transport))
    Total Length: 60
    Identification: 0x12c0 (4800)
⊞ Flags: 0x00
    Fragment offset: 0
    Time to live: 128
    Protocol: ICMP (1)
⊞ Header checksum: 0x4153 [correct]
    Source: 222.24.21.73 (222.24.21.73)
    Destination: 222.24.21.52 (222.24.21.52)
```

图4.74　IP数据报的描述

对照图4.2所示的IP数据报的格式，可以清楚地分析图4.73下方窗格中IP数据报的十六进制代码，其对应关系如图4.75所示。

- "版本"字段的值4，表示使用的IP协议的版本号为4，即IPv4；
- "首部长度"字段的值5，表示IP数据报的首部长度为20字节；
- "协议"字段的值01，表示该IP数据报的数据部分为一个ICMP报文；
- "源地址"字段的值de181549，即本机IP地址（222.24.21.73）；
- "目的地址"字段的值de181534，即目的计算机的IP地址（222.24.21.52）。

| 0 | 4 | 8 | 16 | 19 | 24 | 31 |
|---|---|---|---|---|---|---|
| 版本 | 首部长度 | 服务类型 | | 总长度 | | |
| 4 | 5 | 00 | | 003c | | |
| 标识 | | | 标志 | | 片偏移 | |
| 12c0 | | | | 0000 | | |
| 生存时间 | | 协议 | | 首部检验和 | | |
| 80 | | 01 | | 4153 | | |
| 源地址 | | | | | | |
| de181549 | | | | | | |
| 目的地址 | | | | | | |
| de181534 | | | | | | |

图4.75　IP数据报与十六进制代码对照

（7）从图4.72中还可以分析ICMP报文的信息，例如ICMP报文中数据字段的长度为32字节，对应内容为：abcdefghijklmnopqrstuvwabcdefghi。

# 习 题

1. 什么是网络通信协议？它主要由哪几个要素组成？

2. IPv4规定IP地址由几位二进制数字组成？IPv6规定IP地址由几位二进制数字组成？

3. 某网络的子网掩码为255.255.255.224，该网络能够连接的主机数目为多少？子网掩码255.255.255.0是否可以代表B类IP地址的子网掩码？

4. 某个IP地址的十六进制形式为B7C24CFD，其点分十进制的形式是什么？它是哪一类IP地址，该类IP地址的默认子网掩码是什么？

5. 判断下列IP地址的有效性，并指出有效IP地址的网络类别。

（1）200.117.121.4；　　　（2）24.3.2.65；

（3）192.256.130.45；　　（4）124.53.62.45；

（5）130.192.33.45；　　　（6）135.5.63.110；

（7）223.132.78.92；　　　（8）280.192.33.456；

（9）190.33.0.123；　　　（10）222.12.23.222；

（11）202.280.130.45；　　（12）128.0.255.254。

6. 设有4台计算机A、B、C、D都处在同一个物理网络中，A主机的IP地址是192.155.12.112，B主机的IP地址是192.155.12.120，C主机的IP地址是192.155.12.176，D主机的IP地址是192.155.12.222。共同的子网掩码为255.255.255.224。回答以下问题：

（1）4台计算机A、B、C、D中哪些之间可以通信？哪些需要通过设置网关（或路由器）才能通信？请画出网络连接示意图，并注明各个主机的子网地址和主机地址。

（2）若要加入第5台主机E，使它能与D直接通信，其IP地址的设定范围应是多少？

（3）不改变A主机的物理位置，将其IP地址改为192.155.12.168，试问它的直接广播地址和本地广播地址各是多少？若使用本地广播地址发送信息，请问哪些主机能够收到？

（4）若要使主机A、B、C、D在这个网上能够直接通信，可采取什么办法？

7. 某单位有三个局域网，站点数目分别为60，60，30，相互之间通过路由器进行连接。现打算接入到Internet，申请了一个C类地址：202.210.90.0，试给出连接方案及地址分配方案。

8. 将以下的IPv6地址用零压缩的方法写成简洁的形式。

（1）0000：0000：0000：AF36：7328：0000：87AA：0398；

（2）2819：00AF：0000：0000：0000：0035：0CB2：B271。

9. 简述ICMP协议的功能。

10. 为什么要使用ARP协议？

11. 简述TCP协议和UDP协议的异同。

12. Web 浏览器向侦听标准端口的 Web 服务器发出请求之后，在服务器响应的TCP报头中，源端口号是多少？

13. 使用常用的网络命令填空：

返回数据包到达目的主机所经过的中间节点的信息，通常使用（　　）命令；确定本地主机与另一主机的连通性，通常使用（　　）命令；用于显示和修改ARP高速缓存中保存的地址转换表，通常使用（　　）命令；用来显示本计算机当前所有的TCP/IP网络配置值，通常使用（　　）命令。

14. 说明下列命令的含义：

（1）ping -a -n 5 202.117.128.2；

（2）tracert -d -h 3 -4 www.tsinghua.edu.cn；

（3）arp –s 222.24.21.38 00-e0-4c-00-0f-80；

（4）ipconfig /renew。

15. 简述DHCP协议的作用。

16. 以太网帧中包含哪些字段，各代表什么含义？

# 第5章　简单局域网组建与共享接入

通过对前面章节涉及的网络传输介质、网络设备、网络通信协议等基础知识的学习，读者应该具备组建家庭网络、办公网络等小型局域网的能力。本章首先介绍了如何构建最简单的局域网—双机直连，接着介绍了如何通过共享Internet接入实现局域网内多台计算机同时上网。

## 5.1　双机直连

双机直连是指两台计算机直接相互连接，采用有线或无线的方式都可以实现。两台计算机通过双绞线或无线网卡连接后构成了最简单的局域网，能够实现局域网中所有的功能，具有速度快、承载应用多的特点，连网状态也比较稳定。

### 5.1.1　实例：通过双绞线实现双机直连

两台计算机之间可以通过一根网线直接连接，不需要购买交换机设备，简单易行，最大限度地节约了投资。下面介绍在Windows 7系统（专业版）下，通过双绞线连接两台计算机并实现文件共享的方法。

#### 1. 连接双绞线

用网线把两台计算机连接起来，如图5.1所示。严格意义上，计算机A、B之间需要使用交叉线才能连通，但有些网卡能够自动适应直通线，因此有时也可以用直通线连接。此时，两台计算机之间还不能马上进行数据传送，必须进行相关设置。

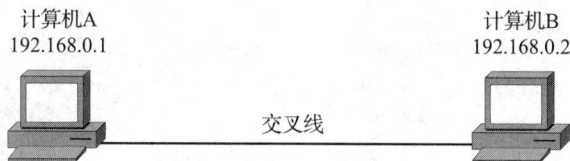

计算机A
192.168.0.1

计算机B
192.168.0.2

交叉线

图5.1　双绞线连接两台计算机

#### 2. 设置IP地址

（1）打开计算机A的TCP/IP属性窗口，如图5.2所示，把IP地址设置为：192.168.0.1，子网掩码设置为：255.255.255.0，默认网关和DNS服务器地址可以不填。

（2）打开计算机B的TCP/IP属性窗口，把IP地址设置为：192.168.0.2，子网掩码设置为：255.255.255.0。

注意：计算机A、B的IP地址也可以设置为其他值，但是必须保证两台计算机的IP地址的网络号要相同。另外，两台计算机使用的IP地址不能相同。

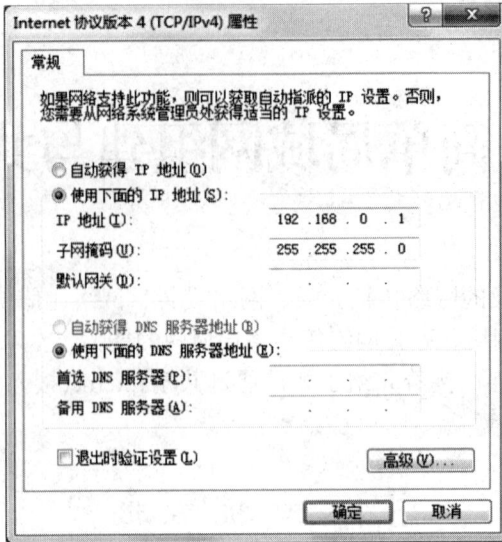

图5.2　设置计算机A的IP地址

### 3. 设置文件夹共享

1）设置工作组名称

（1）在计算机A上，右键单击桌面上的"计算机"图标，在弹出的菜单栏中单击"属性"项，弹出"系统"窗口，如图5.3所示。

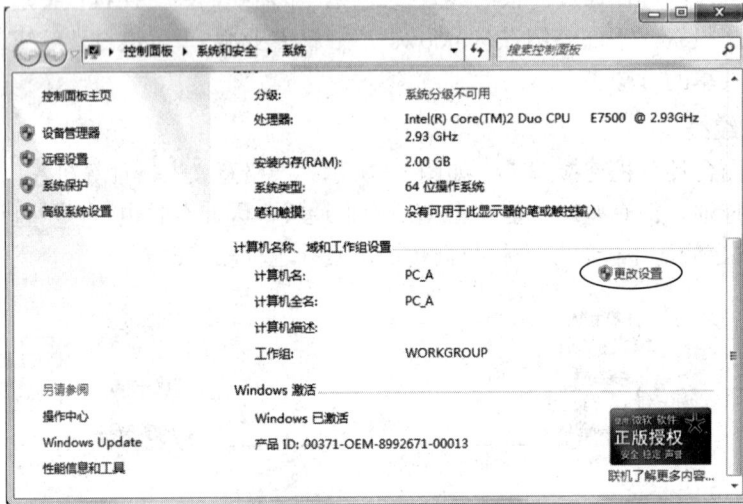

图5.3　"系统"窗口

（2）单击窗口中的"更改设置"图标，弹出"系统属性"窗口，如图5.4所示。

（3）单击"更改"按钮，弹出"计算机名/域更改"窗口，如图5.5所示，正确填写计算机名、工作组，单击"确定"按钮。这时需要重新启动计算机使得更改生效。

（4）按照同样的步骤，更改计算机B的计算机名、工作组。需要注意的是，计算机A、B的工作组名称可以不使用"WORKGROUP"，但需要保证两台计算机的工作组名称相同。

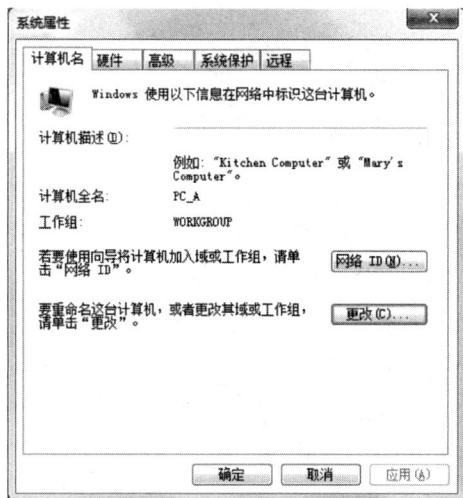

图5.4 "系统属性"窗口

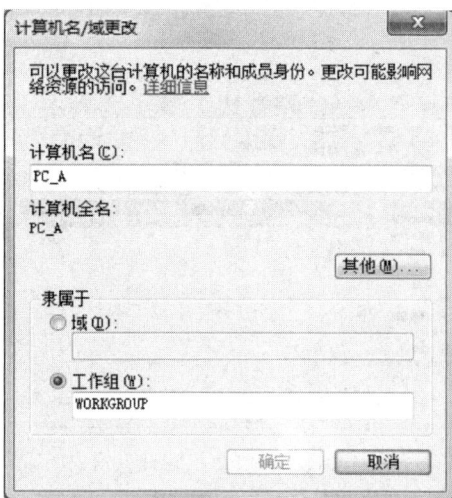

图5.5 "计算机名/域更改"窗口

2）更改高级共享设置

（1）在计算机A上，右键单击桌面上的"网络"图标，在弹出的菜单中单击"属性"项，打开"网络和共享中心"窗口，如图5.6所示。

（2）单击左侧的"更改高级共享设置"菜单，打开"高级共享设置"窗口，如图5.7所示。

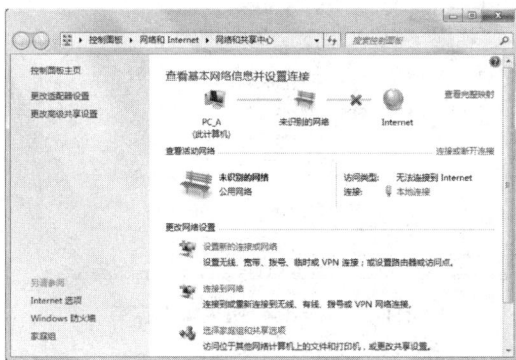

图5.6 "网络和共享中心"窗口

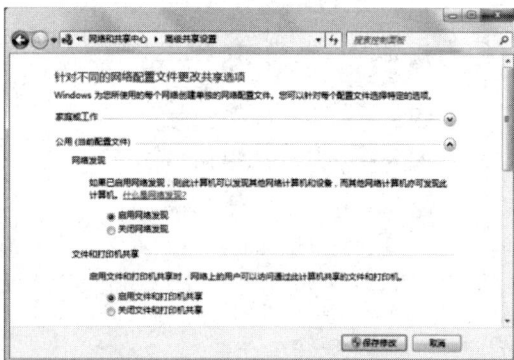

图5.7 "高级共享设置"窗口

（3）分别启用网络发现、启用文件和打印机共享、关闭密码保护共享后，单击"保存修改"按钮。

3）启用Guest帐户

（1）在计算机A上，右键单击桌面上的"计算机"图标，在弹出的菜单栏中单击"管理"项，打开"计算机管理"窗口，如图5.8所示。双击展开节点"本地用户和组"，单击打开"用户"文件夹，查看Guest帐户是否启用。

（2）如果Guest帐户被禁用，则右键单击"Guest"帐户图标，在弹出的菜单中单击"属性"项，弹出"Guest属性"窗口，如图5.9所示。单击取消"帐户已禁用"复选框后，单击"确定"按钮。

图5.8　"计算机管理"窗口

图5.9　"Guest属性"窗口

4）设置防火墙

（1）在计算机A上，依次单击"开始"→"控制面板"菜单，打开"控制面板"窗口，如图5.10所示。

（2）依次单击"系统和安全"→"Windows防火墙"图标，打开"Windows防火墙"窗口，如图5.11所示。

图5.10　"控制面板"窗口

图5.11　"Windows防火墙"窗口

（3）单击窗口左侧的"允许程序或功能通过Windows防火墙"菜单，打开"允许的程序"窗口，如图5.12所示，在列表框中把"文件和打印机共享"项设置为允许的状态。

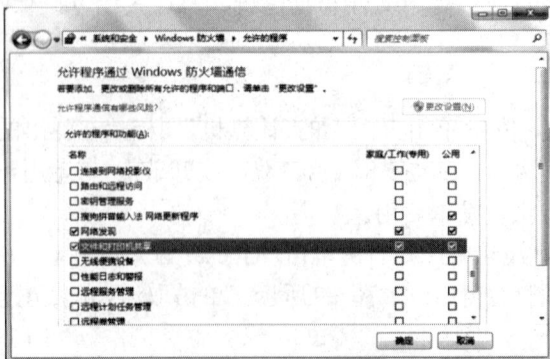

图5.12　"允许的程序"窗口

5）设置文件夹共享属性

（1）在计算机A上，右键单击需要共享的文件夹，在弹出的菜单中单击"属性"项，打开文件夹属性窗口，单击选择"共享"选项卡，如图5.13所示。

（2）单击"共享"按钮，弹出"选择要与其共享的用户"窗口，如图5.14所示，在下拉列表中选择"Everyone"项并把权限级别设置为"读取/写入"，单击"添加"按钮，最后单击"共享"按钮。

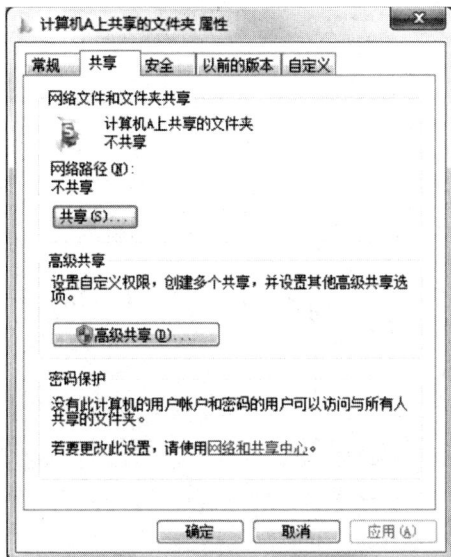

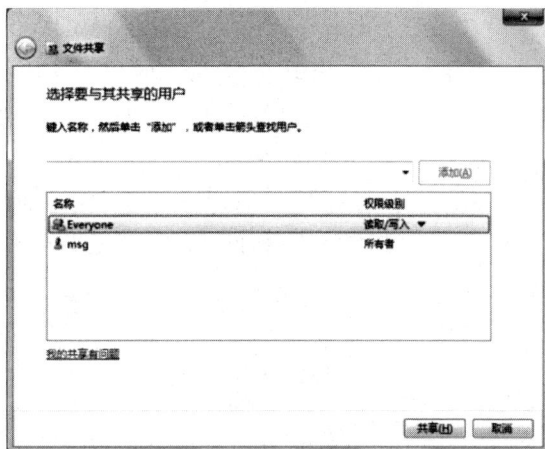

图5.13 "共享"选项卡　　　　　　　图5.14 "选择要与其共享的用户"窗口

（3）弹出"您的文件夹已共享"窗口，如图5.15所示，单击"完成"按钮。

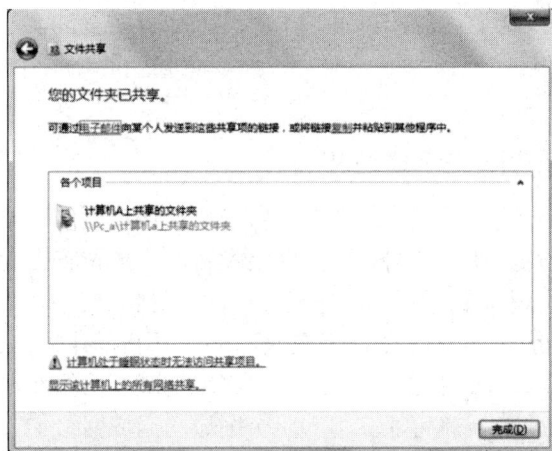

图5.15 "您的文件夹已共享"窗口

### 4. 访问共享的文件资源

（1）在计算机B上，右键单击桌面上的"网络"图标，在弹出的菜单中单击"属性"项，打开"网络和共享中心"窗口，如图5.16所示。

（2）单击左侧的"更改高级共享设置"菜单，打开"高级共享设置"窗口，如图5.17所示。

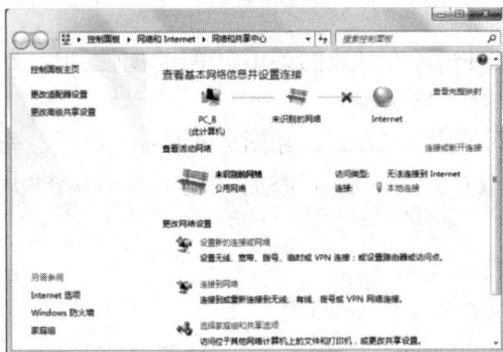

图5.16　　"网络和共享中心"窗口　　　　　　图5.17　　"高级共享设置"窗口

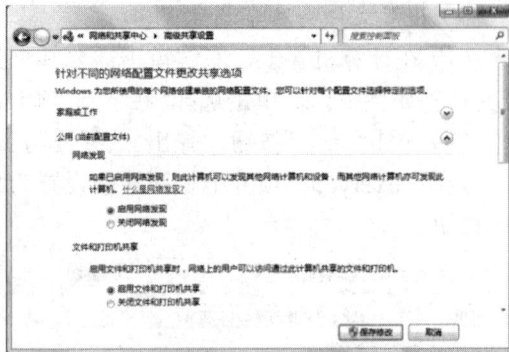

（3）分别选择"启用网络发现"和"启用文件和打印机共享"，单击"保存修改"按钮。

（4）双击桌面上的"网络"图标，打开"网络"窗口，如图5.18所示，可以查看局域网中的计算机。

（5）双击计算机A的图标"PC_A"，可以查看计算机A上的共享资源，如图5.19所示，此时便可以在计算机B上访问计算机A的共享文件了。

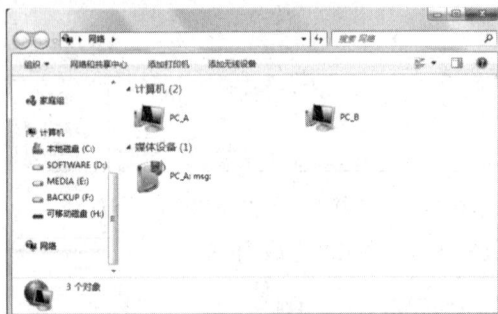

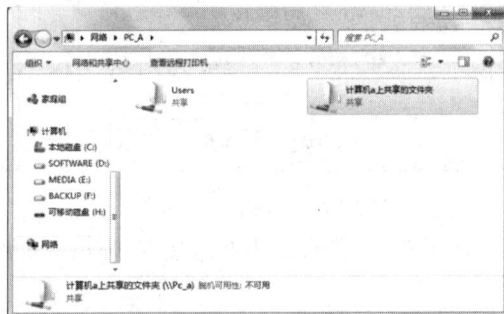

图5.18　　"网络"窗口　　　　　　　　　图5.19　　查看计算机A上的共享资源

### 5.1.2　实例：通过无线网卡实现双机直连

无线局域网（WLAN）是以无线信道作为传输介质的计算机局域网络，其优点主要有：

（1）灵活性和移动性。在有线网络中，网络设备的安放位置受网络位置的限制，而无线局域网在无线信号覆盖区域内的任何一个位置都可以接入网络。无线局域网最大的优点在于其移动性，连接到无线局域网的用户可以在移动的同时与网络保持连接。

（2）安装便捷。无线局域网可以免去或最大程度地减少网络布线的工作量，一般只要安装一个或多个接入点设备，就可建立覆盖整个区域的局域网络。

（3）易于网络规划和调整。对于有线网络来说，办公地点或网络拓扑的改变通常意味着重新建网。重新布线是一个昂贵、费时、浪费和琐碎的过程，无线局域网可以避免或减少以上情况的发生。

（4）易于定位故障。有线网络一旦出现物理故障，尤其是由于线路连接不良而造成的网络中断，往往很难查明，而且检修线路需要付出很大的代价。无线网络则很容易定位故障，而且只需更换故障设备即可恢复网络连接。

（5）易于扩展。无线局域网有多种配置方式，可以很快从只有几个用户的小型局域网扩展到上千用户的大型网络，并且能够提供节点间"漫游"等有线网络无法实现的功能。

由于无线局域网有以上诸多优点，因此其发展十分迅速。如今，无线局域网已经在企业、医院、商店、工厂和学校等场合得到了广泛的应用。

WLAN的拓扑结构可以分为两种，即对等网络（Ad hoc网络）和基础结构网络（Infrastructure网络）。

Ad hoc网络要求网络中任意两个站点均可直接通信，如图5.20所示，网络中的每个站点不仅具有普通移动终端所需的功能，而且具有报文转发能力。当站点需要与覆盖范围之外的站点进行通信时，需要中间节点的多跳转发。这种结构网络的优点在于抗毁性好、建网容易且费用较低。但是，当网络中站点数过多时，信道竞争将成为限制网络性能的瓶颈。该网络中的路由信息可能会占据大部分的有效通信，从而降低网络的整体效率，因此Ad hoc网络适用于用户数相对较少的工作群。

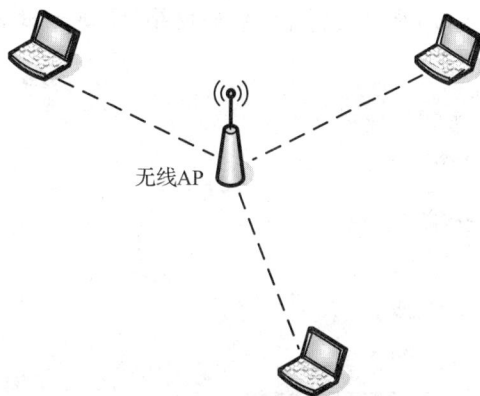

Infrastructure网络要求网络中一个网络站点充当中心站，所有站点对网络的访问均由其控制，如图5.21所示。当网络业务量增大时，网络吞吐性能及网络时延性能的恶化并不剧烈。这种结构网络的弱点是抗毁性差，中心站点的故障容易导致整个网络瘫痪，并且中心站点的引入增加了网络成本。

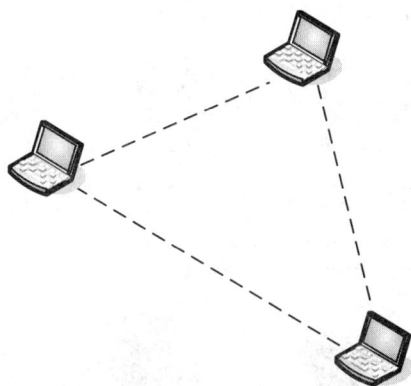

图5.20 Ad hoc网络　　　　　　　图5.21 Infrastructure网络

在家庭或办公网络中，可以在没有无线AP（接入点，Access Point）的情况下，利用多台计算机构建Ad hoc网络，实现文件资源的共享。下面将详细介绍Windows 7系统(专业版)下两台配有无线网卡的计算机直接互连的方法。如图5.22所示，计算机A、B均安装有无线网卡，二者通过无线方式连接。

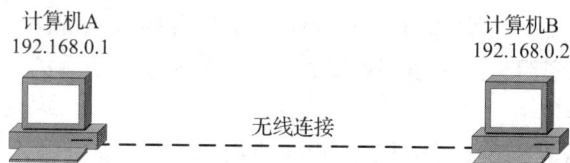

图5.22 通过无线方式双机互连

**1. 创建无线网络**

（1）在计算机A上，右键单击桌面上的"网络"图标，在弹出的菜单中单击"属性"项，打开"网络和共享中心"窗口，如图5.23所示。

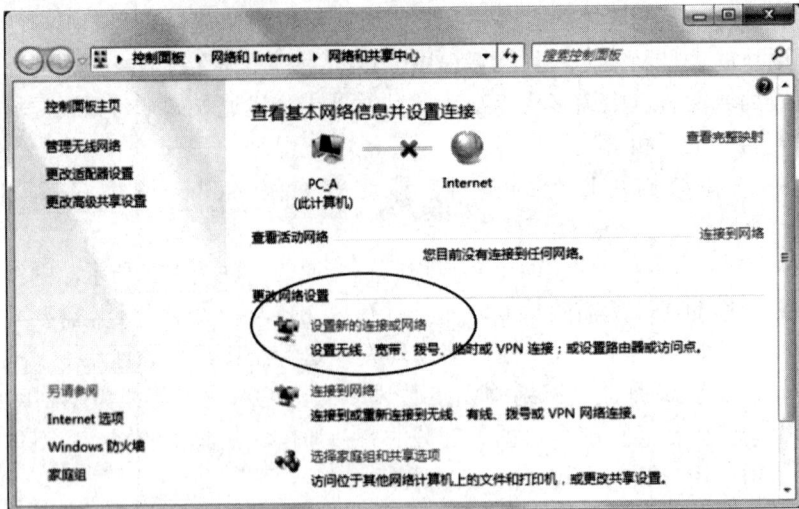

图5.23　"网络和共享中心"窗口

（2）单击"设置新的连接和网络"图标，弹出"选择一个连接选项"窗口，如图5.24所示，选择"设置无线临时(计算机到计算机)网络"，单击"下一步"按钮。

（3）弹出"设置无线临时网络"窗口，如图5.25所示，单击"下一步"按钮。

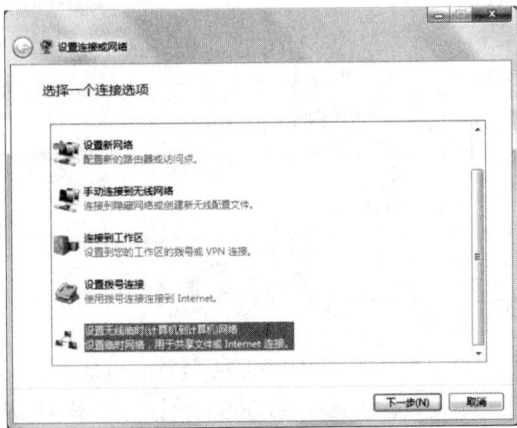

图5.24　"选择一个连接选项"窗口

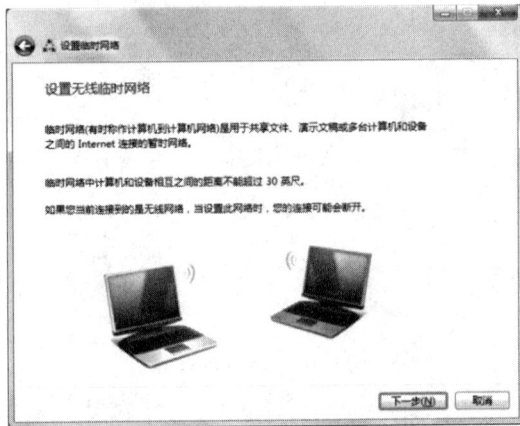

图5.25　"设置无线临时网络"窗口

（4）弹出"为您的网络命名并选择安全选项"窗口，如图5.26所示，填写网络名(例如MyHomeTest)、选择安全类型(如WEP)、填写安全密钥(如xupt1)，单击"下一步"按钮。需要说明的是，安全密钥有两种填写格式：5或13个区分大小写的字符；10或26个十六进制字符。

（5）弹出"MyHomeTest网络已经可以使用"窗口，如图5.27所示，单击"关闭"按钮。

（6）此时，新创建的无线网络MyHomeTest将出现在无线网络列表中，等待其他用户连接，可以单击桌面右下角任务栏中的无线网络图标■查看，如图5.28所示。

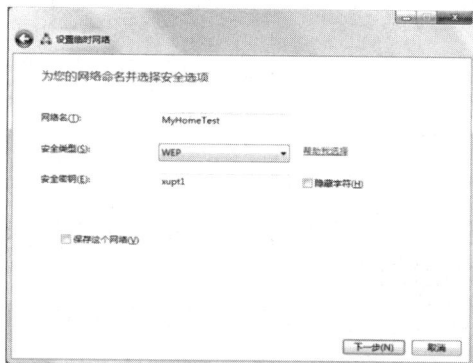

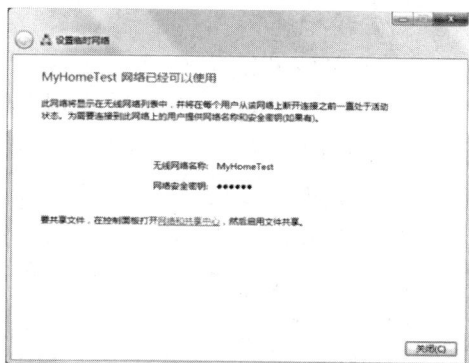

图5.26　"为您的网络命名并选择安全选项"窗口　图5.27　"MyHomeTest网络已经可以使用"窗口

图5.28　查看新创建的无线网络

**2. 连接无线网络**

（1）在计算机B上，单击桌面右下角任务栏中的无线网络图标，可以检测到在计算机A上创建的无线网络MyHomeTest，如图5.29所示，单击"连接"按钮。

（2）弹出"键入网络安全密钥"窗口，如图5.30所示，正确填写在计算机A上创建无线网络时设置的密钥（xupt1），单击"确定"按钮。此时，计算机B能够成功连接到无线网络MyHomeTest中。

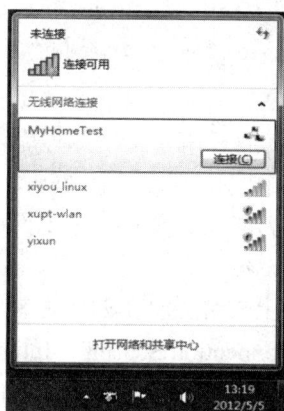

图5.29　连接无线网络　　　图5.30　"键入网络安全密钥"窗口

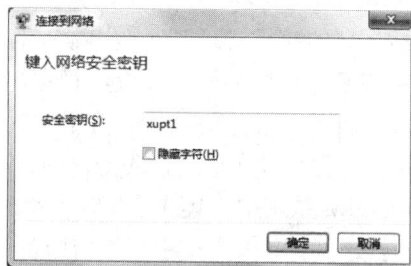

### 3. 设置IP地址

（1）打开计算机A的TCP/IP属性窗口，如图5.31所示，把IP地址设置为：192.168.0.1，子网掩码设置为：255.255.255.0，默认网关和DNS服务器地址可以不填。

（2）打开计算机B的TCP/IP属性窗口，把IP地址设置为：192.168.0.2，子网掩码设置为：255.255.255.0。

注意：计算机A、B的IP地址也可以设置为其他值，但是必须保证两台计算机的IP地址的网络号要相同。另外，两台计算机使用的IP地址不能相同。

（3）在计算机A上用ping命令可以测试两台计算机的连通性，如图5.32所示。此时，计算机A、B就可以共享文件等资源了。

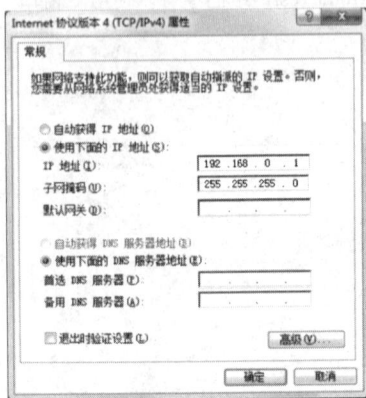

图5.31　设置计算机A的IP地址　　　　图5.32　测试两台计算机的连通性

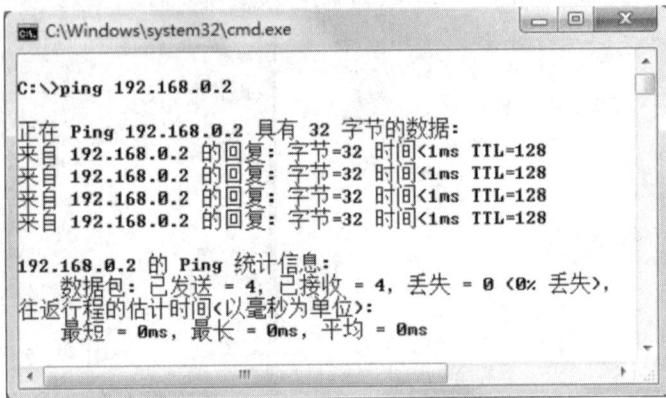

## 5.2　Internet接入共享

如今多数家庭用户，通过ADSL方式接入网络，而小型企业和学校用户通常采用以太网方式接入网络，这些用户在只申请一个账号或只申请一个IP地址的情况下，是否可以实现多台电脑同时上网呢？使用共享Internet接入方式，可以很好地解决这一问题。共享接入方式不仅能够提高网络带宽、IP地址等资源的利用率，降低使用成本，还便于上网管理，提高内部网络的安全性。

从技术实现来说，共享上网可以分为硬件共享上网和软件共享上网两种方式，实际应用中，用户应该根据使用的场合不同来选择不同的方案。

（1）硬件共享上网通常使用共享上网路由器，它们通过内置的硬件芯片来完成Internet和局域网之间数据包的交换管理，实质上就是在芯片中固化了共享上网软件。共享上网路由器的工作不依赖于计算机的操作系统，稳定性较好。但是，硬件共享上网的可更新性相对于软件共享上网较差，且需要额外的费用购置共享设备。

（2）软件共享上网通过在可连接Internet的计算机上安装共享上网软件来实现，例如代理服务器等。Windows系统中也集成了ICS（Internet Connection Sharing，Internet连接共享）组件用于小型局域网的共享接入，服务器版的Windows系统还提供了"路由和远程访问"服务来实现更强的网络地址转换功能。软件共享上网的优势在于花费低廉，且软件更新较快。这种方式需要一台计算机作为共享服务器，为其他计算机提供上网能力。共享上网软件的工作依赖于操作系统，稳定性相对较差。

下面介绍共享上网的具体实现方法。

## 5.2.1　网络地址转换NAT

### 1. NAT概述

IPv4体系最初设想是为网络中的每台主机分配一个全球唯一的公用IP地址，但是，随着网络的高速发展，互联网用户迅速增多，网络的规模越来越大，可以分配的IP地址越来越少。为此，相关国际组织提出了IPv6协议，希望彻底解决IP地址短缺的问题。然而，改造网络是个非常复杂庞大的工程，短期内难以全面实现，因此出现了一种过渡的解决方案，即网络地址转换（NAT）技术。

NAT可以将内部网络私有IP地址转换为外部网络公用IP地址，从而实现内部主机与外部网络之间的通信。私有IP地址是指局域网内部的主机IP地址，而公用IP地址是指把局域网接入Internet的外部地址。Internet管理机构为内部网络预留了一些专用地址(私有地址、保留地址)，可供办公室、家庭等内部局域网中的计算机使用。专用地址范围包括：

A类：10.0.0.0 ～ 10.255.255.255

B类：172.16.0.0 ～ 172.31.255.255

C类：192.168.0.0 ～ 192.168.255.255

这3个网段地址不会在Internet上被分配，但可以在不同的内部局域网中重复使用。在Internet中的所有路由器对目的地址是专用地址的数据报一律不进行转发。

NAT是一个IETF（Internet Engineering Task Force，Internet工程任务组)标准。它适用于多种类型Internet接入方式，不仅缓解了IP地址不足的问题，而且还能够有效地避免来自网络外部的攻击，隐藏并保护网络内部的计算机。

### 2. NAT的工作原理

NAT是一种地址转换技术，对客户机发出的每一个IP数据报的地址进行检查和翻译，把其中客户机的IP地址修改为"合法的IP地址"发送到Internet，再将由Internet传回的数据报修改地址信息后发送到相应客户机。这样客户机就可以像一台具有"合法IP地址"的计算机一样访问Internet。

NAT设备维护一个状态表，用来把私有IP地址映射到真实的IP地址上去。每个IP数据报经过NAT设备时，其中的私有IP地址都被翻译成"合法的IP地址"后再发往下一级，这给处理器带来了一定的负担。但对于一般的网络来说，这种负担对传输性能的影响可以不予考虑。

NAT工作原理如图5.33所示，其中NAT设备可以用宽带路由器、带有共享软件的计算机或专用的NAT设备实现。假设内网中的客户机PC1（IP地址为192.168.0.2)需要访问远程Web服务器(IP地址为121.194.0.207)，其工作过程如下：

（1）内部主机PC1用私有IP地址向Web服务器发送数据报，NAT设备首先收到该数据报，其中源IP地址为192.168.0.2，目的IP地址为121.194.0.207。

（2）NAT设备将数据报的源地址修改后，转发出去。此时，NAT设备发送的数据报中包含的源IP地址为222.24.21.128，目的IP地址为121.194.0.207。同时把192.168.0.2和222.24.21.128的对应关系记录到状态表中。

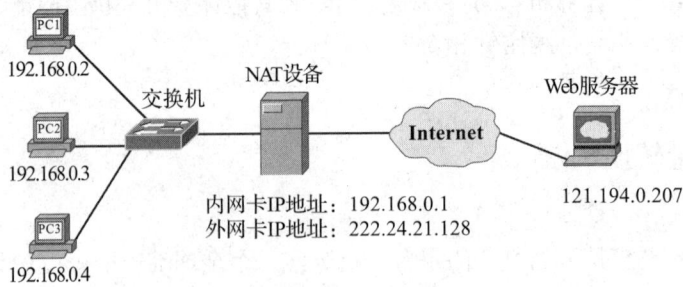

图5.33　NAT工作原理

（3）Web服务器接收并处理数据报，将响应数据报返回给NAT设备。响应数据报中包含的源IP地址为121.194.0.207，目的IP地址为222.24.21.128。

（4）NAT设备收到Web服务器发来的响应数据报后，查找状态表，使用客户机的私有IP地址替换数据报中的目的IP地址，然后将数据报发送给内网的客户机PC1。NAT设备向客户机回应的数据报中包含的源IP地址为121.194.0.207，目的IP地址为192.168.0.2。

**3. NAT的转换方式**

NAT中对地址的转换有三种类型：静态NAT（Static NAT）、动态NAT（Dynamic NAT)和端口地址转换(Port Address Translation，PAT)。网络设计中，可以根据实际需求选择合适的NAT转换方式。

1）静态NAT

在静态NAT方式下，将内部网络的私有IP地址转换为外部公用IP地址时，内部地址和外部地址是一一对应的。某个私有IP地址只转换为某个公用IP地址，除非管理员手工改变，否则这种对应关系在转换过程中是固定不变的。借助于静态转换，可以在外部网络实现对内部网络中某些特定设备(如Web服务器)的访问。静态NAT是设置最为简单和实现最为容易的一种转换方式。但是，由于静态NAT这种一对一的转换方式并未实现公网地址的复用，不能有效解决IP地址短缺的问题，因此在实际应用中并不常用。

2）动态NAT

动态NAT是指将内部网络的私有IP地址转换为公用IP地址时，映射关系是不确定的，是随机的。任一私有IP地址可随机转换为任何指定的合法IP地址。也就是说，只要指定哪些内部地址可以进行转换，以及用哪些合法地址作为外部地址时，就可以进行动态转换。当ISP（Internet Service Provider，Internet服务提供商)提供的合法IP地址略少于内部网络的计算机数量时，可以采用动态转换的方式。

3）PAT

PAT把多个内部地址映射到同一个外部地址，通过端口号来区分内部地址。内部网络中的所有主机均可共享同一个合法公用IP地址实现对Internet的访问，从而最大限度地节约IP地址资源。PAT可以将一个中小型的内部网络隐藏在一个合法IP地址后面，从而有效避免来自Internet的攻击。PAT是网络中使用最多的转换方式，普遍应用于各种接入设备中。

## 5.2.2　实例：Windows Server 2008中NAT配置

Windows Server 2008中提供了NAT功能，可以通过添加角色"网络策略和访问服务"

来实现。下面将详细介绍 Windows Server 2008 系统(标准版)中 NAT 的配置方法，客户机安装了 Windows 7 系统(专业版)。

**1. 硬件连接**

利用 Windows Server 2008 系统配置 NAT 的硬件连接如图 5.34 所示。选择一台性能较高的计算机作为 NAT 服务器(安装 Windows Server 2008 系统)，如果内网接入的计算机数量较少，NAT 服务器也可以用一般的客户机代替。实际网络环境中，NAT 服务器接入 Internet 可能采用 ADSL、以太网、HFC 或其他方式，这里以以太网方式为例进行说明，其他接入方式的操作方法类似。

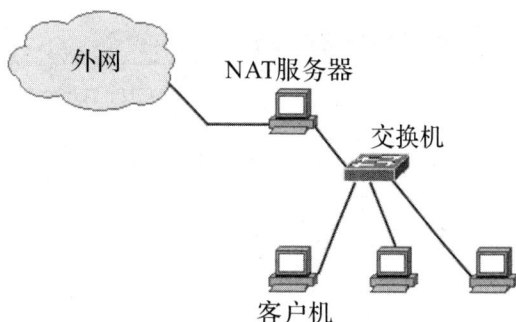

图5.34　NAT配置的硬件连接图

NAT 服务器需要安装两块网卡，分别用来连接外网和内部局域网。习惯上，把连接外网的网卡称为外网卡，把连接内部局域网的网卡称为内网卡。如果内部网络中只有一台计算机，则可以不使用交换机，而利用双绞线直接把 NAT 服务器与客户机相连。如果 NAT 服务器安装有无线网卡，还可以通过无线 Ad hoc 方式直接连接内网多台计算机。

**2. NAT 服务器配置**

1)设置内外网卡的网络参数

(1)在 NAT 服务器上，右键单击桌面上的"网络"图标，在弹出的菜单中单击"属性"项，打开"网络和共享中心"窗口，如图 5.35 所示。

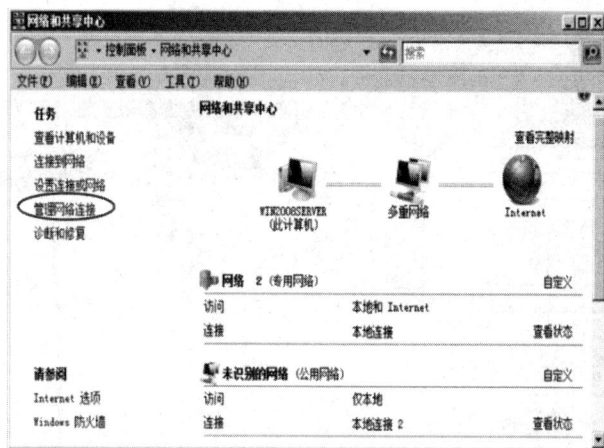

图5.35　"网络和共享中心"窗口

(2)单击左侧的"管理网络连接"链接，打开"网络连接"窗口，如图 5.36 所示。本例中规定，"本地连接"对应的网卡作为外网卡，该网卡连接外部网络，"本地连接 2"对应的网卡作为内网卡，连接内部局域网。这里需要特别注意内外网卡的配置必须与其物理连接一致。正确配置外网卡的 TCP/IP 属性，如图 5.37 所示，此时 NAT 服务器能够正常上网。

图5.36 "网络连接"窗口

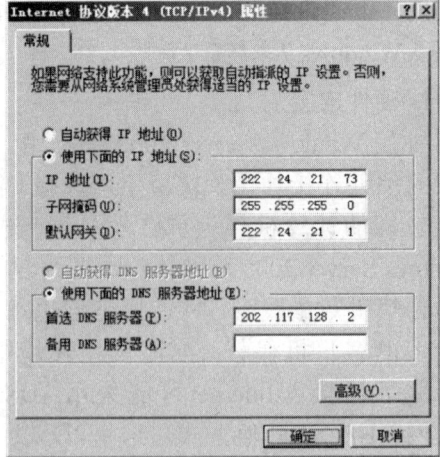

图5.37 外网卡的TCP/IP属性配置

（3）打开"本地连接 2"的TCP/IP属性窗口，把内网卡的IP地址设置为：192.168.0.1，子网掩码设置为：255.255.255.0，如图5.38所示，默认网关和DNS服务器地址不填。

2）添加角色

默认情况下，Windows Server 2008系统（标准版）中没有安装"网络策略和访问服务"，可以通过添加角色向导来安装。

（1）在NAT服务器上，依次单击"开始"→"管理工具"→"服务器管理器"菜单，打开"服务器管理器"窗口，如图5.39所示。双击左侧节点"角色"后，单击右侧"添加角色"图标。

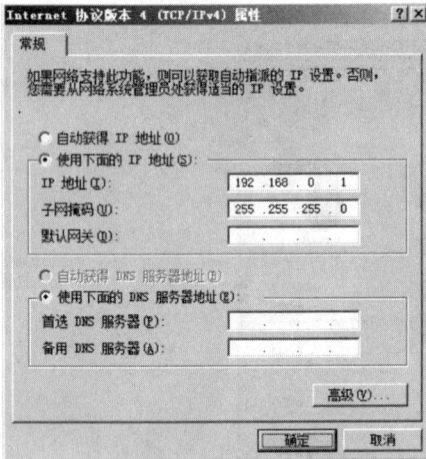

图5.38 内网卡的TCP/IP属性配置

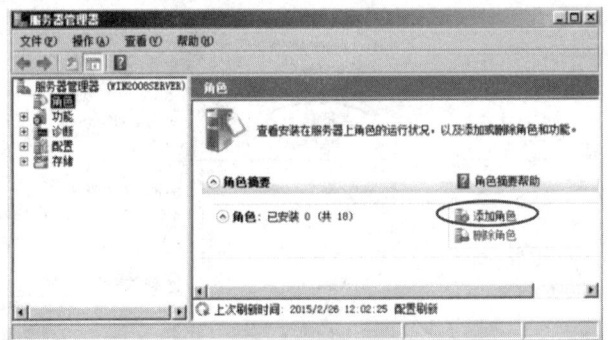

图5.39 "服务器管理器"窗口

（2）弹出"开始之前"窗口，如图5.40所示，单击"下一步"按钮。

（3）弹出"选择服务器角色"窗口，如图5.41所示，单击选中"网络策略和访问服务"复选框，单击"下一步"按钮。

（4）弹出"网络策略和访问服务"窗口，如图5.42所示，查看网络策略和访问服务简介，单击"下一步"按钮。

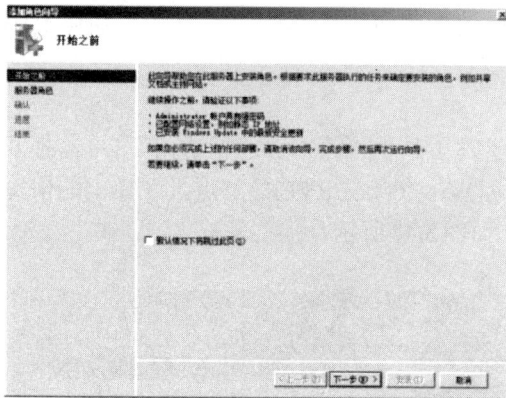

图5.40 "开始之前"窗口

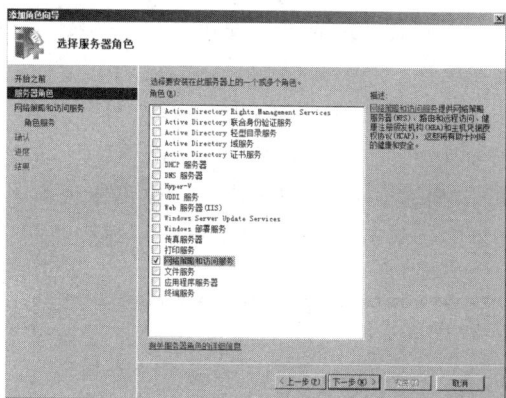

图5.41 "选择服务器角色"窗口

（5）弹出"选择角色服务"窗口，如图5.43所示，单击选中"路由和远程访问服务"复选框，单击"下一步"按钮。

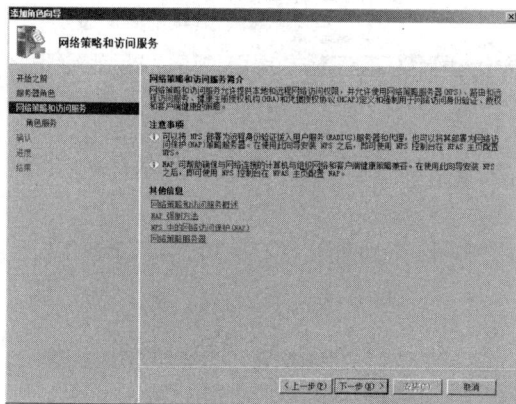

图5.42 "网络策略和访问服务"窗口

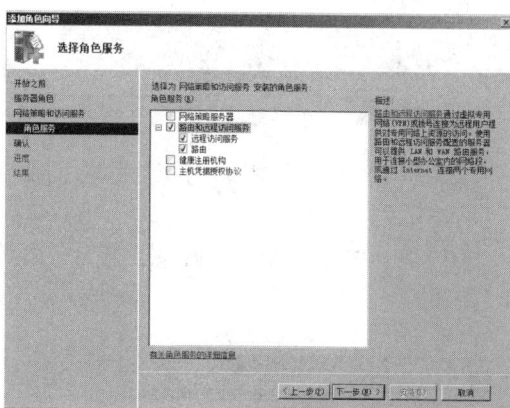

图5.43 "选择角色服务"窗口

（6）弹出"确认安装选择"窗口，如图5.44所示，列出了准备安装的角色、角色服务，单击"安装"按钮。

（7）弹出"安装进度"窗口，如图5.45所示，显示安装进度。

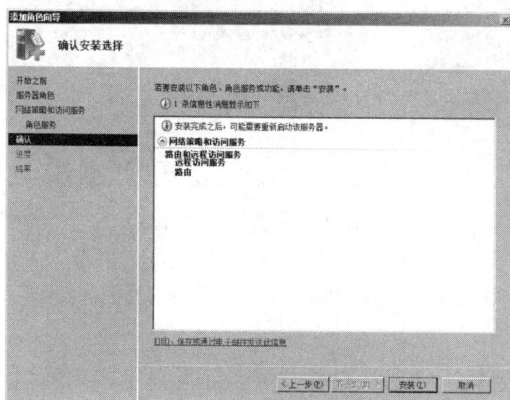

图5.44 "确认安装选择"窗口

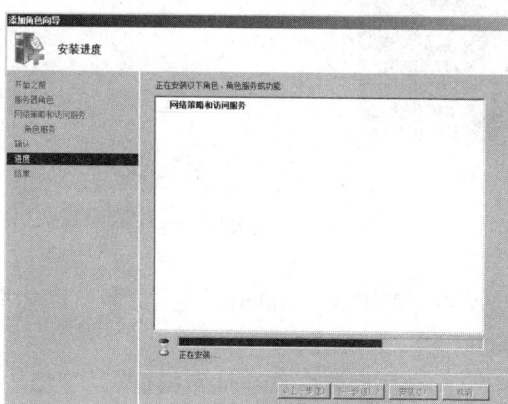

图5.45 "安装进度"窗口

（8）安装完成后，弹出"安装结果"窗口，如图5.46所示，单击"关闭"按钮结束安装向导。

3）配置并启用路由和远程访问

（1）在NAT服务器上，依次单击"开始"→"管理工具"→"路由和远程访问"菜单，打开"路由和远程访问"窗口。右键单击服务器名称（如WIN2008SERVER）节点，在弹出的快捷菜单中，单击"配置并启用路由和远程访问"项，如图5.47所示。

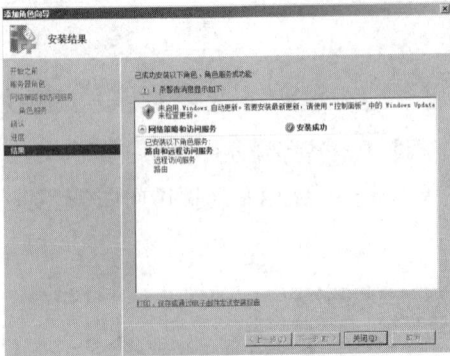

图5.46　"安装结果"窗口

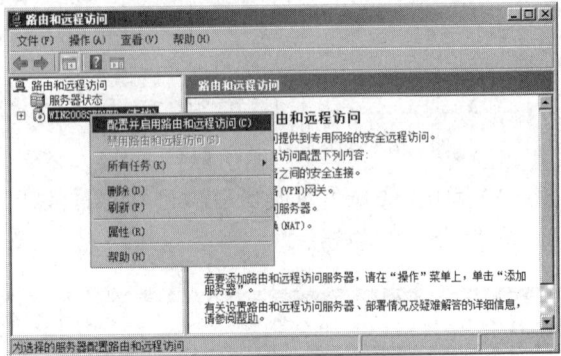

图5.47　"路由和远程访问"窗口

（2）弹出"欢迎使用路由和远程访问服务器安装向导"窗口，如图5.48所示，单击"下一步"按钮。

（3）弹出"配置"窗口，如图5.49所示，单击选中"网络地址转换(NAT)"项，单击"下一步"按钮。

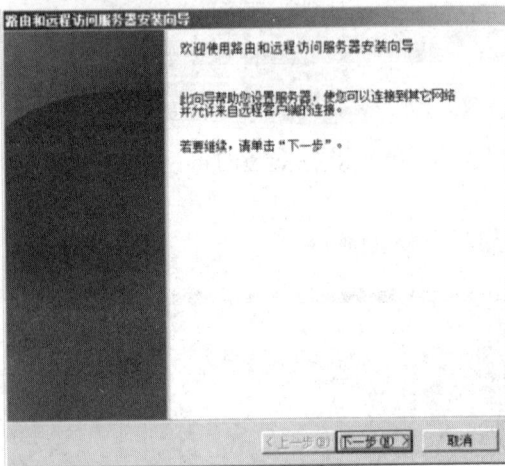

图5.48　启动安装向导

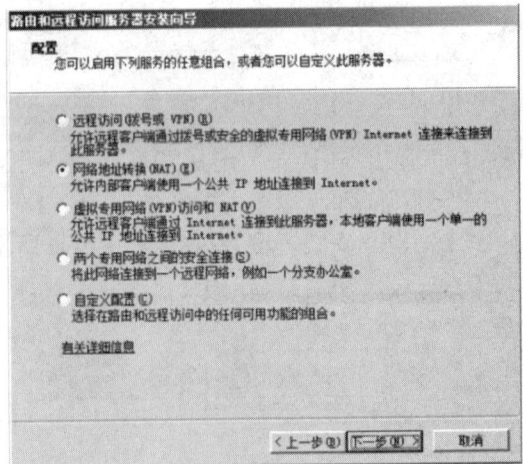

图5.49　"配置"窗口

（4）弹出"NAT Internet连接"窗口，如图5.50所示，选择"本地连接"为Internet连接，单击"下一步"按钮。

（5）弹出"名称和地址转换服务"窗口，如图5.51所示，单击选中"启用基本的名称和地址服务"项，单击"下一步"按钮。

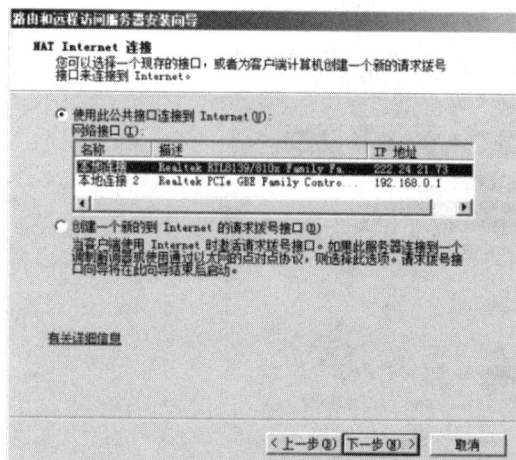

图5.50　"NAT Internet连接"窗口

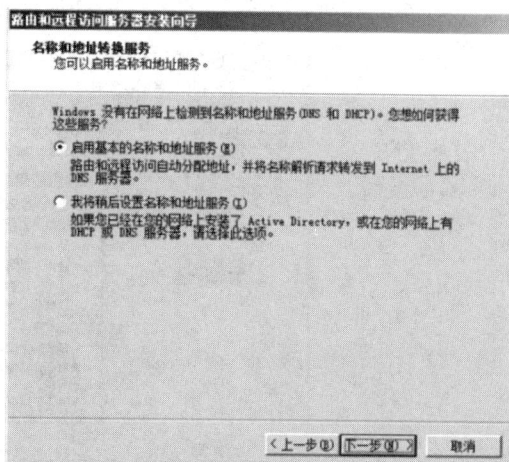

图5.51　"名称和地址转换服务"窗口

（6）弹出"地址分配范围"窗口，如图5.52所示，这里确定了客户机使用的地址范围，单击"下一步"按钮。

（7）弹出"正在完成路由和远程访问服务器安装向导"窗口，如图5.53所示，单击"完成"按钮。

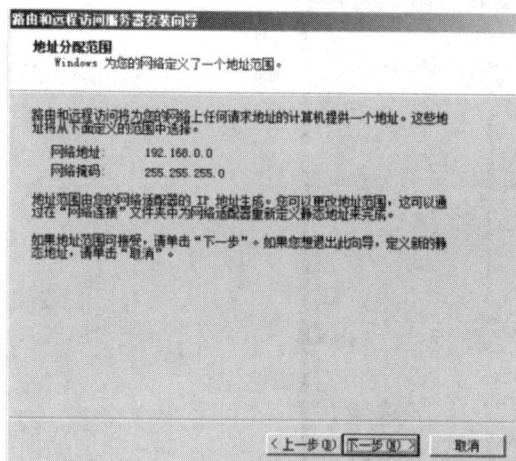

图5.52　"地址分配范围"窗口

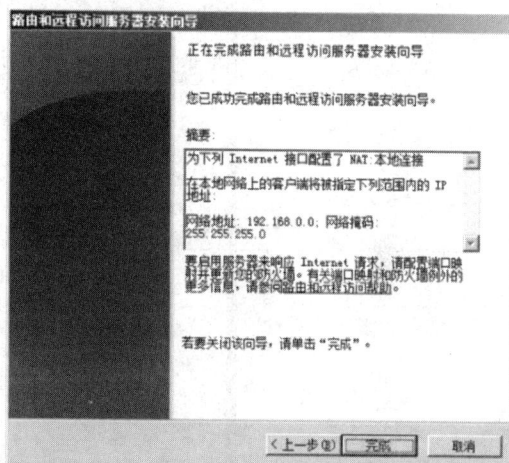

图5.53　正在完成安装向导

（8）系统开始启动路由和远程访问服务，如图5.54所示。

图5.54　正在启动路由和远程访问服务

（9）路由和远程访问服务启动成功后，如图5.55所示。至此，NAT服务器配置完毕。

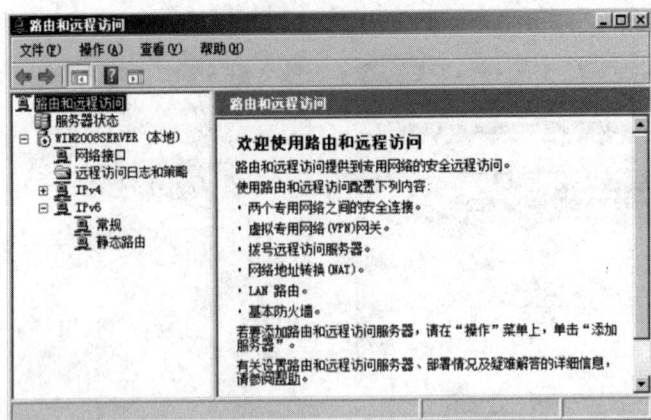

图5.55　"路由和远程访问"启动成功

### 3. 客户机配置

客户机的配置比较简单，打开客户机的TCP/IP属性窗口，正确配置客户机的网络连接参数(IP地址、子网掩码、默认网关、DNS服务器地址)就可以上网了，如图5.56所示。

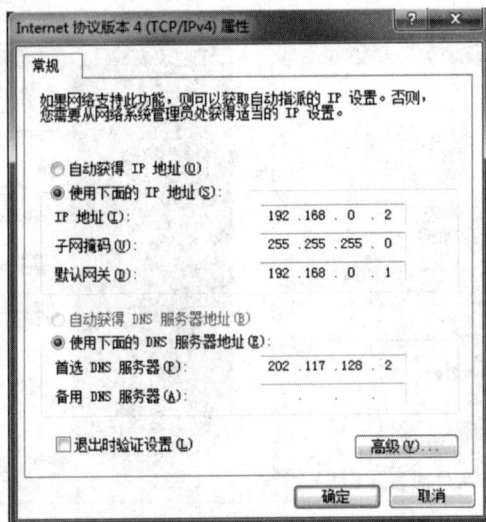

图5.56　设置客户机网络连接参数

其中，客户机使用的IP地址形式为192.168.0.x，客户机使用的IP地址不能与NAT服务器内网卡IP地址(本例中为：192.168.0.1)相同，各客户机之间使用的IP地址也不能相同。客户机的子网掩码为：255.255.255.0。默认网关与NAT服务器内网卡IP地址相同，即192.168.0.1。DNS服务器由具体网络环境决定，本例中为：202.117.128.2。

## 5.2.3　代理服务器介绍

采用代理服务器也是一种常见的软件共享上网方式。通过在具有Internet连接的计算机上安装代理服务器软件来实现，需要专用的计算机作为共享服务器。为了保证客户机随时能够上网，作为共享服务器的计算机必须一直处于开机状态。通过代理服务器实现共享接入，适用于局域网中计算机数量较多的场合。

代理服务器软件的种类很多，从实现的机制上看，可以分为两大类，即网关型代理服务器软件和 Proxy（代理）型代理服务器软件。

网关型代理服务器软件采用 NAT 技术，如 Sygate、WinRoute 等。网关型代理服务器针对每一个数据包转换，用户不需要根据每一种网络应用协议进行设置，只需要将服务器的 IP 地址设置为客户机的网关即可，使用简单方便。但是，它对网络应用软件的管理控制能力较弱，在多台计算机访问同一资源时也不能像 Proxy 型代理服务器那样使用缓存，因此没有速度优势。

Proxy 型代理服务器软件有 CCProxy、WinGate、WinProxy 等。如果使用这一类软件配置代理服务器，客户机访问 Internet 上的网络资源时，首先将访问请求发送到代理服务器，然后代理服务器到相应站点下载相应的网络资源到硬盘上，再反馈给发出请求的客户机。例如 IE 浏览器访问 Web 服务器时，IE 浏览器只与代理服务器建立 TCP 连接，代理服务器需要作为客户与 Web 服务器建立 TCP 连接，代理服务器把客户机请求的页面下载到硬盘后，再发送到客户机上。一般情况下，客户机接收的数据包的源地址始终为代理服务器的 IP 地址。Proxy 型代理服务器的优点是可以把客户机请求的内容保存到硬盘上作为缓冲，下次遇到相同的请求时可以提高访问速度、节约带宽。另外，Proxy 型代理服务器对每种网络应用软件分别进行设置，管理控制能力非常强大，但是设置比较复杂。

CCProxy 主要用于局域网内共享上网及对共享上网用户的监控。目前已知的网络接入方式，CCProxy 都可以支持，比如以太网接入、ADSL 接入、专线接入、ISDN 接入、卫星接入等。只要局域网内有一台计算机能够上网，其他计算机就可以通过这台计算机上安装的 CCProxy 来代理共享上网，最大程度地减少了硬件费用和上网费用。CCProxy 提供的帐号设置功能，可以方便地管理客户端上网的权限。CCProxy 采用全中文操作界面和符合中国用户操作习惯的设计思路，完全可以成为中国用户代理上网首选的代理服务器软件。

## 5.2.4　实例：利用代理服务器共享Internet接入

下面将以 CCProxy 7.2 为例，介绍 Proxy 型代理服务器的配置方法。代理服务器和客户端计算机均安装了 Windows 7 系统（专业版）。

### 1. 硬件连接

通过 CCProxy 把内部网络共享接入 Internet 的硬件连接如图 5.57 所示。选择一台性能较高的计算机作为代理服务器，如果内网接入的计算机数量较少，也可以用一般的客户机替代。实际网络环境中，代理服务器接入 Internet 可能采用 ADSL、以太网、HFC 或其他方式，这里以以太网方式为例进行说明，其他接入方式的操作方法类似。

代理服务器有两块网卡，分别用来连接外网和内部局域网。习惯上，把连接外网的网卡称为外网卡，把连接内部局域网的网卡称为内网卡。如果内部网络中只有一台计算机，则可以不使用交换机，利用双绞线直接把代理服务器与客户机相连。如果代理服务器安装有无线网卡，还可以通过无线 Ad hoc 方式直接连接内网中的多台计算机。

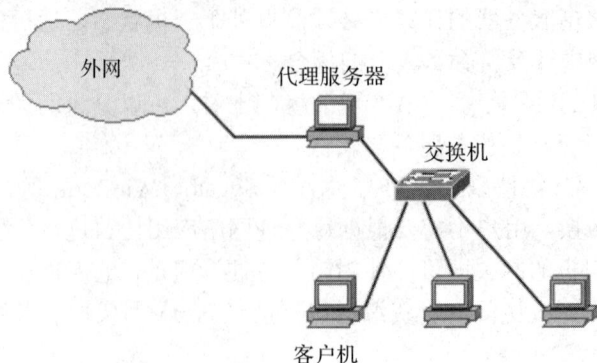

图5.57　硬件连接图

**2. 服务器双网卡参数配置**

（1）右键单击桌面上的"网络"图标，在弹出的菜单中单击"属性"项，打开"网络和共享中心"窗口。

（2）单击左侧的"更改适配器设置"菜单，打开"网络连接"窗口，如图5.58所示。"本地连接"对应的网卡作为外网卡，该网卡连接外部网络，"本地连接 2"对应的网卡作为内网卡，连接内部局域网。这里需要特别注意内外网卡的配置必须与其物理连接一致。正确配置外网卡的TCP/IP属性，如图5.59所示，代理服务器能够正常上网。

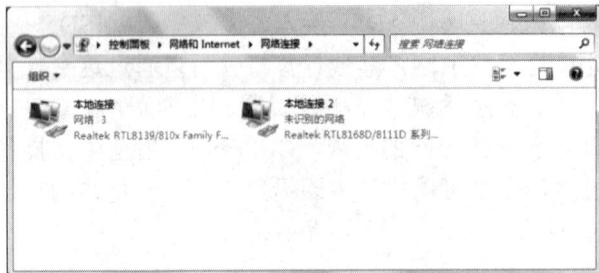

图5.58　"网络连接"窗口

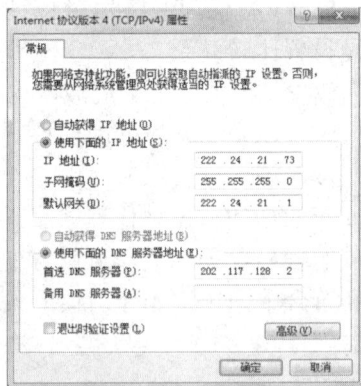

图5.59　外网卡的TCP/IP属性配置

（3）打开"本地连接 2"的TCP/IP属性窗口，把内网卡的IP地址设置为：192.168.0.1，子网掩码设置为：255.255.255.0，如图5.60所示，默认网关和DNS服务器地址不填。

**3. CCProxy 设置**

（1）在代理服务器上，正确安装CCProxy，启动后的主界面如图5.61所示。

（2）单击"设置"按钮，弹出"设置"窗口，如图5.62所示，在"代理服务"栏内保留默认设置。查看各个协议所使用的端口，以便在客户端设置时录入对应的端口。例如，HTTP协议采用的端口号为808。

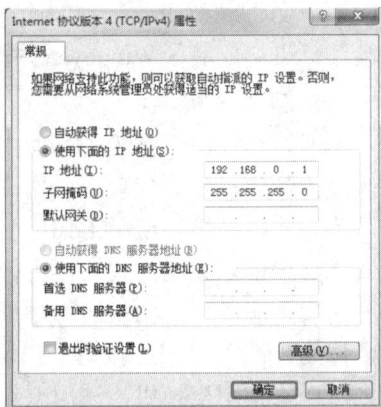

图5.60　内网卡TCP/IP属性窗口

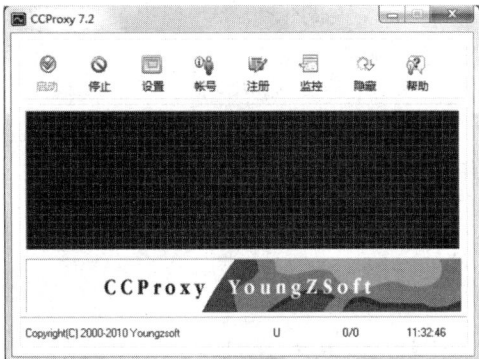

图5.61 CCProxy主界面　　　　　　　　　　　图5.62 "设置"窗口

（3）单击取消"自动检测"前的复选框，从下拉列表中选择服务器的局域网IP地址（即内网卡的IP地址192.168.0.1），然后单击选中IP地址右侧的复选框，最后单击"确定"按钮。

（4）此时，CCProxy的设置已经能够提供代理服务，如果需要进行"缓存"、"二级代理"等高级设置可以单击图5.62中的"高级"按钮。

**4. 客户端配置**

（1）在客户机上，打开TCP/IP属性窗口，正确填写网络连接参数，如图5.63所示。这里只要确保客户机与代理服务器之间可以互相连通即可，可以通过"ping"命令来测试连通性。

注意：客户机使用的IP地址必须与代理服务器内网卡地址具有相同的网络号，其形式为192.168.0.x，客户机使用的IP地址不能与代理服务器内网卡的IP地址（本例中为：192.168.0.1）相同，各客户机之间使用的IP地址也不能相同。子网掩码为：255.255.255.0。默认网关、DNS服务器地址可以不填。

（2）在客户机上，打开IE浏览器，依次单击"工具"→"Internet选项"菜单，弹出"Internet选项"窗口，如图5.64所示，单击"连接"选项卡。

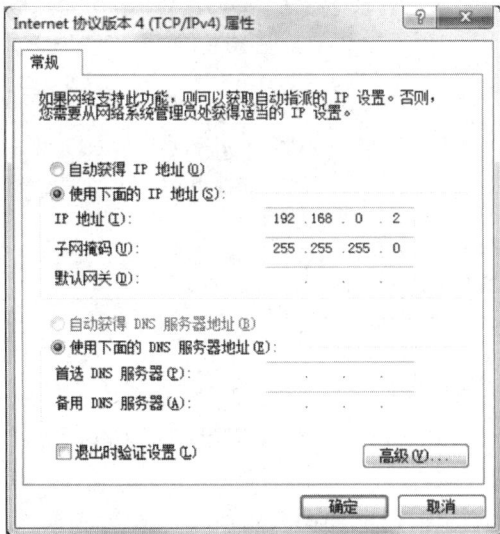

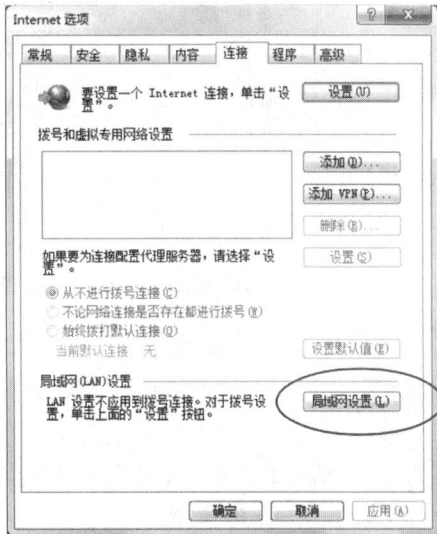

图5.63 客户机配置　　　　　　　　　　　图5.64 "Internet选项"窗口

（3）单击"局域网设置"按钮，弹出"局域网(LAN)设置"窗口，如图5.65所示。单击选中"为LAN使用代理服务器"复选框，在地址栏内填写代理服务器地址（192.168.0.1），在端口栏内填写端口号（808），这些参数必须与CCProxy中设置的值一致。如果需要对其他协议进行设置，可以单击"高级"按钮。最后单击"确定"按钮。

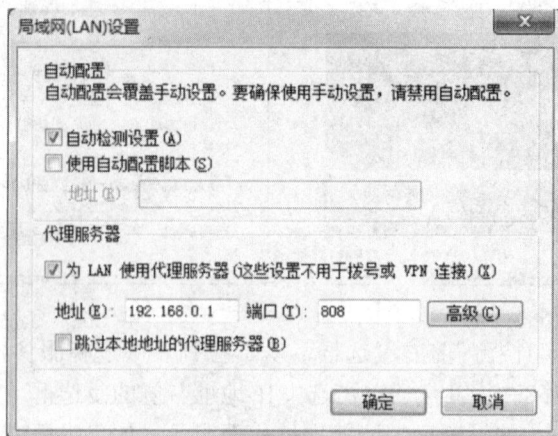

图5.65　"局域网(LAN)设置"窗口

（4）至此，客户机就可以通过IE浏览器连接网络了。

### 5. CCProxy的高级配置

（1）在图5.61所示的CCProxy主界面中，单击"帐号"按钮，弹出"帐号管理"窗口，如图5.66所示。

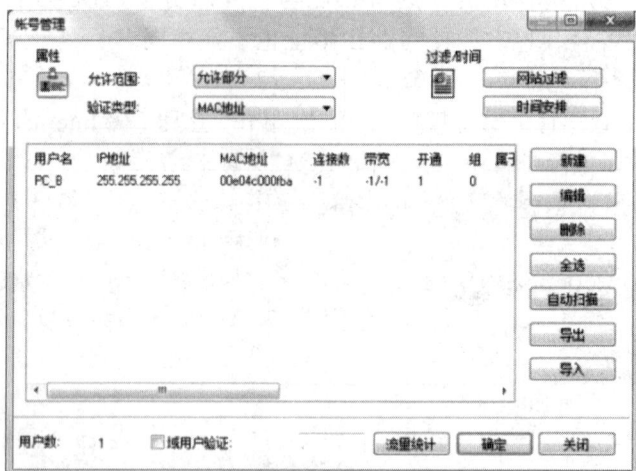

图5.66　"帐号管理"窗口

（2）在"允许范围"右侧的下拉列表中选择"允许部分"，"验证类型"右侧的下拉列表中选择"MAC地址"。单击"时间安排"按钮，弹出"时间安排"窗口，如图5.67所示，在"时间安排名"右侧填写名称（如"计算机B"）。

（3）单击"星期天"右侧按钮，弹出"时间表"窗口，如图5.68所示，设置星期天上午8:00～12:00不能上网。两次单击"确定"按钮，回到"帐号管理"窗口。

图5.67　"时间安排"窗口

图5.68　"时间表"窗口

（4）单击"新建"按钮，弹出"帐号"窗口，如图5.69所示，输入用户名（如"PC_B"）和MAC地址（如"00e04c000fba"）。单击选中"时间安排"复选框，在其右侧下拉列表中选择已经设置的时间安排（如"计算机B"）。两次单击"确定"按钮，回到CCProxy主界面。

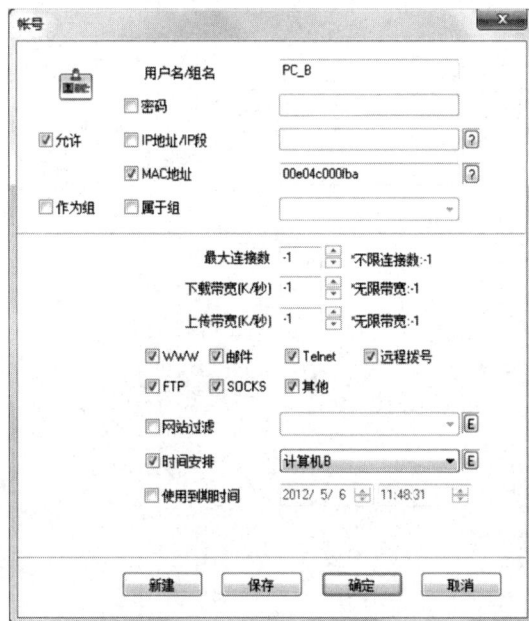

图5.69　"帐号"窗口

（5）此时，只有MAC地址为"00e04c000fba"的计算机B能够通过CCProxy代理上网，且CCProxy禁止了计算机B在星期天上午8:00～12:00上网。如果还有其他客户机，需要分别为它们建立帐号。CCProxy的帐号管理还具有设置网站过滤规则等其他许多功能，详细设置方法请参考CCProxy手册。

## 习题

1. 两台计算机直接通过双绞线连接时，应该选择哪一类双绞线？
2. 在实现文件夹共享的基础上，考虑如何操作能够实现局域网内打印机共享。
3. WLAN组网时，可以采用哪两种拓扑结构，各具有什么特点？
4. 简述NAT的工作原理。
5. NAT对地址的转换有哪些方式？
6. 从工作原理来看，代理服务器软件可以分为哪两类？

# 第6章 Internet服务

随着互联网在全球范围内的快速扩展，服务提供商的数量不断增加，提供的业务也不断丰富。互联网不仅为人们提供了各种各样简单而且快捷的通信与信息检索手段，更重要的是为人们提供了巨大的信息资源和服务资源。目前因特网上的服务五花八门，本章将对常见的WWW、E-mail、FTP、DNS等四种服务加以介绍。

## 6.1 万维网WWW

### 6.1.1 万维网简介

万维网（WWW，World Wide Web）是无数个网络站点和网页的集合，它们构成了因特网最主要的部分（因特网也包括电子邮件、Usenet以及新闻组等）。WWW实际上是多媒体的集合，是由超级链接连接而成的。我们通过网络浏览器上网观看的就是万维网的内容。

很多人都说，没有万维网，计算机网络就会少了很多东西。万维网最早的创作思想来源于为世界各地的科学家提供一个可以共享的平台。当第一个图形界面的WWW浏览器Mosaic在美国国家超级计算应用中心NCSA诞生后，此后将近三十年的发展，使万维网成为了计算机网络发展的生力军，未来它也将影响计算机网络的发展。

### 6.1.2 万维网核心标准

为了让万维网能够工作，首先需要思考下面三个问题：

（1）万维网上的站点和网页是如何标识的；

（2）资源的请求者和资源的所有者之间如何进行通信；

（3）万维网上的各种资源、信息怎么用统一的形式描述出来。

为了解决上述三个问题，万维网协会（World Wide Web Consortium，W3C）和互联网工程任务组IETF（Internet Engineering Task Force）合作，最终发布了一系列RFC（Request for Comments），定义了万维网核心部分的三个标准：统一资源定位符（Uniform Resource Locator，URL），超文本传输协议（HyperText Transfer Protocol，HTTP）和超文本标记语言（HyperText Markup Language，HTML）。

**1. 统一资源定位符**

URL是信息资源在Internet上的唯一标识，一般也可称为Internet地址或网址。URL可以用来定位Internet上的各种信息资源，以便于检索和浏览信息。这里的信息资源，包括Internet上可以被访问的任何对象，以及与Internet相连的任何形式的数据。

URL的一般格式为：

<访问方式>://<主机>:<端口>/<路径>

其中：<访问方式>指定了访问某个资源时使用的通信协议，例如HTTP、FTP等。

<主机>项是必须的，指定了提供某种Internet服务的服务器的域名。如果知道服务器的IP地址，可以在<主机>项直接使用IP地址，从而省去域名解析的过程，加快访问的速度。

<端口>指定了服务器提供服务的端口号，如果使用各种协议默认的端口号，该项可以省略。

<路径>用来指定被访问的文件所在的目录和文件名。该项有时可以省略。

例如，访问西安邮电大学校园网的URL为http://www.xupt.edu.cn。

HTTP协议使用的默认端口号为80，这里可以省略。如果Web服务器使用的端口号为8080，则访问时使用的URL必须加上<端口>项，即：http:// www.xupt.edu.cn:8080。

**2. 超文本传输协议**

Telnet协议解决了一台计算机和另外一台计算机之间一对一的控制型通信要求；邮件协议解决了一个发件人向少量人员发送信息的通信要求；文件传输协议解决了一台计算机从另外一台计算机批量获取文件的通信要求，但是它不具备一边获取文件一边显示文件或对文件进行某种处理的功能；新闻传输协议解决了一对多新闻广播的通信要求。超文本传输协议要解决的通信要求是，在一台计算机上获取并显示存放在多台计算机里的文本、数据、图片和其他类型的文件，它包含超文本传输协议（HTTP）和超文本标记语言（HTML）两大部分。

HTTP协议支持客户/服务器模式，客户向服务器请求服务时，只需传送请求方法和路径。常用的请求方法有GET、HEAD和POST，每种方法规定了客户与服务器联系的不同类型。由于HTTP协议简单，使得HTTP服务器的程序规模小，因而通信速度很快。HTTP 0.9和HTTP1.0使用非持续连接，即限制每次连接只处理一个请求，服务器处理完客户的请求，并收到客户的应答后，立即断开连接，采用这种方式可以节省传输时间。HTTP 1.1使用持续连接，不必为每个Web对象创建一个新的连接，一个连接可以传送多个对象。HTTP协议是无状态协议，对于事务处理没有记忆能力。

**3. 超文本标记语言**

万维网上的一个超媒体文档称之为一个页面（Page）。作为一个组织或者个人在万维网上放置开始点的页面称为主页（Homepage）或首页，主页中通常包括指向其他相关页面或其他节点的指针（超级链接），超级链接就是一种统一资源定位符（Uniform Resource Locator，URL），通过激活（点击）它，可使浏览器方便地获取新的网页。这也是HTML获得广泛应用的最重要原因之一。在逻辑上将被视为一个整体的一系列页面的有机集合称为网站（Website或Site）。大多数的网页自身包含超链接，指向其他相关网页。像这样通过超链接，把有用的相关资源组织在一起的集合，就形成了一个所谓的信息的"网"。

超文本标记语言（HTML）是为"网页的创建和其他可在浏览器中看到的信息"设计的一种标记语言。网页的本质就是超文本标记语言，通过结合使用其他的Web技术（如：脚本语言、公共网关接口、组件等），可以创造出功能强大的网页。因而，超文本标记语言是万维网（Web）编程的基础，也就是说万维网是建立在超文本基础之上的。之所以称为超文本标记语言，是因为文本中包含了所谓的"超级链接"。

如何查看一个网页的HTML源代码呢？打开浏览器，在地址栏内输入相关网址，在屏幕上显示此网页后，从浏览器的菜单栏中选择“查看源代码”，此时屏幕上就会弹出一个新的窗口并显示一些古怪的文字。你所看到的这些文字就是HTML源代码。西安邮电大学主页如图6.1所示，其HTML源代码如图6.2所示。

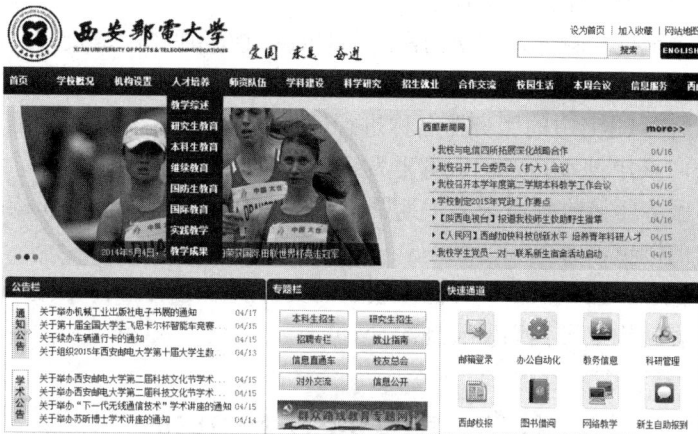

图6.1 西安邮电大学主页

```
<HTML style="Z-INDEX: 100"><HEAD><TITLE>西安邮电大学</TITLE>


<META name="baidu-site-verification" content="oz3am8oF6N">
<META name="baidu-site-verification" content="jljjshYuY4">
<META content="text/html; charset=GBK" http-equiv="Content-Type">
<META name="360-site-verification" content="6abe9af23a54194de486897521a0d23b">
<META name="baidu_union_verify" content="394f09b83cd78d9e1c840ed80ab41218">
<STYLE type="text/css">
<!--
body{
 margin:0px;
 background:#FFFFFF;
 background:url(images/index_bodybg.gif);
 background-position:top;
 background-repeat:repeat-x;
 font-size:12px;
}
A:link {
 TEXT-DECORATION: none
}
A:visited {
 TEXT-DECORATION: none
}
A:hover {
 TEXT-DECORATION: none
}
A:active {
 TEXT-DECORATION: none
}
-->
</STYLE>

<STYLE type="text/css">

#news_linker {margin-top:-25px;margin-left:35px;}
#news_linker #news_linker1{color:#6c6c6c;position:relative;z-index:2;width:70px;display:block;float:left;margin-left:!important
-10px;margin-left:-4px;margin-bottom:8px;}
#news_linker #news_linker2{color:#6c6c6c;position:relative;z-index:2;width:60px;display:block;float:right;margin-right:20px
!important;margin-right:10px;margin-bottom:8px;}
#zindex_banner{position:relative;z-index:-5;}   #zindex_banner1{position:relative;}
```

图6.2 西安邮电大学主页HTML源代码

超文本标记语言第一版(HTML1.0)在1993年6月作为互联网工程任务组(IETF)工作草案发布，此后HTML不断改进完善以适应万维网的需求。值得一提的是，2014年10月29日万维网联盟宣布，经过接近八年的艰苦努力，HTML5标准规范终于制定完成。

### 6.1.3 万维网工作过程

WWW是建立在客户机/服务器模型之上的。WWW是以超文本标记语言(HTML)与超文本传输协议（HTTP）为基础，能够提供面向Internet服务的、一致用户界面的信息浏览系统。其中WWW服务器采用超文本链接来组织信息页，这些信息页既可放置在同一主机上，也可位于不同地理位置的主机上，由统一资源定位符（URL）来维持。WWW客户端软件（即WWW浏览器）负责向服务器发送请求并显示信息。

下面我们了解一下万维网的工作过程：

（1）在浏览器地址栏输入你想访问网页的URL，或者通过超链接方式链接到那个网页或网络资源。

（2）域名系统对URL中的服务器名称进行解析，根据解析结果确定服务器的IP地址。

（3）浏览器向该IP地址指定的服务器发送一个HTTP请求。

（4）WWW服务器接收到请求后，返回请求的HTML文本、图片和构成该网页的一切其他文件给用户的浏览器。

（5）浏览器把HTML、CSS和其他接收到的文件所描述的内容（图像、链接等），显示给用户。这些内容就构成了我们所看到的"网页"。

## 6.2　电子邮件 E-mail

### 6.2.1　电子邮件简介

电子邮件（Electronic mail，E-mail）是Internet上使用最广泛、最受欢迎的服务之一，它是网络用户之间进行快速、简便、可靠且低成本联络的现代通讯手段。利用电子邮件，人们可以通过网络把自己表达的信息发送出去，而对方可以在很短的时间内接收到发送给自己的邮件。电子邮件不但可以传输各种格式的文本信息，还可以传输图像、声音、视频等多种形式的信息。

#### 1. 电子邮件的优点

电子邮件具备的诸多优点使它得到了广泛的应用，也使人们的交流方式得到了极大的改变。其优点可以归纳如下：

（1）方便快速：不管对方在地球的哪个地区，只要在网内就可以进行邮件传递，不受时间的限制，在几秒钟内就可以完成长距离间的邮件传递。用户可以将同一封信同时发送给多个收件人。电子邮件不要求通信双方同时在场，假如接收方不在电脑旁，也会自动将邮件送到对方的邮箱，等待对方查看。

（2）费用低廉：不管把电子邮件发送到哪里，都只需支付有限的上网费用即可，使得国际长途电话或传真业务望尘莫及。

（3）内容丰富：电子邮件使网络用户能够发送和接收文字、图像、语音等多种形式的信息，用户还可以得到大量免费的新闻、专题邮件，并轻松地实现信息搜索。

#### 2. 电子邮件地址格式

使用电子邮件的前提是拥有自己的电子邮箱，每个电子邮箱用一个电子邮件地址来标识。电子邮件地址是由"@"分割的一串字符，其格式如下：

用户名@邮件服务器的域名

其中，符号"@"读作"at"，表示"在"的意思。"@"之前是邮箱用户名，由用户自己定义，一般采用容易记忆的字符串。用户名在邮件服务器中必须是唯一的。"@"之后是邮件服务器的域名。

例如，对于电子邮件地址mmq@xupt.edu.cn，电子邮箱所在的邮件服务器的域名为xupt.edu.cn，该域名在Internet范围内是唯一的。ISP必须保证用户名mmq在域名为xupt.edu.cn的邮件服务器上是唯一的，这样才能保证mmq@xupt.edu.cn在Internet中是唯一的。

## 6.2.2 电子邮件工作过程

基于用户代理的电子邮件工作过程如图6.3所示。

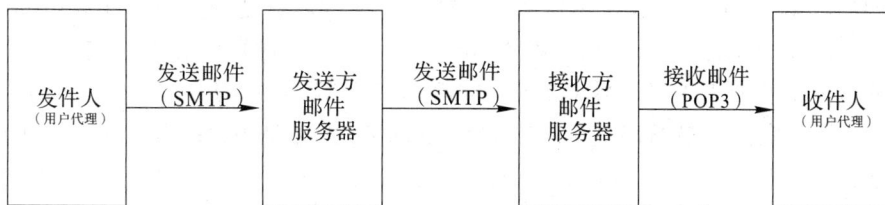

图6.3 电子邮件的工作过程

（1）发件人使用用户代理撰写邮件，并通过用户代理使用简单邮件传送协议（Simple Mail Transfer Protocol，SMTP）将邮件传送到发送方的邮件服务器。

（2）发送方的邮件服务器收到用户代理发来的邮件后，就把邮件暂存在邮件缓存队列中。

（3）发送方邮件服务器作为SMTP客户，与接收方邮件服务器建立连接，并把邮件缓存队列中的邮件依次发送出去。

（4）接收方的邮件服务器收到邮件后，就把该邮件放入收件人的邮箱中，等待收件人进行读取。

（5）收件人想要收信时，就运行用户代理，使用POP3协议（Post Office Protocol，邮局协议），读取发送给自己的邮件。

从以上的工作过程不难看出，一个完整的电子邮件系统主要包括三个部分：用户代理（User Agent，UA）、邮件服务器和邮件收发协议。

（1）用户代理是用户与电子邮件系统的接口，大多数情况下它就是用户PC机上运行的一个程序，例如Microsoft公司的Outlook、国内开发的Foxmail。UA具有的基本功能包括：创建与发送电子邮件，接收、阅读与管理电子邮件，管理帐户、邮箱与通信簿。

（2）邮件服务器是邮件系统的核心。一方面，负责接收用户送来的邮件，并根据收件人地址发送到对方的邮件服务器中；另一方面，负责接收由其他邮件服务器发来的邮件，并根据收件人地址分发到相应的电子邮箱中。

（3）电子邮件系统采用SMTP协议，POP3协议等实现邮件的发送与接收。发送邮件时，使用SMTP协议；接收邮件时，使用POP3协议。

## 6.2.3 电子邮件客户端软件

用户收发电子邮件一般可以采用两种方式，一种是基于Web页面的方式（Webmail）。目前大多数的电子邮件服务商都提供了基于Web页面的访问方式。需要注意的是，用户利用Web页面登录邮件服务器收发邮件时，使用的是HTTP协议，而不是SMTP协议或POP3协议。另一种是基于用户代理的方式，即使用专用的电子邮件客户端软件，例如Windows

系统下的Outlook、Foxmail等。

Outlook是微软办公软件（Microsoft Office）套装的组件之一，它对Windows自带的Outlook Express的功能进行了扩充。Outlook的功能很多，可以收发电子邮件、管理联系人信息、记日记、安排日程、分配任务等。电子邮件、日历和联系人管理等功能的完全集成使得Outlook成为许多商业用户眼中完美的客户端。强大的收件箱规则使用户方便地筛选和组织电子邮件。使用Outlook，还可以集成和管理多个电子邮件帐户中的电子邮件、个人日历和组日历、联系人以及任务。Outlook适用于Internet（SMTP、POP3和IMAP4）、Exchange Server或其他基于标准的、支持消息处理应用程序接口（MAPI）的通讯系统（包括语音邮件）。Outlook基于Internet标准，支持目前最重要的电子邮件、新闻和目录标准，包括LDAP、MHTML、NNTP、MIME和S/MIME、vCalendar、vCard、iCalendar，并且完全支持HTML邮件。Outlook还提供与Outlook Express附带的导入工具相同的导入工具。

Foxmail是一款非常老牌的邮件管理软件，也是一款非常优秀的国产软件。1997年公测到如今已经过去了18个年头，用户遍布全球二十多个国家和地区，中文版的用户高达400万之多。2005年，Foxmail被腾讯收购，成为了腾讯战略中的一部分。Foxmail提供基于Internet标准的电子邮件收发、数字签名和加密、本地邮箱邮件搜索及反垃圾邮件等多项功能。Foxmail致力于为用户提供更便捷、更舒适的产品使用体验。

# 6.3　文件传输协议FTP

## 6.3.1　认识FTP

如何在互联网上的两台主机间传输文件？现在有很多方法，比如利用E-mail发送附件，或者利用QQ发送在线/离线文件，或者利用云盘等，这些方法都非常便捷，但是在Internet发展早期，FTP是唯一的选择，至今它仍然有着广泛的应用。E-mail的附件传送必须提前获知收件人的地址，并且附件的大小往往受到限制。即时通信工具中的文件传送功能也是针对单个已知用户或是一个群中的成员。而借助FTP（File Transfer Protocol，文件传输协议），用户可以在互联网的任意两台主机之间完成文本文件、二进制文件、图像文件、声音文件等任意类型文件的可靠传输。

FTP服务采用典型的客户/服务器工作模式，如图6.4所示，它包括两个部分：远程提供服务的FTP服务器和用户本地的FTP客户。FTP服务允许客户与服务器之间进行文件的上传（Upload）和下载（Download），上传是指把本地计算机上的一个或多个文件传送到远程计算机上，而下载是指从远程计算机上获取一个或多个文件。需要进行文件传输时，一般由运行在本地机上的FTP客户程序提出上传或下载文件的请求，运行在远程主机上的FTP服务程序响应FTP客户机请求，接收或传送指定文件。

访问FTP服务有三种方式：命令行模式、浏览器和专用FTP客户软件。许多操作系统都提供访问FTP服务的用户接口，允许用户借助命令行完成操作。Web浏览器（如Internet Explorer）通常也具有FTP客户的功能，利用浏览器来访问FTP服务器和浏览网页一样简单。专用FTP客户软件（例如，CuteFTP、SmartFTP、NetAnt等）与浏览器相比，具有更加友好的界面，并支持连接向导、断点续传等功能。

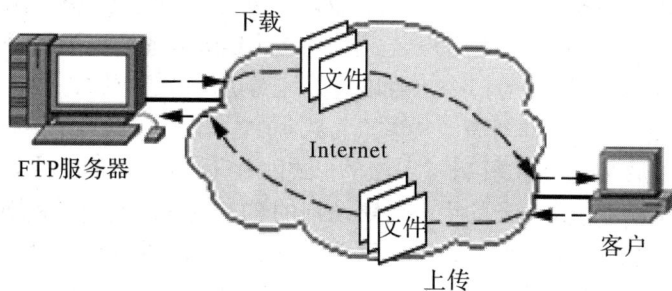

图6.4 FTP客户/服务器工作模式

## 6.3.2 FTP工作过程

### 1. 基本原理

FTP客户和服务器进行交互时，需要建立两条连接：控制连接和数据连接，如图6.5所示。控制连接用于在FTP客户和服务器之间传输命令（如查看或改变服务器工作目录）与响应，FTP会话开始前，FTP客户主动与服务器的21号端口建立控制连接。在FTP客户与服务器的整个会话过程中控制连接一直保持。数据连接用于传送数据，是FTP客户和服务器进行数据传输的通道。当要传输数据（比如获取列表、下载或上传文件等操作）时，数据连接才被建立，数据传输结束时数据连接被释放，因此，如果整个FTP会话期内有多次数据传输，数据连接会随之打开和关闭多次。数据连接的建立有两种方式：主动方式（PORT方式）和被动方式（PASV方式）。主动方式较为常用，是指服务器使用20号端口向客户端的某端口发送连接请求，建立一条数据连接来传送数据。而在被动方式中，数据连接的建立由FTP客户发起。

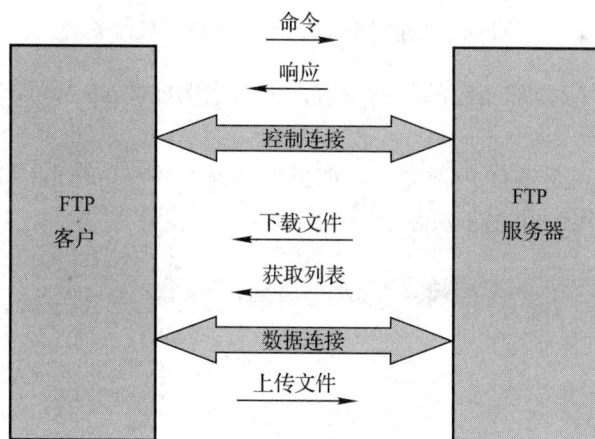

图6.5 FTP的两条连接

### 2. 匿名FTP服务

普通的FTP服务要求用户访问FTP服务器时必须输入事先注册的用户名和口令，而Internet上最受欢迎的是被称为匿名（anonymous）FTP的服务。匿名FTP能够使用户与远程主机建立连接并以匿名身份与远程主机传输文件，而该用户不必是远程主机的注册用户。

匿名FTP服务的实质是：提供服务的机构在FTP服务器上建立一个公开帐户（如，

anonymous），并赋予该帐户访问公共目录的权限，以便提供免费服务；用户登录匿名FTP服务器时，使用"anonymous"作为用户名，用自己的E-mail地址作为口令，就可以访问这个服务器。利用E-mail地址作为口令，可以更好地对访问者进行跟踪。

匿名FTP是目前Internet上进行资源共享的主要途径之一，它的特点是访问方便，操作简单，易于管理。Internet上许多资源都是以匿名FTP的形式供用户使用，例如各种文档、软件工具等。

一般来说，以匿名方式登录的用户对所访问的FTP服务器的使用权限是最低的，通常只能获得从FTP服务器下载文件的权限，不能进行上传文件的操作。若FTP服务器允许用户上传文件，则会提前为用户设定上传目录，并执行定期检查，从而避免客户上传已感染病毒的文件、恶意软件等破坏性文件。

### 6.3.3 实例：FTP常用命令的使用

FTP客户和FTP服务器可以通过FTP命令进行交互，大多数操作系统都提供命令行模式的FTP用户接口，用户可以不依赖任何第三方的FTP专业客户软件，直接在命令行模式下使用FTP命令完成文件传输的各种操作。

FTP常用命令如下：

1．ftp：启动FTP命令解释器，使用实例如图6.6所示。

格式：ftp [host]

参数说明：host 指定远程服务器的域名或IP地址。

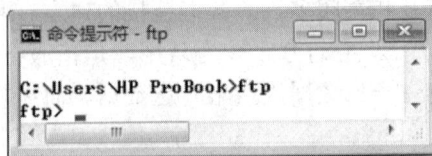

图6.6　使用"ftp"命令打开FTP客户程序

2．help：显示FTP内部命令的帮助信息，使用实例如图6.7所示。

格式：help [cmd]

参数说明：cmd 指定FTP内部命令。如果省略该参数，将输出FTP所有的内部命令名称。问号"？"与help具有相同的功能。

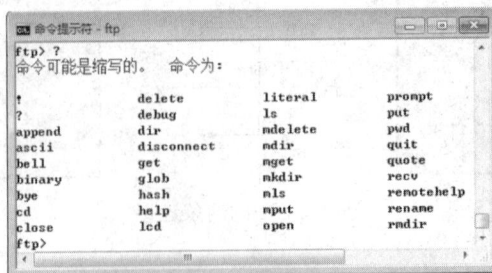

图6.7　使用"？"查看FTP命令集

3．open：与指定的FTP服务器建立控制连接，使用实例如图6.8所示。

格式：open host [port]

参数说明：host 指定远程FTP服务器的域名或IP地址。port 指定FTP服务器使用的端口号。

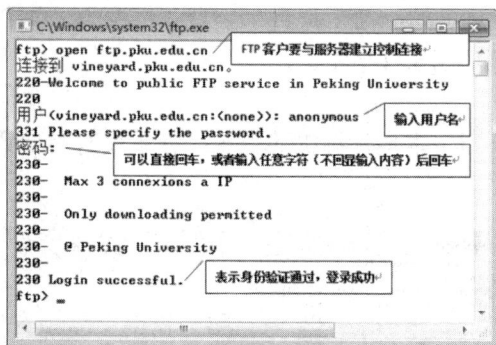

图6.8　建立控制连接并使用匿名身份登录

4．dir：获取远程服务器上的文件、子目录列表，使用实例如图6.9所示。执行该命令会建立数据连接，列表下载完毕时，数据连接被释放。

格式：dir [remotedirectory] [localfile]

参数说明：remotedirectory 指定远程服务器上需要查看列表的目录。如果没有指定该参数，将使用远程服务器的当前工作目录。localfile 指定存储列表的本地文件。如果没有指定该参数，将在屏幕上输出。

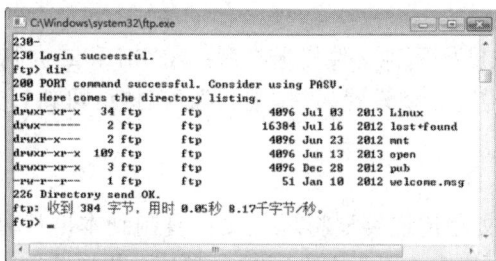

图6.9　dir命令的使用

5．pwd：显示远程服务器的当前工作目录，这一命令不带参数，使用实例如图6-10所示。

格式：pwd

6．cd：更改远程服务器的当前工作目录，使用实例如图6.10所示。

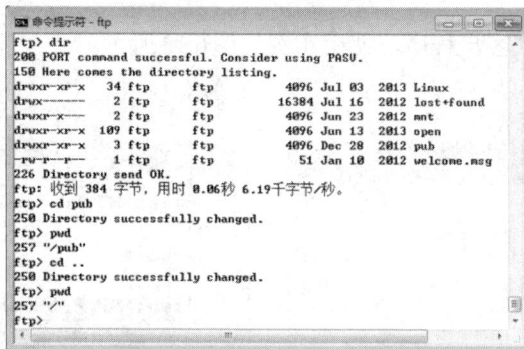

图6.10　cd和pwd命令的使用

格式：cd remotedirectory

参数说明：remotedirectory 指定远程服务器的目录。

7．lcd：更改本地计算机的当前工作目录。默认情况下，工作目录是启动FTP命令解释器时的目录，使用实例如图6.11所示。

格式：lcd [directory]

参数说明：directory 指定本地计算机的目录。如果没有指定该参数，将显示本地计算机的当前工作目录。

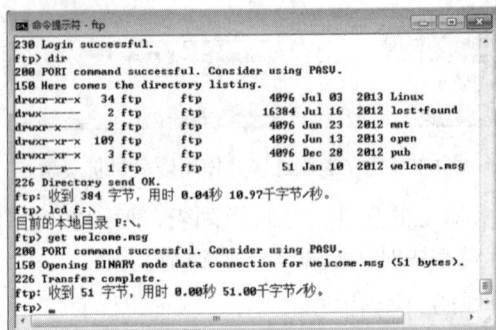

图6.11　lcd和get命令的使用

8．ascii：将文件传送类型设置为"ASCII"。

格式：ascii

需要注意的是，FTP支持两种文件传送类型：ASCII 和二进制，默认使用ASCII类型。

9．binary：将文件传送类型设置为"二进制"。在传送可执行文件时，一般使用"二进制"类型。

格式：binary

10．get：使用当前文件传送类型将远程文件复制到本地计算机，使用实例如图6-11所示。执行该命令会建立数据连接，文件下载完毕时，数据连接被释放。

格式：get remotefile [localfile]

参数说明：remotefile 指定需要复制的远程文件。localfile 指定远程文件复制到本地计算机上使用的名称。如果没有指定localfile参数，将与远程文件同名。

11．close：断开与FTP服务器建立的控制连接，使用实例如图6.12所示。

格式：close

12．quit：退出FTP客户程序，使用实例如图6.13所示。

格式：quit

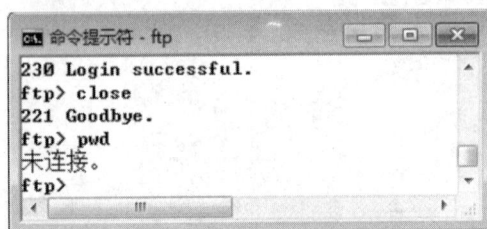

图6.12　close命令的使用

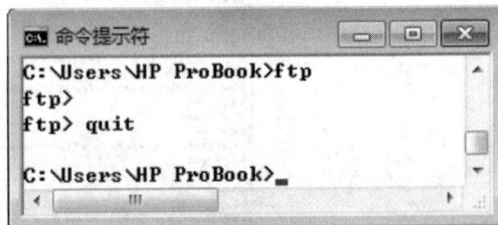

图6.13　quit命令的使用

# 6.4 域名系统DNS

## 6.4.1 DNS介绍

域名系统(Domain Name System，DNS)是因特网的一项服务，它作为将域名和IP地址相互映射的一个分布式数据库，能够使用户更方便地访问互联网。

前面的章节中，我们已经学习了计算机网络的相关模型和工作原理，用这些技术计算机网络已经可以进行正常的工作，为什么还需要DNS呢？首先，让我们想一想，如果想访问一个Web页面，例如西安邮电大学主页，在浏览器中输入的是什么信息？我们输入的是：http://www.xupt.edu.cn 而不是 http://202.117.128.8/。同样的两种输入，都可以在浏览器中显示出西安邮电大学主页，那么这两种方法有什么区别呢？其中一个显著区别就是对于输入的用户来说，哪种形式的信息更便于记忆。因特网的最上层是应用层，要和用户打交道必须能够更好地考虑到用户的需求，域名服务器就是在这种背景下产生的。

域名(Domain Name)表示Internet上某台计算机的名称，由一串用点分隔的字符串组成。例如，www.xupt.edu.cn 这个域名就唯一表示存放西安邮电大学主页的WWW服务器。域名中由点分隔的每一部分都由英文字母和数字组成，不超过63个字符，也不区分大小写字母。除连字符(-)外不能使用其他的标点符号。级别最低的域名写在最左边，而级别最高的域名写在最右边。由多个部分组成的完整域名总共不超过255个字符。

有了域名的概念，我们还必须考虑一个问题：因特网上有数不清的资源，这些资源的域名是如何定义和管理的呢？本质上，只要每一个资源有唯一的域名就可以了。使用域名的目的是便于人们更好地记忆，因此必须有一个便于理解和记忆的域名系统结构(如图6.14所示)。

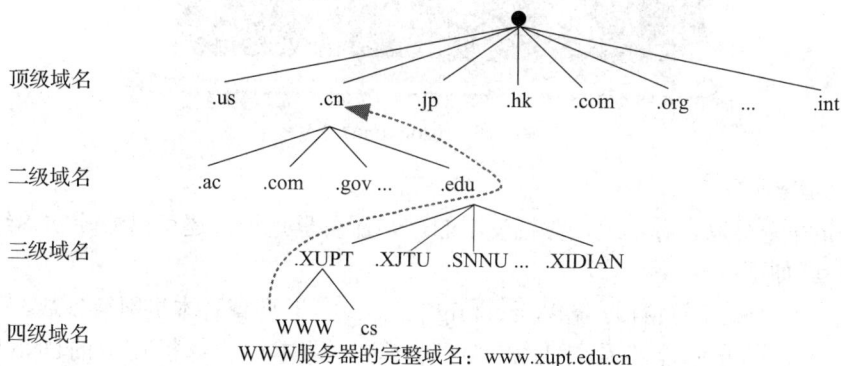

图6.14 域名系统组织结构

顶级域名可分为通用顶级域名和国家或地区顶级域名。RFC 1591定义了7个通用顶级域名，这是使用最早也最广泛的域名。例如表示工商企业的com、表示网络提供商的net、表示非盈利组织的org等。200多个国家和地区都按照ISO 3166国家代码分配了顶级域名，例如中国是cn，美国是us，日本是jp等。

可以看出，域名系统是以一种树的结构进行域名管理。这样做的好处有以下几点：

(1) 保证域名的唯一性。资源的域名就是从域名树的叶子节点到其根节点的完整的标记序列，中间以"."分开。例如：西安邮电大学WWW服务器的域名为www.xupt.edu.cn。

（2）管理域的划分。如图6-14所示，上层节点负责下层子树的管理。例如，顶级域名中的.cn是由ICANN分配给中国互联网络信息中心（China Internet Network Information Center，CNNIC）管理，CNNIC授权中国教育和科研计算机网网络中心（China Education and Research Network，CERNET）运行和管理中国二级域名edu。

## 6.4.2  DNS操作

本节介绍如何利用nslookup命令和ipconfig命令对DNS进行操作。

### 1. nslookup命令

用nslookup命令可以得到DNS服务器的地址，还可以判断是否出现了DNS解析故障，如图6.15所示。具体操作步骤如下：

（1）打开命令提示符窗口，输入nslookup命令，即可进行DNS解析查询。

（2）命令提示符窗口将显示出当前系统所使用的DNS服务器地址，这里使用的DNS服务器的IP地址为202.117.128.2。

（3）接下来输入站点对应的域名。如果DNS解析正常，会反馈正确的IP地址。否则，说明DNS解析不正常，即出现了DNS解析故障。

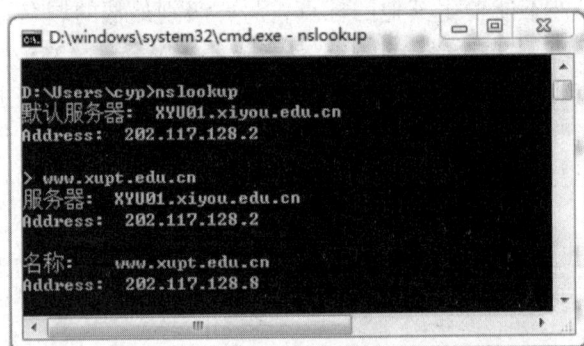

图6.15　nslookup命令

### 2. ipconfig命令

ipconfig命令可以查看本地计算机使用的DNS服务器地址，还可以清除DNS缓存信息。具体操作步骤如下：

（1）打开命令提示符窗口，输入ipconfig /all命令，即可查看本机网络参数。

（2）在显示信息中能够看到"DNS 服务器"项，即本地计算机使用的DNS服务器地址，如图6.16所示。本例中配置了两个DNS服务器，其IP地址分别为202.117.128.2和222.24.19.2。使用外网时如果DNS解析出现错误，可以通过更换其他DNS服务器地址来解决。

（3）如果在DNS服务器处显示公司内部网络地址，那么说明该公司的DNS解析工作是交给公司内部的DNS服务器来完成的。出现DNS解析故障时，可以使用nslookup操作检查该DNS服务器是否可以正常解析。

（4）执行ipconfig /flushdns命令，当出现"已成功刷新 DNS 解析缓存。"的提示时，说明当前计算机的DNS缓存信息已被成功清除，如图6.17所示。接下来再使用域名访问时，就会利用DNS服务器获取最新的解析地址。

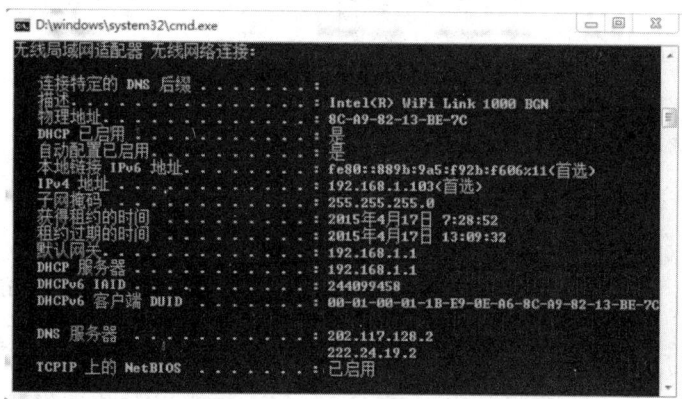

图6.16　查看DNS服务器地址

图6.17　清除DNS缓存信息

## 习　题

1. 请列举在万维网中使用统一资源定位符的例子。
2. 简述WWW的工作过程。
3. 电子邮件系统由哪几个部分组成？
4. 电子邮件的SMTP、POP3两种协议分别起什么作用？
5. FTP文件传输过程中需要建立几条连接？为什么？
6. 什么是匿名FTP访问？
7. 可以通过哪几种方式访问FTP服务？
8. 尝试user、ls、prompt、hash、mget等FTP命令的使用，说明它们的作用。
9. 简述DNS的作用。

# 第7章 因特网新技术

随着个人电脑的普及和计算机网络的发展，接入到因特网中使用服务或者提供服务的个人和厂商也越来越多，因特网已经成为社会和经济发展的重要推动力和取得经济发展的重要生产要素，它正在改变着人们的生产方式、工作方式、生活方式和学习方式。本章主要介绍近年来新兴的因特网技术。

## 7.1 搜 索 引 擎

随着WWW技术的发展，万维网在20世纪90年代初迅速发展并成为因特网的主要平台，它的开放性和信息的广泛可访问性极大地鼓励了人们进行资源共享的积极性。1993年注册的万维网服务器只有62个，1994年4月达到829个，一个月之后，数量便达到1248个，到1996年6月，万维网服务器的数量增加到23万个，其中仅1996年1月～6月之间网址的数量便增加了13万个。2014年7月，中国互联网络信息中心（CNNIC）发布了《第34次中国互联网络发展状况统计报告》，报告显示截至2014年6月，我国网民规模达6.32亿，半年共计新增网民1442万人。互联网普及率为46.9%，我国网站总数为273万个，.CN下网站数为127万个。因特网上的信息数量突飞猛进，并且因特网上的网页内容随意性很强，除了有新的网页不断出现，旧的网页也会由于各种原因被删除，因此人们从大量信息中找到自己需要的信息也变得越来越困难，需要有一种应用软件可以在Web上搜集和发现信息，对信息进行处理，为用户提供查询服务。搜索引擎（Search Engine）的出现帮助我们解决了这个难题。

首先让我们想想如果没有搜索引擎将面临什么样地尴尬场面：我们登录上一个网上书城，想买一本书，就得在这个书城一本一本的浏览，直到看到想要的那本书，这无疑像大海捞针一般。搜索引擎使我们能够更快、更准确地访问到想要的信息。现在，搜索引擎已经成为人们工作生活不可或缺的组成部分。

### 7.1.1 搜索引擎概述

首先让我们一起回顾一下搜索引擎的产生过程。

#### 1. Archie（ArchieFAQ）

早在Web出现之前，因特网上就已经存在许多共享的信息资源。这些资源当时主要存在于各种允许匿名访问的FTP站点，内容以学术、技术报告和研究性软件居多，它们以计算机文件的形式存在，文字材料的编码通常是PostScript或者纯文本（那时还没有HTML）。为了便于人们在分散的FTP资源中找到所需的东西，1990年蒙特利尔McGill大学的学生Alan Emtage、Peter Deutsch和Bill Wheelan开发了一个自动索引因特网上匿名FTP网站文件的程序 Archie（ArchieFAQ）。从概念上讲，Archie 的工作十分简单，每隔一段时间，特殊的程序就会连到每一个已知的匿名 FTP 主机，然后下载所有公共文件完整的目录表。这些表存储于 Internet Archives Database（Internet 档案数据库）中。因此，Archie 能在只知道文件名的前提下，为用户找到这个文件所在的 FTP 服务器的地址。Archie 实际上是一个大型的数据库加上与这个大型数据库相关联的一套检索方法。该数据库中包括大量可通过 FTP 下载的文件资源的有关信息，包括这些资源的文件名、文件长度、存放该文件的计算机名及目录名等。

### 2. Lycos

20 世纪 90 年代，"机器人"一词在编程者中十分流行。电脑"机器人"（Computer Robot）是指某个能以人类无法达到的速度不间断地执行某项任务的软件程序。由于专门用于检索信息的"机器人"程序像蜘蛛一样在网络间爬来爬去，因此，搜索引擎的"机器人"程序就被称为"蜘蛛"程序。1994 年 7 月，卡内基·梅隆大学的 Michael Mauldin 将 John Leavitt 的"机器人"程序接入到其索引程序中，创建了 Lycos 网站。当时的 Lycos 搜索引擎被用于该校的数字图书馆工程。"Lycos"是 Lycosidae（一种很善于捕捉猎物的狼蛛）的缩写。Lycos 支持搜索结果相关性排序，并且第一个开始在搜索结果中使用网页自动摘要，Lycos 的出现是搜索引擎史上重要的一步，直到今天，Lycos 搜索引擎仍为很多人提供搜索服务，Lycos 网址为 http://www.lycos.com/。

### 3. Yahoo

1994 年 4 月斯坦福大学的两名博士生杨致远和 David Filo 共同创办了 Yahoo，Yahoo 以目录服务的形式提供网站搜索。从技术上讲，Yahoo 中提供的搜索服务和前述搜索引擎是很不同的。Yahoo 依赖的是人工整理的网站分类目录，一方面，用户可以直接沿着目录导航，定位到他所关心的信息；另一方面，用户也可以提交查询词，让系统将他直接引导到和该查询词最匹配的网站。Yahoo 成为目录服务系统的鼻祖，但是由于目录服务收录更新网站要靠人工维护，因此在网络信息剧增的情况下，目录服务就越来越吃力。中国雅虎网址为 http://www.yahoo.cn/。

### 4. Google 搜索引擎

1998 年来自斯坦福大学的理学博士生拉里·佩奇和谢尔盖·布林创建了搜索引擎 Google。Google 以它简单、干净的页面设计以及创新的网页排名技术（PageRank 技术）迅速风靡网络，并发展成全球最受欢迎的搜索引擎。经过多年的发展，Google 成为了通用搜索引擎的标杆。Google 的特点是索引信息量大，更新、查询速度快，搜索结果精准、相关度高，用户界面友好以及搜索服务多样。

从 1994 年开始搜索引擎迅速发展并广为人们所知所用。在接下来的十几年里，搜索引擎逐渐发展壮大，中国互联网络信息中心（CNNIC）发布的《第 34 次中国互联网络发展状况统计报告》显示，目前我国网络用户最常使用的网络应用中，排名第一位是即时通信服务，第二位就是搜索引擎服务。

## 7.1.2 搜索引擎工作原理及分类

现代大规模高质量搜索引擎一般采用三段式的工作流程，即网页搜集、建立索引和查询排序。

### 1. 网页搜集

搜索引擎服务的基础是一大批预先搜集好的网页，获取这些网页就是在网页搜集阶段需要完成的工作。我们可以将整个互联网想象成一张巨型蜘蛛网，而搜索引擎机器人程序（也叫做爬虫）通过链接来抓取信息的过程就像是蜘蛛在这张网上爬来爬去一样。机器人程序是通过链接地址来寻找网页的，它由一个初始链接开始启动抓取行为，提取网页内容，同时也采集网页上的链接，并将这些链接作为下一步抓取的目标，如此重复执行，直到达到设定的某个停止条件后才会停止网页抓取。停止条件的设定通常是以时间或是数量为依据，有时也会以链接的层数来限制网络蜘蛛的运行。

### 2. 建立索引

由分析索引系统对抓取回来的网页进行分析，提取相关网页信息（包括网页所在URL、编码类型、页面内容包含的关键词、关键词位置以及与其他网页的链接关系等），根据一定的相关度算法进行大量复杂计算，得到每一个网页针对页面内容中及超链中每一个关键词的相关度（或重要性），然后用这些相关信息建立网页索引数据库。

### 3. 查询排序

当用户输入关键词搜索后，由搜索系统程序从网页索引数据库中找到符合该关键词的所有相关网页。因为所有相关网页针对该关键词的相关度早已算好，所以只需按照现成的相关度数值排序，相关度越高，排名越靠前。最后，由页面生成系统将搜索结果的链接地址和页面内容摘要等内容组织起来返回给用户。

作为对搜索引擎工作原理的基本了解，这里有两个问题需要强调：

第一，当用户提交查询请求时，搜索引擎并不是立刻在现有的因特网上进行实时的网页搜索，而是将事先搜集的一批网页，以某种方式存放在系统中，此时，用户的搜索请求只是在系统内部进行而已。

第二，当用户通过搜索认为返回的结果列表中的某一项很可能是他需要的，从而点击URL，获得网页全文的时候，此时访问的是网页的原始出处，而不是提前存放在系统中的页面，这两个页面是有区别的。

于是，从理论上讲搜索引擎并不保证用户在返回结果列表上看到的标题和摘要内容与他点击URL所看到的内容一致，甚至不保证那个网页还存在。为了弥补这个缺陷，现代搜索引擎都保存网页搜集过程中得到的网页全文，并在返回结果列表中提供"网页快照"或"历史网页"链接，保证让用户能看到和系统中提前保存的网页信息一致的内容。

根据信息覆盖范围及适用用户群，搜索引擎可以分为如下四类：

1）综合型搜索引擎

综合型搜索引擎通过自己的检索程序（Indexer）（如Spider，俗称"蜘蛛"程序)或"机器人"（Robot)程序，到各个网站收集、存储信息，并建立索引数据库供用户查询。这种搜索引擎的优点在于可以使用布尔检索、短语或邻近检索、模糊检索、自然语言检索等高级检索方式，可以限制检索对象的地区、网络范围、数据类型、时间等，可对满足特定条件的资源准确定位。缺点在于这种基于关键字的搜索方式不能考虑到搜索人的搜索背景，因此在输入查询关键字的时候应尽可能地明确自己的搜索目的。综合型搜索引擎有Google（http://www.google.com/）、AltaVista（http://www.altavista.com/）、Excite（http://www.excite.

com/)等。国内著名的搜索引擎有百度（http://www.baidu.com）等。

2）目录型搜索引擎

目录型搜索引擎的主要特点是以人工或半人工的方式搜集信息，通过有专业知识的编辑人员对信息进行精选分类，同时建立一个索引目录来为用户提供目录浏览服务和直接检索服务。用户一般不需要输入检索词，而是按照查询系统提供的几种分类项目，选择类别进行查询。这种搜索引擎的优点是：由于人的参与，其搜索结果一般都较为准确和权威，往往包含了大部分热门的主题。缺点是：在信息的鉴别、选择、收集、编排和注释标引等方面花费了大量的人力和时间，其更新和维护的速度受到限制，导致新颖性不够。对用户而言，必须对搜索引擎的分类体系有一定了解，否则也会影响检索的质量。目录型搜索引擎主要有：Yahoo!（http://www.yahoo.com/）、LookSmart（http://www.looksmart.com/）等。国内的搜狐（http://www.sohu.com）、新浪（http://www.sina.com）、网易（http://www.163.com）搜索也都属于这一类搜索引擎。

3）专题型搜索引擎

对于一些上网查询专业信息的用户来说，一般的搜索引擎提供的搜索结果太过于大众化而且深度和广度很难达到专业要求。为了满足这类人群的需要，出现了专业搜索引擎的概念。专业搜索引擎有时又称为主题搜索引擎或垂直网站，它的优点在于，针对某一特定领域、某一特定人群或某一特定需求，提供内容集中而深入的信息与服务。缺点在于，只专注于某个特定领域内的信息搜索。专题型搜索引擎主要有：CiteseerX（http://citeseerx.ist.psu.edu/index）、Scirus（http://www.scirus.com/）、People Search（http://people.yahoo.com/）、微软学术搜索（http://academic.research.microsoft.com/）、微软人立方搜索（http://renlifang.msra.cn/）等等。国内的房老大（http://beijing.foloda.com/）、12580（http://12580.10086.cn/）也都属于这一类搜索引擎。

4）元搜索引擎

元搜索引擎是一个调用其他独立搜索引擎的引擎。相对元搜索引擎，可被利用的独立搜索引擎称为源搜索引擎或搜索资源"。整合、调用、控制和优化利用源搜索引擎的技术，称为元搜索技术，元搜索技术是元搜索引擎的核心。这种搜索引擎的优点在于在接受用户查询请求时，同时在其他多个引擎上进行搜索，并将所有查询结果集中起来以整体统一的格式呈现到用户面前。缺点在于不同搜索引擎具有不同的搜索方式和检索策略，要系统同时适应这些检索策略必然会牺牲某些搜索引擎的特殊性能，因而从整体上降低了检索性能。元搜索引擎主要有：InfoSpace（http://www.infospace.com/）、Dogpile（http://www.dogpile.com/）等。国内的搜乐（http://www.sooule.com/）也属于这一类搜索引擎。

## 7.1.3　常用搜索引擎简介

针对上一小节所介绍的几类搜索引擎，本节主要介绍以下两种常用的搜索引擎。

### 1. Google（http://www.google.com/）

前Google中国区总裁李开复博士介绍，Google的中文名字为谷歌，"谷歌，是播种与期待之歌，亦是收获与欢愉之歌。以谷为歌，象征着收获的喜悦，也表达了一种勤恳求实的态度，以及对返朴归真的向往。它同时也传达出中国人对幸运、吉祥的企盼"。在英文中，"Googol"是一个数学名词，表示$10^{100}$。据说Google的英文名称借鉴了"Googol"这个单词，意味着能进行海量信息的查找。谷歌首页如图7.1所示。

图7.1　谷歌搜索首页

Google 的搜索操作很简单，只要在搜索框中键入想到的任何字词，按 "Enter" 或点击搜索按钮，Google 就会在网络上搜索出与该搜索字词相关的内容。

此外，如果用户在搜索前能够明确只在某一类信息中进行搜索，会使用户更快地获得需要的信息，谷歌提供这样的使用方法：在图7.1中点击左上角菜单中的"更多"选项，可以看到如图7.2所示的页面。

图7.2　谷歌搜索产品

例如，用户想看看西安邮电大学在西安的位置，以及旁边有什么饭店、旅游景点等，可以在图7.2中选择使用谷歌地图搜索。如果用户还想看看这个位置的街道景观,可以使用街景功能。目前中国大陆还不支持街景功能,我们去纽约看看吧。在地图搜索中输入关键字[New York, NY, United States]。找到小红点"A",放大地图,选择想看街景的街道,并将街景小人👤拖动到要查看的地方,提供了街景视图图像的道路就会显示蓝色边框。如图7.3和图7.4所示。

图7.3 将街景小人拖到某条街道

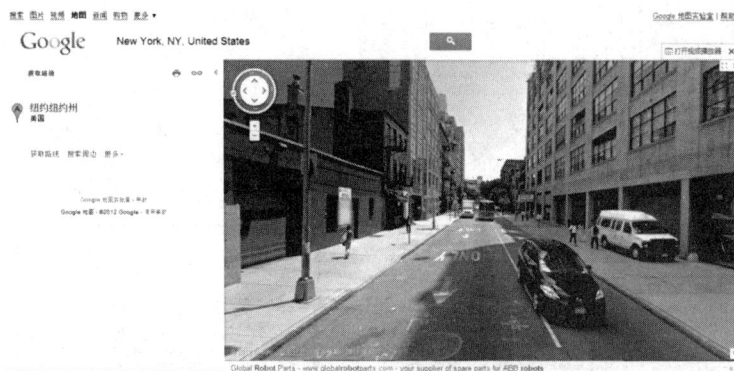

图7.4 街道街景显示

在这个街景显示中,我们可以选择一条街道前进,也可以在某个地方停下看看旁边商店的信息等。其他功能请读者自己去试用,也可以在谷歌地图主页(http://maps.google.com/help/maps/streetview/index.html)得到更多的使用帮助。

**2. 微软学术搜索( http://academic.research.microsoft.com/ )**

微软学术搜索(Microsoft Academic Search),是微软研究院开发的免费学术搜索引擎,它为研究员、学生和其他用户查找学术论文、国际会议、权威期刊等提供了一个更加智能、新颖的搜索平台,同时也是对象级别垂直搜索、命名实体的提取和消歧、数据可视化等许多研究思路的试验平台。如图7.5所示。

我们看一下如何进行简单的学术搜索。输入查询的主题"Cloud computing"(只支持英文关键字的查询,不支持中文),得到如图7.6所示的搜索结果。在图中我们可以很直观地看到Cloud computing领域发表文章的趋势,还可以看到在这个领域发表论文的作者的信息、相关顶级国际会议信息、相关国际期刊的信息和关于"Cloud computing"概念不同作者给出的不同定义。

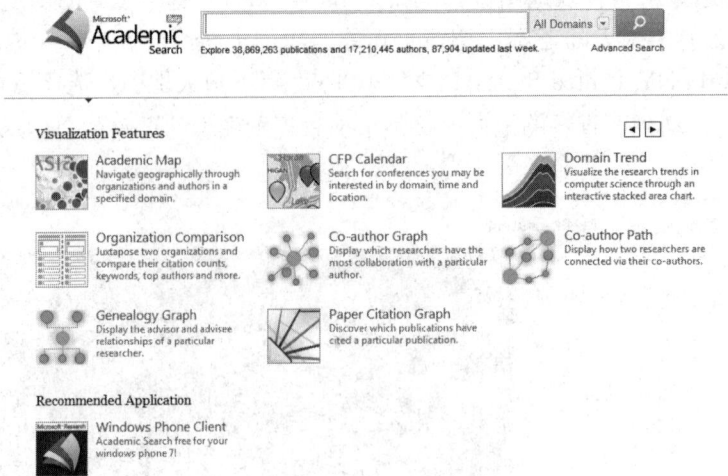

图7.5　微软学术搜索首页

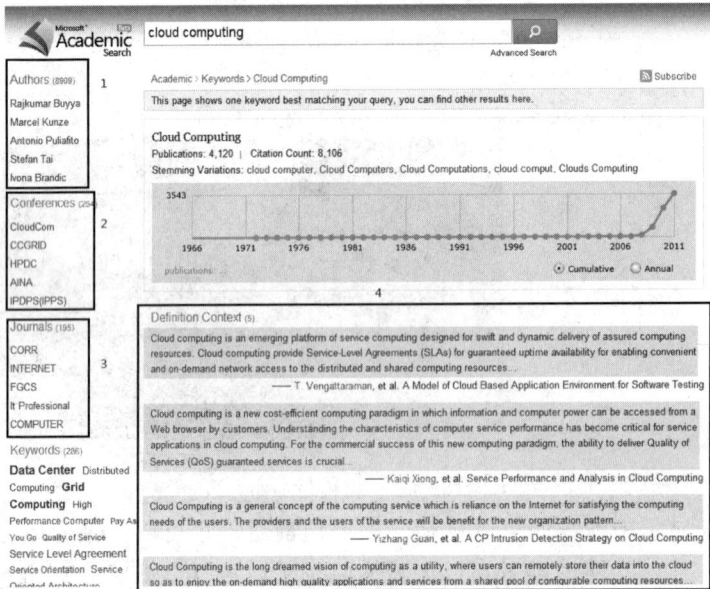

图7.6　"cloud computing"搜索结果

　　搜索引擎在网络应用中的地位越来越高，同时用户对于搜索引擎的查询处理效率和准确度等方面的要求也越来越高。搜索引擎还不能很好地对搜索的内容进行查找，只能依照用户给出的关键字进行匹配，因此搜索结果中往往包含很多无用信息，用户需要手工进行二次搜索。更好地理解用户的搜索上下文，减少搜索所花费的计算资源和时间是搜索引擎下一步发展的方向之一。

# 7.2　P2P技术

　　"Peer"在英语里有"对等者"和"伙伴"的意义。因此，从字面上，P2P可以理解为对等网络。P2P可以定义为：网络的参与者共享其所拥有的一部分资源(计算资源、存储资源、网络资源、打印机等)，这些共享资源通过网络提供服务和内容，能被其他对等结点(Peer)直接访问而无需经过中间实体。对等网络中的结点既是资源(服务和内容)提供者(Server)，又是资源获取者(Client)。统计显示互联网流量中P2P流量占比高达70%。下载工具前三位分别是BT、迅雷和电驴，下载内容绝大部分是视音频。客观地说，这种计算模式并不是什么新技术，自从20世纪70年代网络产生以来就存在了，只不过当时的网络带宽和传播速度限制了这种计算模式的发展。90年代末，随着高速互联网的普及、个人计算机计算和存储能力的提升，P2P技术重新登上了历史舞台并带来了一场技术上的革命。

## 7.2.1　P2P技术概述

P2P网络一个重要的目标就是让所有的客户端都能提供资源，包括带宽、存储空间和计算能力。因此，当有结点加入且对系统请求增多时，整个系统的容量也增大。这是具有一组固定服务器的Client/Server(C/S)结构不能实现的，因为在C/S结构中，客户端的增加意味着所有用户的数据传输变慢。Keith W. Ross(Polytechnic University)和Dan Rubenstein(Columbia University)提到了P2P系统的三个基本特征：

- 相比中央服务器而言有明显的自治性；
- 利用网络边缘的资源，如存储/计算能力和信息资源；
- 网络边缘的资源处在动态的变化中(新资源加入，已有的资源可能消失)。

从计算模式上来说，P2P打破了传统的Client/Server模式，P2P网络中的每个结点的地位都是对等的。每个结点既充当服务器为其他结点提供服务，同时也享用其他结点提供的服务。在C/S模式下，如果台式机终端想使用一个数据库提供的存储服务，需要借助一个"中间人"即服务器，而在P2P模式下则不需要"中间人"，台式机可以直接使用数据库提供的存储服务，这个时候数据库服务器提供服务所以充当了服务器的角色，台式机使用服务所以充当了客户机的角色。如果数据库中的数据想借助台式机共享的显示器进行显示，则台式机提供了显示数据的服务，所以充当了服务器的角色，数据库服务器使用了显示器的显示服务，所以充当客户机的角色。C/S与P2P计算模式的对比如图7.7所示。

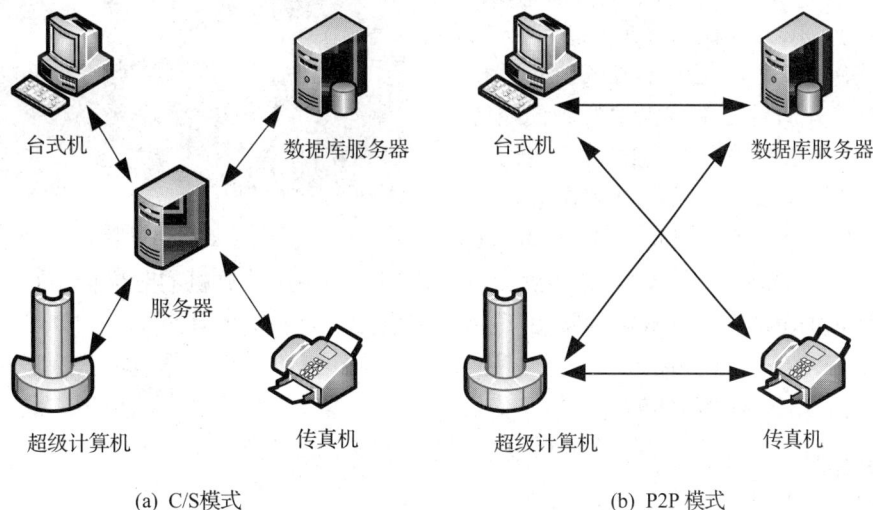

(a) C/S模式　　　　　　　　(b) P2P 模式

图 7.7　C/S与P2P计算模式的对比

互联网最基本的TCP/IP协议并没有客户机和服务器的概念，所有的设备都是平等的。早期，所有的互联网上的系统都同时具有服务器和客户机的功能。后来发展的那些架构在TCP/IP之上的软件采用了C/S结构：浏览器和Web服务器、邮件客户端和邮件服务器、FTP客户端和FTP服务器。客户软件和服务器软件之间是C/S结构，但是，对于服务器软件之间来说，它们仍然是对等连网的。以邮件服务器为例，互联网并没有一个巨大的、唯一的邮件服务器来处理所有的邮件，多个邮件服务器之间以一种对等的方式相互协作把邮件传送到相应的服务器上。因此我们必须认识到C/S模式与P2P模式并不是水火不容的，它们之间各有优势，相互补充。

## 7.2.2  P2P技术应用

### 1. 分布式科学计算

我们知道，许多计算机的CPU资源并不是时刻保持峰值运转的，甚至很多时候计算机处于"空闲"状态，比如使用者暂时离开等情况。而P2P技术可以使得众多终端的CPU资源联合起来，服务于一个共同的计算。这种计算一般是计算量巨大、数据极多、耗时很长的科学计算。在每次计算过程中，任务（包括逻辑与数据等）被划分成多个片，被分配到参与科学计算的P2P结点机器上。在不影响原有计算机使用的前提下，人们利用分散的CPU资源完成计算任务，并将结果返回给一个或多个服务器，将众多结果进行整合，以得到最终结果。

世界最著名的P2P分布式科学计算系统非"在家搜寻外星智慧"项目莫属。在家搜寻外星智慧（Search for Extra Terrestrial Intelligence at Home，SETI@home），是一个通过互联网利用个人计算机处理天文数据的分布式计算项目。该项目试图通过分析阿雷西博射电望远镜（Arecibo Radio Telescope）采集的无线电信号，搜寻能够证实外星智能生物存在的证据。阿雷西博射电望远镜位于波多黎各西南部的阿雷西博附近，是被建造在喀斯特地形凹地里的直径为305米的一个碟形天线，如图7.8所示。该项目由美国加利福尼亚大学伯克利分校在1999年发起，是至今最成功的分布式计算项目。 SETI计划的成员注意到已经有成千上万的计算机是可以利用的。这些计算机中有很多通常什么也不做，只是在运行屏幕保护，白白浪费资源。因此，SETI@home也

图7.8  阿雷西博射电望远镜

就产生了。SETI@home希望："你能够允许我们在你不使用计算机的时候借用它来帮助我们"寻找新的生命形式，寻找新的文明"。我们将利用运行在你的计算机上的屏幕保护程序来完成这个工作，它能够通过互联网从我们的服务器上获得一个数据包，分析它并将结果返回给我们。当你需要用你的计算机工作的时候，屏幕保护程序会立即退出，只有在你完成工作不使用计算机的时候才开始继续进行分析数据包的工作。"

SETI@home 是如何工作的呢？为了便于理解，我们只是简单介绍一下主要过程。首先，SETI@home要搜索许多经过精确调谐的频道（频率）上的信号。对外星生命来说，最

有效的能够引起别人注意的方式是将所有无线信号的能量集中在一个非常窄的频段内。如果你的无线接收机是"博大的",只能观察宽带信号,那么窄带信号将会淹没在它周围的无用的信号里,即使窄带信号非常强。其次,所有收集到的数据会被记录在高密度的磁带上,每天都会有一个35G的DLT磁带存储着这些数据。由于阿雷西博射电望远镜和互联网没有足够的带宽,因此这些磁带不得不通过传统的邮递系统送到伯克利。这些数据会被分解成大约0.25M大小的数据块,称之为"工作单元(Work Unit)"。然后,这些"工作单元"会从SETI@home的服务器,经过互联网发送到世界各地的人们那里进行分析。最后,当"工作单元"被计算完成后通过互联网被返回,"工作单元"将被送回数据库并且做上"已完成"的标记。服务器会将一个新的"工作单元"发送给空闲计算机进行分析,同时在数据库中为这个工作单元做上"进行中"的标记。

如何参与到SETI@home中?志愿者只需要在http://setiathome.berkeley.edu/下载软件,安装到自己的个人电脑中,就可以参与SETI@home项目,加入到搜寻地外文明的计划中来。如果运气好的话,您也许就能够成为接收到外星人"打电话回家"信号的那个人。

### 2. 文件共享

文件共享采用软件程序(而非Web浏览器)来定位用户需要的文件所在的计算机。由于存储文件的计算机与用户的计算机一样是普通的计算机,而不是服务器,所以将这些计算机称为"对等计算机"。对等网络中的文件共享和C/S模式下的文件共享过程是完全不同的,P2P方式的文件共享有效地利用了上行的带宽,也避免了传统的FTP服务中大家都挤到服务器上下载同一个文件的问题。对等网络中的文件共享整个工作过程如下:

- 用户A在计算机上运行对等文件共享软件,然后发送想要下载文件的请求;
- 共享软件查询连接至互联网的其他计算机,以确定所需下载的文件位置;
- 在其他计算机的硬盘驱动器上找到所需的文件后,开始下载;
- 同时,其他使用该文件共享软件的用户B也可从用户A的硬盘驱动器上获得需要的文件。

### 3. 流媒体视频

当前网络流媒体视频业务主要可以分为以下两大类:网络视频直播和网络视频点播。网络视频直播即通过摄像头将视频信号实时通过网络传送给各个用户;网络视频点播是将存在本地硬盘上的多媒体文件通过网络传输给用户。

P2P流媒体通过利用普通结点的闲散资源如带宽、CPU以及存储资源等为其他的结点提供服务,有效地减小了服务器的负载。采用P2P技术后,每个流媒体用户也是P2P网络中的一个结点。用户可以根据自身的网络状态和设备能力与一个或几个用户建立连接分享特定的数据,这种连接有效解决了流媒体对用户带宽、服务器负载的高要求,能减少服务器的负担并且提高每个用户的视频质量。P2P流媒体需要解决以下问题:客户所请求的媒体信息能被准确而快速地定位;如何将所需数据发送给客户;结点会随时离开系统或加入系统,如何避免因此而对视频质量带来的影响;如何激励客户最大化地共享上行带宽和磁盘空间等系统资源。

### 4. BitTorrent

BitTorrent是目前流行的文件下载方式,如图7.9所示。BitTorrent本质上是基于TCP/IP架构的实现P2P传输模式的应用层协议,并不是专指某个下载软件。

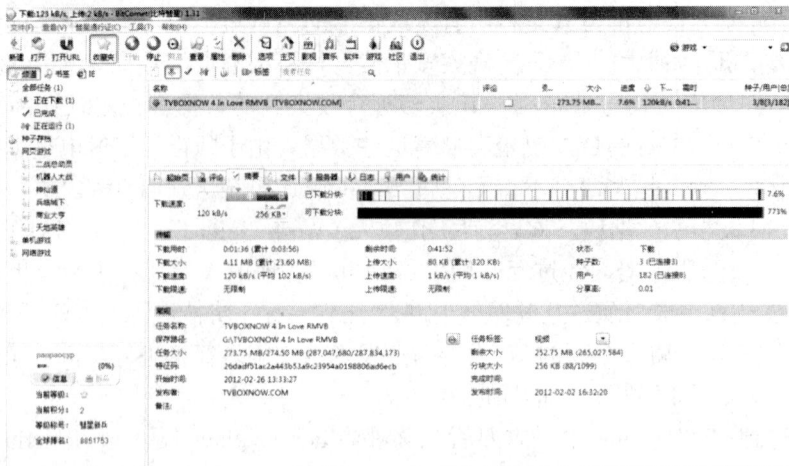

图 7.9　BitComet（比特彗星）使用界面

　　BitTorrent 协议本身也包含了很多具体的内容协议和扩展协议，并在不断扩充中。BitTorrent 中的"种子文件"（.torrent）是文本文件，包含追踪信息和文件信息两部分。追踪信息主要是下载中需要用到的追踪服务器的地址和针对追踪服务器的设置，文件信息是根据对目标文件的计算生成的，计算结果根据 BitTorrent 协议内的编码规则进行编码。它的主要原理是把提供下载的文件虚拟分成大小相等的块，块大小必须为 2KB 的整数次方（由于是虚拟分块，硬盘上并不产生各个块文件），并把每个块的索引信息和哈希验证码写入"种子文件"中；所以，"种子文件"就是被下载文件的"索引"。为了解决某些用户"下完就跑"的现象，在非官方 BitTorrent 协议中还存在一种超级种子的算法。

　　下载时，客户端软件首先解析"种子文件"得到追踪服务器的地址，然后连接追踪服务器。追踪服务器回应下载者的请求，将可以下载资源的 IP 返回给下载者。下载者连接可用的下载资源，根据"种子文件"，两者分别告知对方自己已经有的数据块，交换对方没有的数据块。此后不需要其他服务器参与，分散了单个线路上的数据流量，因此减轻了服务器负担，如图 7.10 所示。下载者每得到一个块，需要算出下载块的哈希验证码与"种子文件"中的验证码进行对比，如果一样则说明块正确，不一样则需要重新下载这个块。这种规定是为了解决下载内容准确性的问题。

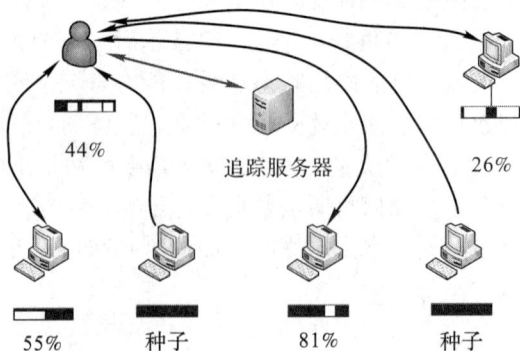

图 7.10　BitTorrent 下载过程

# 7.3　社交网络

如果说在因特网应用之一的电子邮件时代，网络仅仅可以满足人们5%的社交需求，那么今天丰富的社交网络应用已经把这个数字至少提升了10倍，网络社交对传统的人际交往必然会带来巨大的影响。

## 7.3.1　社交网络概述

电子邮件的存在极大地方便了人与人之间的沟通与交流，电子邮件也是迄今为止最普及的互联网应用之一，同时它也是网络社交的起点。BBS则更进了一步，把"群发"和"转发"常态化，理论上实现了向所有人发布信息与讨论话题的功能。BBS把网络社交推进了一步，从单纯的点对点交流的成本降低，推进到了点对面交流成本的降低。即时通信(IM)和博客(Blog)更像是前面两种社交工具的升级版本，前者提高了即时效果(传输速度)和同时交流能力(并行处理)；后者则开始体现社会学和心理学的理论——信息发布结点开始体现越来越强的个体意识，因为在时间维度上的分散信息开始可以被聚合，进而成为信息发布结点的"形象"和"性格"。比如从RSS到最近的YouTube、Twitter、Fetion、Video-Mail都解决或改进了单一功能，是丰富网络社交的工具。

随着网络社交的悄悄演进，个人在网络上的形象更加趋于完整，这时候社交网络出现了。社交网络的理论基础是1967年哈佛大学的心理学教授斯坦利·米尔格拉姆(1934～1984)创立的小世界现象(又称小世界效应)，也称六度空间理论或六度分隔理论(Six Degrees of Separation)。

米尔格拉姆设计了一个连锁信件实验。他把信随机发送给住在美国各城市的一部分居民，信中写有一个波士顿股票经纪人的名字，并要求每名收信人把这封信寄给自己认为比较接近这名股票经纪人的朋友A。朋友A收到信后，再把信寄给他认为更接近这名股票经纪人的朋友B。最终，大部分信件都寄到了这名股票经纪人手中，每封信平均经过6.2个朋友到达。于是，米尔格兰姆提出六度分隔理论，认为世界上任意两个人之间建立联系，最多只需要6个人。简单地说："你和任何一个陌生人之间所间隔的人不会超过6个，也就是说，最多通过6个人你就能够认识任何一个陌生人。"按照六度分隔理论，每个个体的社交圈都不断放大，最后成为一个大型网络。这是对社会性网络(Social Networking)的早期理解。这种现象表达了一个重要的概念：任何两个素不相识的人，通过一定的方式，总能够产生必然联系或关系。显然，随着联系方式和联系能力的不同，实现个人期望的机遇将产生明显的区别。后来有人根据这种理论，创立了面向社会性网络的互联网服务，通过"熟人的熟人"来进行网络社交拓展。图7.11是我国2014年社交网络格局图。

2014版格局图被划分为上下两大部分，分别是"社会化营销核心平台"和"消费者细分兴趣社区"，从内圈到外圈分别是该类平台的国际对标、平台跨屏分布情况、平台类别以及营销者在该类平台上建议采用的商业策略。结合中国互联网络信息中心(CNNIC)最新发布的第34次《中国互联网络发展状况统计报告》中所披露的权威数据，将即时通信(CNNIC报告将微信也列为即时通信类)、视频音乐、博客、微博、社交网络、论坛、移动社交、社会化生活、电子商务这9类平台列为社会化营销核心平台。

图7.11　2014年社交网络格局

## 7.3.2　社交网络应用

社交网络本身就符合人是群居性动物的天性，因此不管是获取信息还是与他人交流，大部分人都能在社交网络中找到符合自己的需求。下面介绍一些社交网络的典型应用。

**1. 社会安全**

随着全球反恐行动的不断深入，恐怖组织的结构发生了重大变化，网络式组织结构正逐渐替代阶层式组织结构成为恐怖分子生存和实施破坏的重要支撑。从社交网络的角度来研究恐怖分子的活动和恐怖组织的结构已越来越受到研究人员的重视。近年来，研究者们利用社交网络分析方法对世界范围内发生的恐怖事件进行了大量的研究，构建了多个恐怖分子网络结构图，如图7.12所示。从"9·11"事件中的19名劫机者的关系网络图，到马德里爆炸案中的恐怖分子网络图，再到基地组织结构图，这些研究有效揭示了恐怖组织的结构特征，对人们了解恐怖组织的形成、生存以及活动提供了极大的帮助。

**2. 学术研究**

旨在为研究者提供更多的科学合作机会与更广泛资料获取的新型学术社交网络平台，融入了开放获取的理念，在帮助研究者找到相同兴趣或研究方向的同伴的同时，也为研究人员和公众提供了无障碍免费获取科学知识的渠道。

作者关系图（Co-author Graph）：可以让你更清晰地了解到共同作者的关系。如图7.13所示，可以看出该作者和哪些人曾经合作发表论文，合作发表的论文的数量以及相互引用的情况，从而快速找到相关领域的研究人员及其成果。

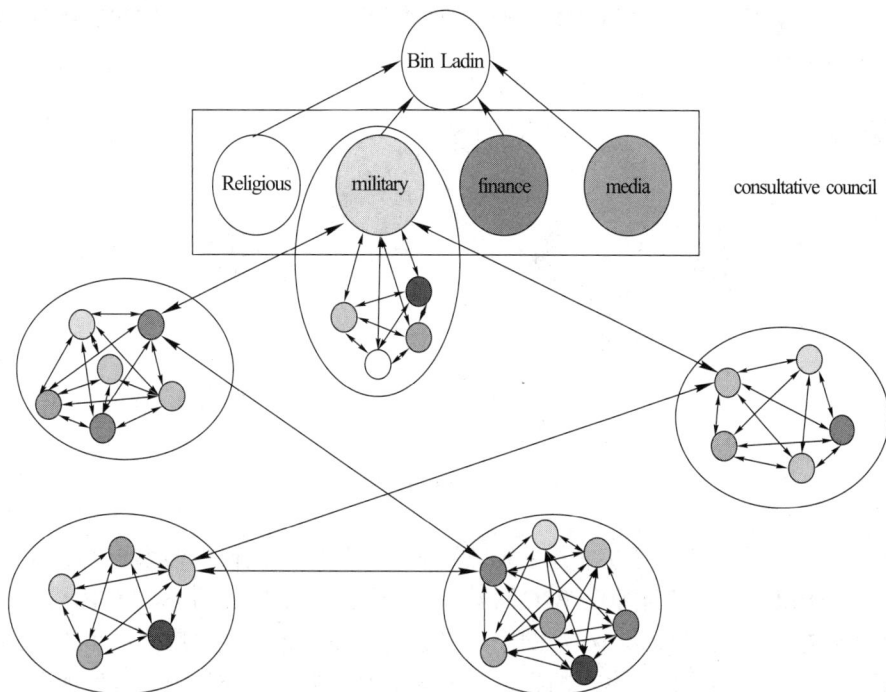

图7.12 本·拉登的基地组织结构

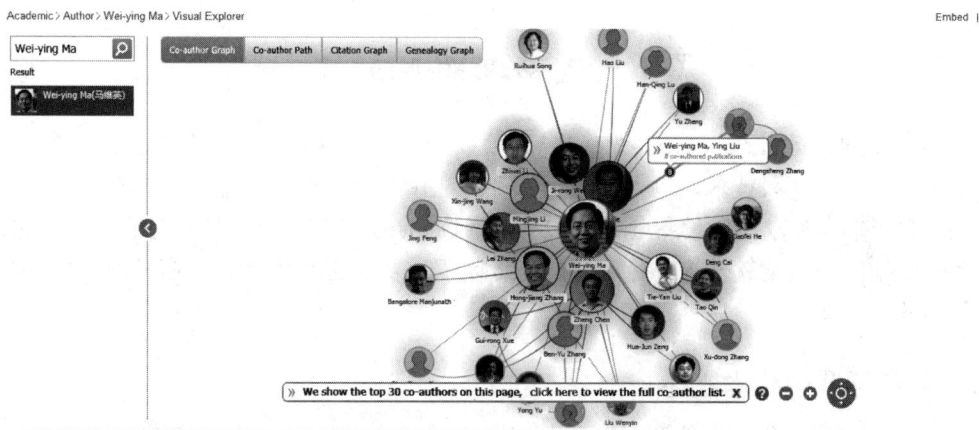

图7.13 作者关系图检索页面

作者合作路线(Co-author Path):分别输入两个作者的名字,可以看到他们之间的合作关系。如图7.14所示,可以看出马维英和Paul Erdos之间通过若干合作者产生联系。

家谱图(Genealogy Graph):可以看到需要查询的作者的指导教师和被该作者指导过的研究人员。

**3. 个性化推荐**

随着信息技术的发展,人们不再仅仅局限于身边的社交网络,而是在互联网上继续拓展自己的交友圈。如今的用户可以在计算机前轻轻点击鼠标来完成相对于现实生活中更复杂的互动交友活动,但是社交网络在给人们带来方便与快捷的同时也产生了信息冗杂、难

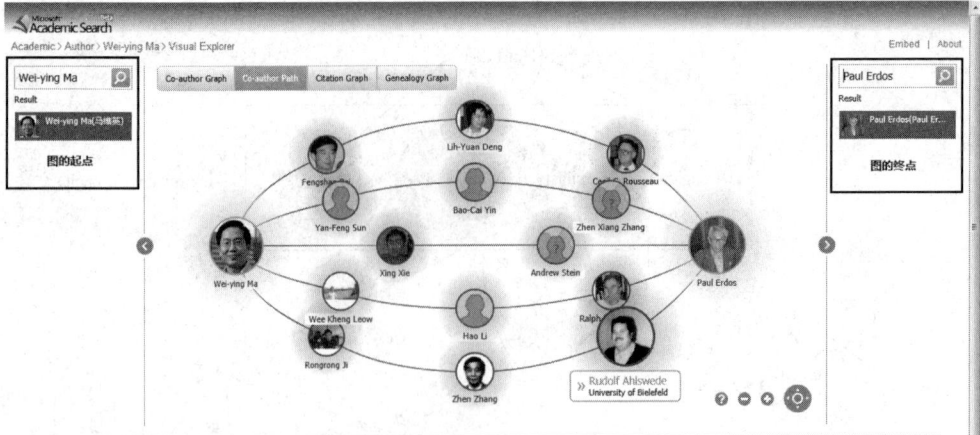

图7.14　作者合作路线检索页面

以辨别的问题，为此个性化好友推荐系统应运而生。现在个性化推荐系统主要应用于电子商务平台，如B2B网站（当当网）、B2C网站（淘宝）等等。在电子商务的虚拟环境中，个性化推荐系统就像一个采购助手一样帮助用户来选购商品，通过搜集用户的个人信息、浏览记录、商品交易详情等来预测用户的喜好并向其推荐可能感兴趣的商品或者服务，从而提高产品的销售量。同样，社交网站通过这种个性化好友推荐系统，帮助用户建立网状复杂的人际关系，最终提高用户对于社交网站的忠诚度。

## 7.4　移动互联网技术

移动互联网（Mobile Internet，MI）是一种通过智能移动终端，采用移动无线通信方式获取业务和服务的新兴技术，包含终端、软件和应用三个层面。终端层包括智能手机、平板电脑、电子书、移动网络设备（Mobile Internet Devices，MID）等；软件层包括操作系统、中间件、数据库和安全软件等；应用层包括休闲娱乐类、工具媒体类、商务财经类等不同应用与服务。

### 7.4.1　移动互联网技术概述

移动互联网是将移动通信和互联网二者结合，用户借助移动终端（手机、PDA、上网本）通过网络访问互联网。移动互联网的出现与无线通信技术"移动宽带化，宽带移动化"的发展趋势密不可分。2004年初提出的802.16/WiMAX加速了蜂窝移动通信技术演进步伐，第三代合作伙伴计划（3rd Generation Partnership Project，3GPP）和第三代合作伙伴计划2（3rd Generation Partnership Project 2，3GPP2）随即开始3G演进技术增强型3G移动系统（Enhanced 3G Mobile System，E3G）的标准化工作，使得无线移动通信领域呈现出明显的宽带化和移动化发展趋势。

从通用分组无线服务技术（General Packet Radio Service，GPRS）接入方式而言，移动互联网分为两类：

（1）传统无线应用协议（Wireless Application Protocol，WAP）业务：手机通过WAP网

关接入运营商内部的 WAP 网络以及公共 WAP 网络来使用特定的移动互联网业务,用户只能访问 WAP 网络内部的服务器,不能访问没有接入 WAP 网络的服务器。

(2)互联网业务:手机或上网本通过 GGSN(Gateway GPRS Support Node,网关 GPRS 支持节点)直接接入互联网,用户可以访问互联网上的任何服务器,访问范围跟宽带上网一样。随着技术的不断进步和用户对信息服务需求的不断提高,移动互联网将成为继宽带技术后互联网发展的又一推动力,同时,随着 3G 技术的快速发展,越来越多的传统互联网用户开始使用移动互联网服务,使得移动互联网更加普及。

此外,移动通信网的业务体系也在不断变化,不仅包括各种传统的基本电信业务、补充业务、智能网业务,还包含各种新兴移动数据增值业务,而移动互联网是各种移动数据增值业务中最具生命力的部分。我国移动互联网用户分布情况如表7.1所示。

### 表7.1　移动互联网用户分布情况

| 分类 | | 中小学生/% | 大学生/% | 办公室职员/% | 农村外出务工人员/% | 总体/% |
|---|---|---|---|---|---|---|
| 网络媒体 | 网络新闻 | 68.1 | 89.9 | 83.1 | 73.4 | 78.5 |
| 信息检索 | 搜索引擎 | 63.5 | 84.4 | 71.9 | 56.6 | 68.0 |
| | 网络招聘 | 8.9 | 29.5 | 23.0 | 23.7 | 18.6 |
| 网络通信 | 电子邮件 | 52.2 | 81.4 | 60.4 | 38.9 | 56.8 |
| | 即时通信 | 77.5 | 91.1 | 75.0 | 66.5 | 75.3 |
| 网络社区 | 拥有博客 | 64.0 | 81.4 | 50.9 | 43.1 | 54.3 |
| | 论坛/BBS | 24.1 | 55.5 | 34.6 | 17.2 | 30.7 |
| | 交友网站 | 16.8 | 26.0 | 20.2 | 18.2 | 19.3 |
| 网络娱乐 | 网络音乐 | 86.9 | 94.0 | 83.4 | 78.2 | 83.7 |
| | 网络视频 | 67.4 | 84.4 | 68.1 | 57.3 | 67.7 |
| | 网络游戏 | 69.7 | 64.2 | 60.6 | 55.5 | 62.8 |
| 电子商务 | 网络购物 | 16.2 | 38.8 | 29.4 | 11.7 | 24.8 |
| | 网上销售 | 2.1 | 5.2 | 4.4 | 0.8 | 3.7 |
| | 网上支付 | 9.6 | 30.5 | 22.4 | 7.9 | 17.6 |
| | 旅行预订 | 2.0 | 6.8 | 6.8 | 2.5 | 5.6 |
| 其它 | 网络银行 | 7.7 | 29.9 | 25.5 | 7.4 | 19.3 |
| | 网络炒股 | 4.7 | 4.7 | 15.5 | 4.1 | 11.4 |
| | 网上教育 | 16.2 | 25.6 | 17.3 | 7.8 | 16.5 |

## 7.4.2　移动互联网的特点

移动互联网具有一些传统互联网的基因,同时它也具有自己的特点。

**1. 相对封闭的网络体系**

移动互联网不是自由开放的平台,它是一个相对封闭的网络体系。一个简单的例子,在互联网上用户收到垃圾邮件,用户不满意,但是用户知道互联网是自由开放的,没有管控。移动互联网上的垃圾短信,可以通过运营商来进行管理。

**2. 高便携性与强制性**

除了睡眠时间,移动设备一般都以远高于 PC 的使用时间伴随在其主人身边。这个特点决定了使用移动设备上网,可以带来 PC 上网无可比拟的优越性,即通过移动设备进行沟通与资讯的获取远比 PC 设备方便。今天的手机远不只是一个通信工具，它已经从通信工具转变为我们社会关系的重要部分。每时每刻必须携带的手机，我们依赖它，同时也对它越来越敏感，越来越挑剔。互联网时代我们能容忍电脑屏幕上的广告，电脑屏幕大，广告对于我们的干扰度低，不打开电脑，广告并不会影响我们的正常生活。智能手机时代，我们被强制携带了手机，只要铃声一响，我们必须看手机，其提醒度很高，强制力也很强。如果大量的广告通过智能手机传输，用户会不胜其烦。

### 3. 永远在线及占用用户时间碎片

智能手机已经做到了可以 24 小时在线。以前的服务，除了电话和短信可以做到永远在线，没有一个互联网的服务可以做到永远在线，永远不关电脑。永远不关手机，这已经成为一种可能。互联网上再好的即时工具也不能做到即时通信，但移动互联网，正在悄悄改变这一格局。

传统的信息传播是一点对多点的传播。电视时代，信息传播的时间非常集中，分为黄金时间、普通时间和垃圾时间，用户的时间成为电视争夺的最核心的资源。移动互联网时代的用户随时随地携带着智能手机，也可以随时随地使用。以前，早晨第一件事情是打开电视机，如今早晨第一件事就是看手机，甚至吃饭时间也有很多人在使用智能手机。坐公交、地铁随处可以看到人们用智能手机在发微博、用微信交流、玩游戏、看电子书。甚至学生在课堂上，家庭主妇在洗碗时都会用手机看视频。移动互联网的使用时间呈现出碎片化的倾向。几乎在任何时间都可以看到用户在使用移动互联网，移动互联网把用户的闲暇时间都占满了。

### 4. 病毒性信息传播

曾经信息的传播是一点到多点，二次传播是一件非常难的事，所以很容易进行舆论控制。互联网时代信息已经是病毒性的传播，即从一点传播，很快进行多点发散。移动互联网时代，手机是被强制携带的，信息是被强制提醒的，网络是泛在的网络，手机是永远在线的。信息更容易像病毒一样高速度、广泛地、大范围传播。大多用户依据社会关系进行信息传播，比如通常在自己的同事、同学、朋友、电话号码簿中的成员间进行，因此很大程度上受众更相信信息的可靠性。

### 5. 安全性更加复杂

在互联网时代，电脑还只是一个科研和办公的工具，它和个人生活紧密相联的程度远没有智能手机高。如今，智能手机已经成为人们生活的一个组成部分，它随时随地被携带着，永远在线，很容易暴露人们的隐私，因此成为一个安全隐患。智能手机可以轻易地泄露用户和朋友的电话号码、短信信息以及存在手机中的图片和视频。更为复杂的是，智能手机的 GPS 定位功能，可以方便地对用户进行实时跟踪，这其中的信息全面而复杂。而智能手机中电子支付功能，容易使远程支付的密码泄露。智能手机不但是一个方便的工具，它也正在成为"手雷"，给社会生活的安全带来巨大的问题。

移动设备用户的隐私性远高于 PC 端用户的要求。不需要考虑通信运营商与设备商在技术上如何实现它，高隐私性决定了移动互联网终端应用的特点——数据共享时既要保障认证客户的有效性，也要保证信息的安全性。这就不同于互联网公开透明开放的特点，互联网上，PC 端系统的用户信息是可以被搜集的；而移动通信用户上网显然并不需要自己设备上的信息让他人知道甚至与他人共享。

**6. 身份识别系统**

和电脑相比，手机更具有私密性，也和个人的身份密切相关。智能手机中电话号码就是一种身份识别，若广泛采用实名制，它也可能成为一个信用体系的一部分，在很多银行和支付系统中，手机识别已经成为一种重要识别方式。这意味着智能手机时代的信息传播可以更精准，更有指向性，同时也具有更高的骚扰性，更容易引起用户的反感。

**7. 定位系统**

随时移动的智能手机，GPS/北斗等的卫星定位，以及通过基站进行定位，让手机具有了随时随地定位功能，这些功能使信息可以携带位置信息。无论是微博、微信这样的应用，还是手机拍摄的照片，都携带了位置信息。这些位置信息使传播的信息更加精准，同时也产生了众多基于位置信息的服务。

根据《2013～2017年中国移动互联网行业市场前瞻与投资战略规划分析报告》的数据统计，截至2012年6月底，中国网民数量达到5.38亿，其中手机网民达到3.88亿，较2011年底增加了约3270万人，网民中用手机接入互联网的用户占比由上年底的69.3%提升至72.2%。手机网民的数量首次超越台式电脑网民的数量，这意味着移动互联网迎来了高速发展的时期。

# 7.5 物 联 网

物联网（The Internet of Things，IOT）顾名思义，就是"物物相连的互联网"。这有两层意思：第一，物联网的核心和基础仍然是互联网，是在互联网基础上延伸和扩展的网络；第二，其用户端延伸和扩展到了任何物品与物品之间，进行信息交换和通信。

## 7.5.1 物联网概述

2005年11月27日，在突尼斯举行的信息社会峰会上，国际电信联盟（ITU）发布了《ITU互联网报告2005：物联网》，正式提出了物联网的概念。报告对物联网做了如下定义：通过二维码识读设备、射频识别（Radio Frequency Identification，RFID）装置、红外感应器、全球定位系统和激光扫描器等信息传感设备，按约定的协议，把任何物品与互联网相连接，进行信息交换和通信，以实现智能化识别、定位、跟踪、监控和管理的一种网络。

根据国际电信联盟（ITU）的定义，物联网主要解决物品与物品（Thing to Thing，T2T），人与物品（Human to Thing，H2T），人与人（Human to Human，H2H）之间的互连。但是与传统互联网不同的是，H2T是指人利用通用装置与物品之间的连接，从而使得物品连接更加简化，而H2H是指人之间不依赖于PC而进行的互连。因为互联网并没有考虑到对于任何物品连接的问题，故我们使用物联网来解决这个传统意义上的问题。许多学者讨论物联网时经常会引入M2M的概念，可以将其解释为人到人（Man to Man）、人到机器（Man to Machine）或机器到机器（Machine to Machine）。从本质上而言，人与机器、机器与机器的交互，大部分是为了实现人与人之间的信息交互。

国际电信联盟的报告曾描绘"物联网"时代的图景：当司机出现操作失误时，汽车会自动报警；公文包会提醒主人忘带了什么东西；衣服会"告诉"洗衣机对颜色和水温的要求，等等。

物联网在物流领域内的应用，比如：一家物流公司应用了物联网系统的货车，当装载超重时，汽车会自动告诉你超载了，以及超载多少；若空间还有剩余，告诉你轻重货怎样搭配；当搬运人员卸货时，一只货物包装可能会大叫"你扔疼我了"，或者说"亲爱的，请你不要太野蛮，可以吗？"；当司机在和别人扯闲话时，货车会装作老板的声音怒吼"该发车了！"。

物联网概念的问世，打破了传统思维。过去的思路一直是将物理基础设施和IT基础设施分开，一方面是机场、公路、建筑物，另一方面是数据中心、个人电脑、宽带等。而在物联网时代，钢筋混凝土、电缆将与芯片、宽带整合为统一的基础设施。在此意义上，基础设施更像是一块新的地球。因此也有业内人士认为物联网与智能电网均是智慧地球的有机构成部分。

在物联网应用中有三项关键技术：

● 传感器技术：这也是计算机应用中的关键技术。众所周知，目前绝大部分计算机处理的都是数字信号。自从有计算机以来就需要传感器把模拟信号转换成数字信号才能被计算机处理。

● RFID技术：也是一种传感器技术，RFID技术是将无线射频技术和嵌入式技术融合为一体的综合技术，RFID在自动识别、物品物流管理中有着广阔的应用前景。

● 嵌入式系统技术：是将计算机软硬件、传感器技术、集成电路技术、电子应用技术综合为一体的复杂技术。经过几十年的演变，以嵌入式系统为特征的智能终端产品随处可见，例如小到人们身边的MP3，大到航天航空的卫星系统等。嵌入式系统正在改变着人们的生活，推动着工业生产以及国防工业的发展。如果把物联网用人体做一个简单比喻，传感器相当于人的眼睛、鼻子、皮肤等感官；网络就是神经系统，用来传递信息；嵌入式系统则是人的大脑，在接收到信息后进行分类处理。这个比喻很形象地描述了传感器、嵌入式系统在物联网中的位置与作用。

### 7.5.2　物联网特征与常见应用

和传统的互联网相比，物联网有其鲜明的特征：

首先，它是各种感知技术的广泛应用。物联网上部署了海量的多种类型传感器，每个传感器都是一个信息源，不同类别的传感器所捕获的信息内容和信息格式不同。传感器获得的数据具有实时性，按一定的频率周期性采集环境信息，不断更新数据。

其次，它是一种建立在互联网上的泛在网络。物联网技术的重要基础和核心仍旧是互联网，通过各种有线和无线网络与互联网融合，将物体的信息实时准确地传递出去。在物联网上，传感器定时采集的信息需要通过网络传输，由于其数量极其庞大，形成了海量信息。在传输过程中，为了保障数据传输的正确性和及时性，物联网必须适应各种异构网络和协议。

第三，物联网不仅仅提供了传感器的连接，其本身也具有智能处理的能力，能够对物体实施智能控制。物联网将传感器和智能处理相结合，利用云计算、模式识别等各种智能技术，扩充其应用领域。物联网从传感器获得的海量信息中分析、加工和处理出有意义的数据，以适应不同用户的不同需求，发现新的应用领域和应用模式。

此外，物联网的精神实质是提供不拘泥于任何场合、任何时间的应用场景与用户的自由互动，它依托云服务平台和互通互联的嵌入式处理软件，弱化技术色彩，强化与用户之间的良性互动，提供更佳的用户体验、更及时的数据采集和分析、更自如的工作和生活，物联网是通往智能生活的物理支撑。下面介绍几种常见的物联网应用。

（1）上海浦东国际机场防入侵系统。系统铺设了3万多个传感结点，覆盖了地面、栅栏和低空探测，可以防止人员的翻越、偷渡、恐怖袭击等攻击性入侵。上海世博会也与中科院无锡高新微纳传感网工程技术研发中心合作，购买了1500万元防入侵微纳传感网产品。

（2）ZigBee路灯控制系统点亮济南园博园。ZigBee无线路灯照明节能环保技术的应用是园博园中的一大亮点。园区所有的功能性照明都采用了ZigBee无线技术达成的无线路灯控制。

（3）与门禁系统的结合。一个完整的门禁系统由读卡器、控制器、电锁、出门开关、门磁、电源、处理中心这七个模块组成。无线物联网门禁将门点的设备简化到了极致：一把电池供电的锁具。除了门上面要开孔装锁外，门的四周不需要任何辅佐设备。整个系统简洁明了，大幅缩短了施工工期，也能降低后期维护的成本。

（4）食品溯源。从2003年开始，中国已开始将先进的RFID射频识别技术运用于现代化的动物养殖加工企业，开发出了RFID实时生产监控管理系统。该系统能够实时监控生产的全过程，自动、实时、准确地采集主要生产工序与卫生检验、检疫等关键环节的有关数据，较好地满足质量监管要求，过去市场上常出现的肉质问题得到了妥善的解决。

# 7.6　云　计　算

云计算是一种将各种资源通过因特网分散到地理上分布的计算机上的计算模式，对于用户来说，通过登录云服务可以轻易地执行所有的基本操作；对企业来说，通过虚拟化技术能够将计算资源在运行时动态地分配到需要的应用上，从而根据需求访问计算机和存储系统。

## 7.6.1　云计算概述

云计算（Cloud Computing）是基于互联网的相关服务的增加、使用和交付模式。对云计算的定义有多种。目前广为接受的是美国国家标准与技术研究院（NIST）的定义：云计算是一种按使用量付费的模式，这种模式提供可用的、便捷的、按需的网络访问，进入可配置的计算资源共享池（资源包括网络、服务器、存储、应用软件、服务），这些资源能够被快速提供，只需投入很少的管理工作，或与服务供应商进行很少的交互。举个形象的例子：我们每天都要用电，但不是每家自备发电机，它由发电厂集中提供；我们每天都要用自来水，但不是每家都有井，它由自来水厂集中提供。这种模式极大地节约了资源，方便了我们的生活。

云计算的最终目标是将计算、服务和应用作为一种公共设施提供给公众，使人们能够像使用水、电、煤气和电话那样使用计算资源。在云计算环境下，用户的使用观念也会发生彻底的变化：从"购买产品"向"购买服务"转变，因为他们直接面对的将不再是复杂的硬件和软件，而是最终的服务。

## 7.6.2　云计算的服务形式

云计算的主要服务形式有：SaaS(Software as a Service, SaaS)，PaaS(Platform as a Service,

PaaS），IaaS(Infrastructure as a Service，IaaS)。

### 1. 软件即服务（SaaS）

SaaS 服务提供商将应用软件统一部署在自己的服务器上，用户根据需求通过互联网向厂商订购应用软件服务，服务提供商根据客户所定软件的数量、时间的长短等因素收费，并且通过浏览器向客户提供软件。这种服务模式的优势是，由服务提供商维护和管理软件，提供软件运行的硬件设施，用户只需拥有能够接入互联网的终端，即可随时随地使用软件。这种模式下，客户不再像传统模式那样花费大量资金在硬件、软件和维护人员上，只需要支出一定的租赁服务费用，通过互联网就可以享受到相应的硬件、软件和维护服务，这是网络应用最具效益的营运模式。

目前，Google Doc、Google Apps 和 Zcho Office 都属于这类服务。

### 2. 平台即服务（PaaS）

PaaS 把开发环境作为一种服务来提供。这是一种分布式平台服务，厂商提供开发环境、服务器平台、硬件资源等服务给客户，客户在其平台基础上定制开发自己的应用程序并通过其服务器和互联网传递给其他客户。PaaS 能够给企业和个人提供研发的中间件平台，提供应用程序开发、数据库、应用服务器、试验、托管及应用服务。以 Google App Engine 为例，它是一个由 python 应用服务器群、BigTable 数据库及 GFS 组成的平台，为开发者提供一体化主机服务器及可自动升级的在线应用服务。用户编写应用程序并在 Google 的基础架构上运行就可以为互联网用户提供服务，Google 提供应用运行及维护所需要的平台资源。

### 3. 基础设施即服务（IaaS）

IaaS 即把厂商的由多台服务器组成的"云端"基础设施，作为计量服务提供给客户。它将内存、I/O 设备、存储和计算能力整合成一个虚拟的资源池为整个业界提供所需要的存储资源和虚拟化服务器等服务。这是一种托管型硬件方式，用户付费使用厂商的硬件设施。例如 Amazon Web 服务（AWS）、IBM 的 BlueCloud 等均是将基础设施作为服务出租。

## 7.7　大数据分析技术

大数据分析是商业智能的演进。当今，传感器、GPS 系统、社交网络等正在创建新的数据。人们的决策将日益基于大数据，而并非基于经验和直觉，因此决策的科学性、准确性得以大幅提升。在消费行业、金融、食品安全、医疗卫生、电子商务、军事、交通、环保、气象等众多领域，大数据分析技术都具有广阔的应用前景。

### 7.7.1　大数据概述

对于大数据（Big data），研究机构 Gartner 给出了这样的定义：大数据是需要新处理模式才能具有更强的决策力、洞察发现力和流程优化能力的海量、高增长率和多样化的信息资产。上世纪 90 年代至本世纪初，是大数据发展的萌芽期，处于数据挖掘技术阶段。随着数据挖掘理论和数据库技术的逐步成熟，一批商业智能工具和知识管理技术开始被应用，如数据仓库、专家系统、知识管理系统等。大数据发展的突破期是 2003 至 2006 年，处于围绕非结构化数据自由探索阶段。非结构化数据的爆发带动大数据技术的快速突破，以2004年Facebook创立为标志，社交网络的流行直接导致大量非结构化数据涌现，传统处理方法难以应对。2006至2009年，大数据技术形成并行运算与分布式系统，为大数据发展的成熟期。Jeff Dean在BigTable基础上开发了Spanner数据库（2009年）。2010年以来，随着智能手机的应用日益广泛，数据的碎片化、分布式、流媒体特征更加明显，移动数据急剧增长。

## 7.7.2　大数据分析技术常见应用

### 1. 流感蔓延趋势预测

与斯科尔全球性威胁基金合作，美国公共健康协会推出了FluNearYou，这是一款应用程序，用于收集流感症状的发展信息。只要年满13周岁，都可以在网站上进行注册，该网站用以监测流感的蔓延程度，如图7.15所示。每周一次的调查报告可以帮助防灾组织、研究人员以及公共卫生官员为流感疫情的扩散做好准备。更重要的是，该应用程序对预测未来任何有可能发生的流感疫情爆发，都会带来极大的帮助。

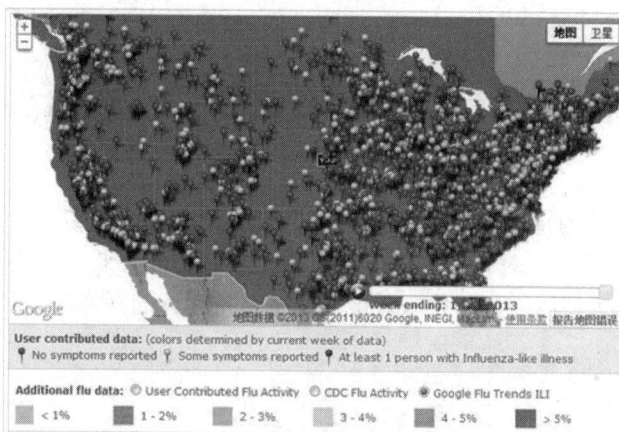

图7.15　FluNearYou地图数据

### 2. 智能公交

随着城市的迅速发展，交通拥堵、交通污染日益严重，交通事故频繁发生，这些都是各大城市亟待解决的问题。智能交通成为改善城市交通的关键所在。为此，及时、准确地获取交通数据并构建交通数据处理模型是建设智能交通的前提，而这一难题可以通过大数据技术得到解决。

例如，交通部门根据GPS定位、3G通信、GIS地理信息系统等技术的结合对车辆实施监控，实施公交车智能调度策略，提高了公交车的利用率，同时也在不断减轻城市道路的拥堵负担。

### 3. 电子商务

电子商务公司阿里巴巴已经在利用大数据技术提供服务，例如阿里信用贷款与淘宝数据魔方。每天有数以万计的交易在淘宝进行，与此同时相应的交易时间、商品价格、购买数量会被记录，更重要的是，这些信息可以与买方和卖方的年龄、性别、地址甚至兴趣爱好等个人特征信息相匹配。

淘宝数据魔方就是淘宝平台上的大数据应用方案，如图7.16所示。通过这一服务，商家可以了解淘宝平台上的行业宏观情况、自己品牌的市场状况、消费者行为情况等，并可以据此进行生产、库存决策，而与此同时，更多的消费者也能以更优惠的价格买到更心仪的宝贝。

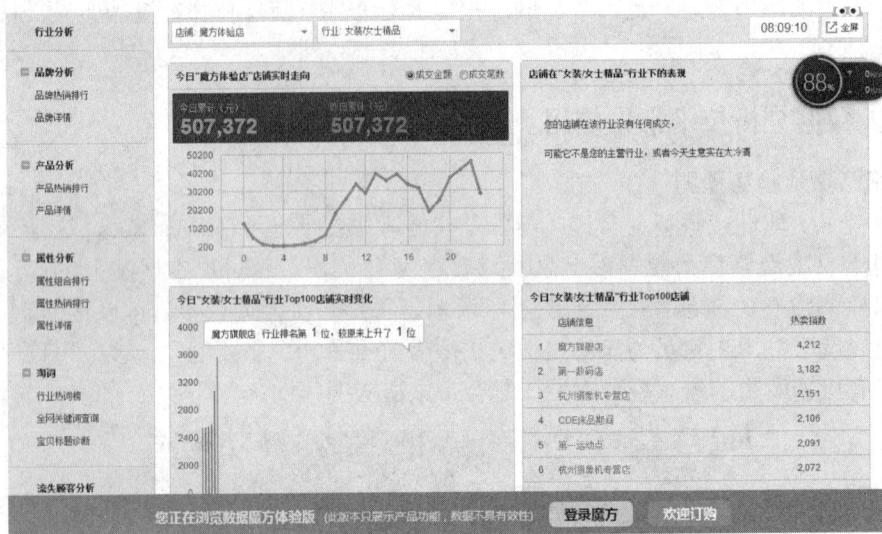

图7.16　淘宝魔方体验首页

根据统计，如今的因特网有17亿用户，而目前的全球人口为67亿，到2020年毫无疑问会有更多的人使用因特网。对普通用户来说，就是使用因特网提供的各种应用和服务。本章介绍了目前流行的因特网应用，将来还会有一些非常流行的网络应用是我们无法预测的。

## 习题

1. 简述搜索引擎的工作原理。
2. 为什么说ArchieFAQ不是真正意义上的搜索引擎？
3. 结合你的理解谈谈PPP（Point-to-Point）和P2P（peer-to-peer）两个术语的含义。
4. 试比较P2P模式与C/S模式，简述各自的优缺点。
5. 社交网络有哪些具体应用？
6. 移动互联网具备哪些特点？
7. 实现物联网需要在现有的因特网基础上扩展哪些技术？
8. 云计算的主要服务形式有SaaS、PaaS、IaaS，请举例说明。
9. 谈谈你对大数据分析技术的理解。

# 参考文献

[1] 谢希仁. 计算机网络 [M]. 6 版. 北京：电子工业出版社，2013.

[2] 马素刚，赵婧如，孙韩林. 计算机组网实验教程 [M]. 2 版. 西安：西安电子科技大学出版社，2014.

[3]（美）Richard Froom，Balaji Sivasubramanian，Erum Frahim. CCNP 自学指南：组建 Cisco 多层交换网络（BCMSN）[M]. 3 版. 刘大伟，张芳，译. 北京：人民邮电出版社，2006.

[4] 谢晓燕，赵婧如，马素刚. 网络安全与管理实验教程 [M]. 西安：西安电子科技大学出版社，2008.

[5] Andrew S.Tanenbaum，David J. Wetherall. 计算机网络（英文版）[M]. 5 版. 北京：机械工业出版社，2011.

[6] 陈妍，王志文，朱海萍，等. 计算机网络原理 [M]. 3 版. 西安：西安交通大学出版社，2008.